石臼で麦を挽く　水田の裏作に小麦、裸麦を栽培している。藤山家の収量は小麦が三俵（一反分）、裸麦は二十一俵である。裸麦の十二俵は売りに出され、残り九俵を自家用に使うが、これだけの収穫があるのはよいほうである。
（越智郡玉川町　撮影 千葉寛『聞き書　愛媛の食事』）

パンは自由で個性的

近年、日本でもさまざまな種類のパンがつくられるようになった。一方、国産の小麦も、パンづくりに向く新しい品種が続々と登場している。春よ恋、キタノカオリ、ゆきちから、ダブル8号、ニシノカオリ、ミナミノカオリ…。自分好みのパンを家庭で焼いたり、地粉を自分で挽いてオリジナルなパンをつくったり。パンを食べる人は個性的なのだから、パンも自由で個性的であっていい。

発芽玄麦を使ったパン。広島県の片岡さん夫妻が焼いている。左は発芽した小麦。38頁（撮影 小倉隆人）

茨城県友部町では、学校給食のパンに地元産の米を利用している。パンをつくるのは杉山製パンの杉山一三さん。159頁

大分県三光村のサンパルファクトリー。天候不順で規格外になってしまった地元産の小麦を、なんとか採算があうようにしたいという思いからパンづくりが始まった。右は製粉機。154頁（撮影 赤松富仁）

小型製粉機で米を挽いている。

熊本県鹿本町のパン工房・かんぱーにゅでは、地元産の小麦や米でパンをつくっている。米の風味、重さを生かしたパンができあがった。162頁

大塚せつ子さんが、国産小麦と白神こだま酵母で焼いたパン（上）と、米粉で焼いたパン。166頁（撮影 小倉隆人）

能美の郷（佐賀県鹿島市）では農家の女性たちが、地元で栽培されたチクゴイズミやニシノカオリでパンを焼く。粉も自分たちで挽く。108頁

日本のパン

小麦を粉にして水と混ぜて焼いたパンづくりの、もっとも古い証拠は、二万三千年前のガラリア湖近くの遺跡（イスラエル）から見つかっている。また、人類が麦を栽培するようになったのは、一万一千年前と考えられている。麦が中国大陸に伝わったのは三千五百年前、日本列島への伝来は二千年前といわれる。

稲の栽培では、春に種をまき秋に刈り取る。麦は、稲刈り後に種をまき、田植え前の初夏に刈り取られる。日本では、稲と麦は、もっとも基本的な輪作の形である。稲が栽培できない地方や、米を年貢にとられる農民は、米よりも麦を多く食べていた。日本列島には、古くから「日本のパン」の食文化が根付いている。

かぇばもち　小麦粉を水で練り、かぇば（かしわの葉）で包んで、いろりの灰の中で焼く。七戸町（撮影 千葉寛『聞き書　青森の食事』）

たらしもち　うどん粉を水で溶き、炒りなべにたらして薄く焼く。上河内村（撮影 千葉寛『聞き書　栃木の食事』）

みょうが焼き　小麦粉を練り、みょうがの葉の上にのばし、油味噌やごま味噌を塗って焼く。東和町（撮影 岩下守『聞き書　宮城の食事』）

ちゃがし　ほうろくで軽く焼き、いろりの灰の中で焼きあげる。中里村（撮影 千葉寛『聞き書　群馬の食事』）

じり焼き　うどん粉を溶き、ほうろくに落とし、味噌をまん中に入れ、上から粉をまた落とす。新治村（撮影 千葉寛『聞き書　群馬の食事』）

おきりこみ　小麦粉を水だけでこね、幅を広く切って、味噌汁の中へ入れて煮こむ。長野原町（撮影 千葉寛『聞き書　群馬の食事』）

パン　小麦粉一升五合に砂糖二つかみ、たんさん（重曹）を少しを混ぜ、水を入れてこねる。だんごにしてせいろで蒸す。浜田市（撮影 小倉隆人『聞き書　島根の食事』）

しきしき焼き　小麦粉に砂糖を入れ、水で練って焼く。当麻町（撮影 小倉隆人『聞き書　奈良の食事』）

焼けもち　小麦粉を水で溶いてもちぐらいの固さにして、丸い形に丸め、この中に小豆のあんを包み、こうらで表裏を焼く。魚島村（撮影 千葉寛『聞き書　愛媛の食事』）

まき　小麦粉に塩を入れ、耳たぶくらいの固さに練って、よしの葉五枚くらいで包む。ひもで巻いてゆでる。東祖谷山村（撮影 小倉隆人『聞き書　徳島の食事』）

あんこかし、のべだご、焼きだご　右下の黒砂糖をつけて食べる。植木町（撮影 千葉寛『聞き書　熊本の食事』）

ふなやき　麦粉を水で溶かす。ふきの葉で、ものいりをふいて、麦粉を流し入れる。柳川市（撮影 千葉寛『聞き書　福岡の食事』）

焼きだご、にぎりだご　小麦粉を水で溶き、油を熱したなべで、三分ぐらいの厚さに焼く。湯前町（撮影 千葉寛『聞き書　熊本の食事』）

しるかえ　なんてんの葉の青汁、塩、小麦粉を混ぜ、足で踏んでこねる。のばして一分五厘くらいの幅に切る。飽田町（撮影 千葉寛『聞き書　熊本の食事』）

ふくらかしまんじゅう　麦飯の冷やごはんに水を混ぜ、麦麹を入れてさらに混ぜる。つぼに入れて、泡がたったらふきんでこし、小麦粉と混ぜてよくこねる。馬渡島（撮影 岩下守『聞き書　佐賀の食事』）

ひやき　小麦粉に塩と重曹を入れこねる。丸形にのばし、平たいなべで両面を焼く。大分市（撮影 岩下守『聞き書　大分の食事』）

ぐすぐす焼き、甘いだご汁　小麦粉を薄焼きにし、中に黒砂糖をはさんで食べる。諸富町（撮影 岩下守『聞き書　佐賀の食事』）

ぱんびん　水に重曹、塩、小麦粉を加えて混ぜる。なべはだに添って流して揚げる。宮古郡下地町（撮影 嘉納辰彦『聞き書　沖縄の食事』）

味噌だご　小麦粉を溶き、にら、砕いたいりこを入れ、砂糖と味噌で味つけして鉄なべで焼く。西米良村（撮影 岩下守『聞き書　宮崎の食事』）

おやきをつくる

おやきは、家族や部落の生活の無事を祈ったり、神への感謝、また先祖へのごちそうにしたりしていた。それがいつしか、田んぼの少ないこの地方の主食となり、四季を通して食卓に上るようになった。

（長野市　撮影 千葉寛『聞き書　長野の食事』）

小麦粉をこねる

丸めたおやきを両面が乾くていどに、ほうろくで焼く。

ちぎって野菜あんを入れる。

両面が乾いたら灰の中へ入れ、豆木を燃やしたくよくり（おき）をかけ、蒸し焼きにする。

三日に一度焼く　食事パン

①材料はいつも目分量。北海道産小麦 500 ～ 600 g、ふすま約 1 割、塩小さじ 1、パン種 1 割くらい。炒りぬかを加えるときもある。

②水を少しずつ加えながら 15 分くらいこねる。

③パンこね終了

④ふたをして、お風呂のお湯に浮かべておく。一次発酵は約 3 時間

⑤一次発酵終了。約 2 倍にふくらむ。

⑥子どもたちもお手伝い。分割して丸め、電気オーブンで二次発酵させる。

神奈川県葉山町の上田さんは、週に二、三度パンを焼いている。発酵させた生地を、少し残しておいて、次に焼くときに種として使う。残す量はこぶしより小さいくらい。

種は冷蔵庫に入れておくが、一週間以上パンを焼かないときは、粉と水を加えて酵母を元気にしてやる。市販のパン酵母を使ったこともあるが、今使っている酵母は、発酵したいちごジャムからとったもの。

（撮影　本田進一郎）

日曜日の昼食は子どもたちがつくる。

⑦オーブンに入れて 40℃ 50 分で二次発酵終了。

⑨ 180 ～ 200℃、25 分で焼き上がり。

⑧電気オーブンに小石を入れた鉄皿を入れ、オーブンの温度計が 250℃（このオーブンの最高温度）になるまで予熱をかける。焼けた鉄皿に水を入れて蒸気を出し、手早くパンを入れる。

焼きたてのパンをいただく。

家族のために焼く

勝手流パンづくり

①パンを焼く１日前に、冷蔵庫に保管しておいたパン種に、ふすま、小麦粉（ふすまの１～２割。適当）、市販のパン酵母（規定量の10分の１くらい）を入れる。水を加えて、ヨーグルトと味噌の中間ぐらいにする。夏は涼しい部屋、春と秋は日の当る暖かい部屋、冬は薪ストーブの近くに置く。写真は２倍くらいにふくらんだ後、少し落ちついた状態。１回で半分くらい使い、残りは冷蔵庫に入れておく。

②干しぶどうをお湯に浸けて、軟らかくする。このお湯は、あとで粉をこねるときに使う。

③くるみを軽く炒っておく。

④材料は、小麦粉2kg、温かいお湯約1kg（風呂の湯ぐらいの温度。ぶどうを浸けた湯も使う）、塩大さじ１くらい、パン種200 g。最初に塩をお湯に溶かす。小麦粉は江別製粉の北海道産小麦（ハルユタカの胚乳、ホロシリ、ホクシンのブレンド）で1kg 210円。ふすまを加えるときもある。写真は軽くこねた状態。

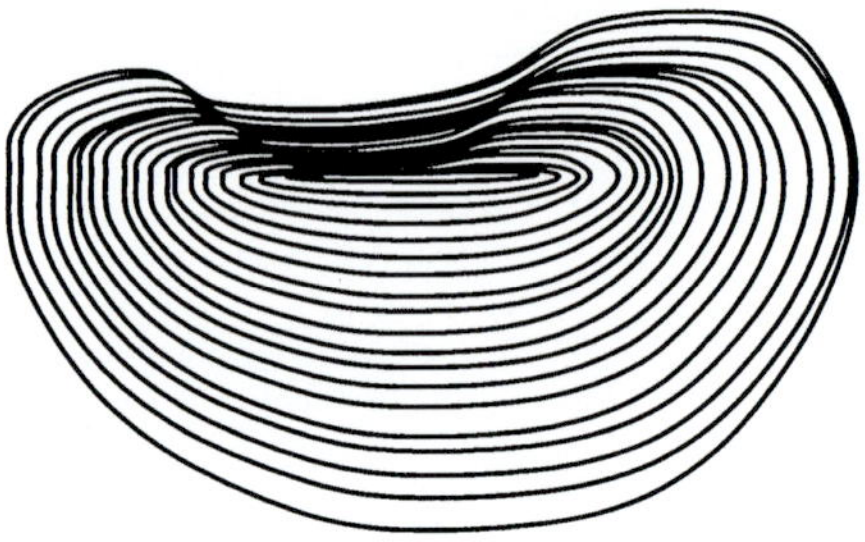

⑤こねる時間は20分くらい。グルテンの膜が風船ガムのように炭酸ガスを外に逃がさずふくらむので、この「風船ガム」を破らないように、折りたたんでいくイメージ。水の量は生地がべたつくぎりぎりくらいに加減する。

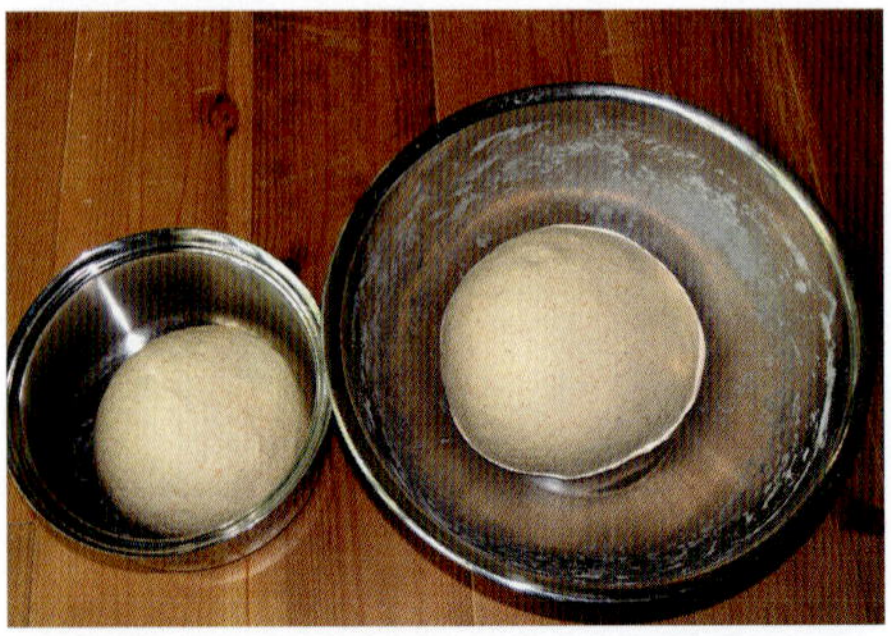

⑥こねが終了し、２つに分けた。右にはぶどう、くるみを混ぜ、左はそのまま焼く。

当初、市販の天然酵母を規定の量で使っていたが、値段が高いのでレーズン種に変更した。しばらくレーズン種をつくったが、毎日かき混ぜなければならないので、ずぼらな人間には続かない。また、エキスを搾ったあとのレーズンを捨てるのがもったいない。次に、山ぶどうや柿から野生酵母を採取し、種をつないだが、一週間～一〇日ごとにしかパンを焼かないので、その間種を冷蔵庫に入れっぱなしにすると、酸っぱくなったり力が弱くなる。

そこで、市販のパン酵母をもとに種をつなぐことにした。全粒粉、玄米ごはん、野菜のすりおろしなどを使ってみたが、長く冷蔵庫に入れっぱなしだとやはり力が落ちる。いろいろ材料を試した結果、ふすまがもっとも種が安定している。酸っぱくもならず発酵力も衰えないし、値段が安く食物繊維が多い。市販のパン酵母をまったく入れなくてもできるが、以前ふすまだけでつないでいたら、二～三か月目に急に力が弱くなったので、わずかでも酵母を加えるようにしている。

（撮影 本田進一郎）

⑦ぶどう、くるみを加えて、均一にまざるまでこねる。3分くらい

⑧１次発酵前。10時から作業を始めて10時40分ころ

⑨ボウルのほうの生地に、ひとまわり小さいボウルをかぶせ、鍋はふたをしてポリ袋に入れる。夏は室内、冬は薪ストーブの近くに置いて一次発酵させる。春と秋は写真のように日の当るところに置くが、ストーブを焚くほどではないがまだ寒い時期で、雨が降っていると、置く場所に苦労する。その場合のこつは、こねるときのお湯の温度を少し熱くすることと、天気予報に注意すること。

⑩２時間後に１次発酵終了。2.5～３倍にふくらむ。

⑪何も混ぜないほう。昼食時に鍋からピザ２枚分の生地をとって、焼いて食べている。鍋を使うのはふたがぴったりして生地が乾かないため。

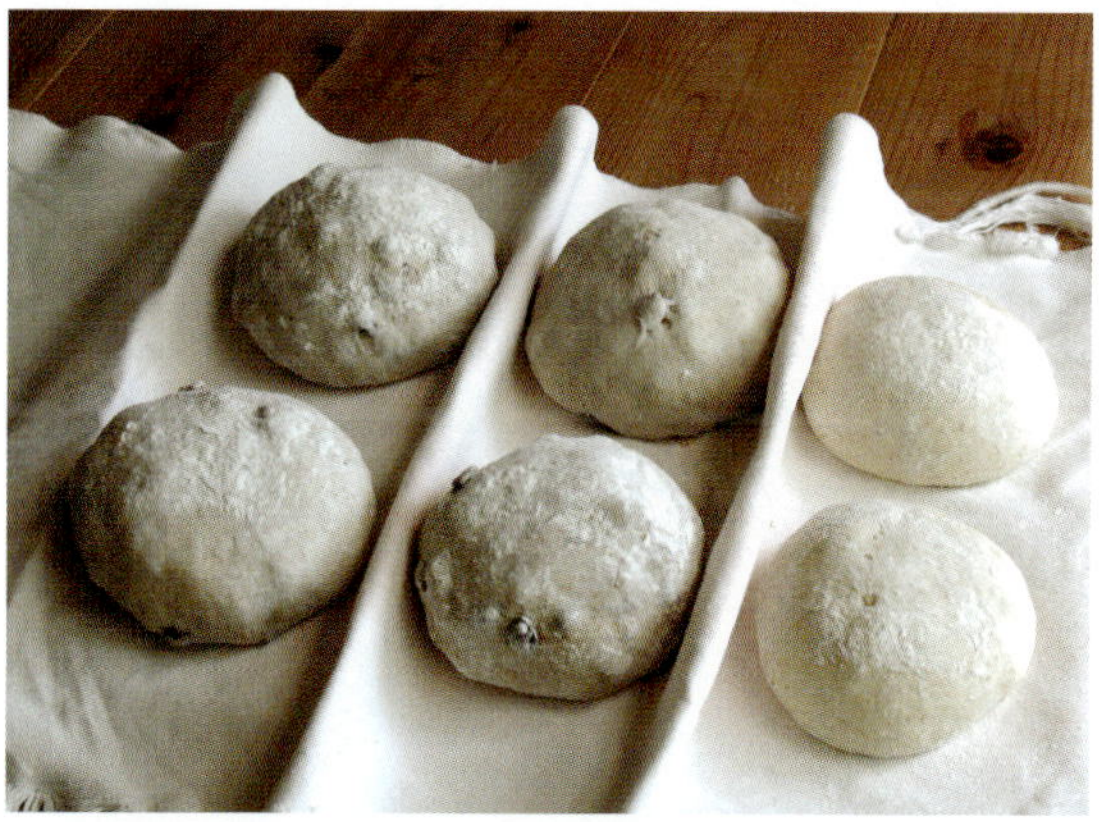

⑫分割して大きな空気の塊をつぶすように丸める。分割するときは包丁などは使わず、手で搾るようにして取り分けている。丸めるときも、「風船ガム」を破らないようなイメージで。右二つは何も混ぜていないもの。その他はぶどうやくるみを加えたもの。

⑬ポリ袋に入れて、乾かないように口を閉めておく。まだ、気温20℃くらいなので、日の当る暖かい場所に置く。

⑭1時間半くらいで二次発酵終了。2倍くらいにふくらむ。

⑮大きな空気の塊をぬくように軽く丸め、天板に並べる。くっつかないように、天板には油をぬっておく。切れ目を入れ、表面を水でぬらす。

⑯オーブンを一番高温にして（この電気オーブンでは250℃）、余熱をかけておく。小石を入れた鉄の皿を、ガスレンジで熱くしておく。パン(中段)と鉄の皿(下段)をオーブンに入れて、鉄の皿に水を注ぎ、蒸気を出す。250℃で12～15分焼く。

⑰パンの上側がこげてくるので、アルミホイルをかぶせる。そのままさらに10分くらい焼く。（オーブンは某所よりタダで入手したもので、限界が近づいている。次は石窯製作？）

⑱鉄皿を取り出して、天板を下段に移す。このとき、パンの場所によって焼きむらがあれば、回転して前後を反対に入れる。250℃のまま15分くらい焼く。

⑲焼きあがり。

薪ストーブは、本体と煙突だけ買ってDIYで組み立てた。天井に穴を開けて、耐熱ボードで煙道をつくった。屋根の鋼板に穴を開けたところ。

ステンレスの二重煙突。煙突と屋根のつなぎ目の屋根出し部材（フラッシング）は高額で、業者に施工を依頼すると数十万円かかる。そこで断熱ボード、モルタル、防水セメント、雨漏り用ボンドで自作した。材料代は500円くらい。

冬はオーブン付きの薪ストーブで焼く。輻射熱は非常に強く、パンの中心まで熱がよくとおり、香りよく焼ける。ただし、このタイプは下からの熱が弱い。そこで、①ストーブを十分に熱くする。②パンをオーブンに入れて、表面が焦げてきたら、アルミホイルをかぶせ、20～30分焼く。③パンの底は焼けていないので、ストーブの上（やかんのところ）にのせて、底を軽く焼く。④パンを上下にひっくり返して、オーブンに入れ、15分くらい焼く。ストーブを熱したあと薪を取り出し、上段の火室でパンを焼けば、石窯のようにいっぺんで焼けるかもしれない。写真で焼いているのはピザで、右に置いてあるのはパン種。

色づいてきた南部小麦

自家製粉でさらに自在に

石川県金沢市の井村辰二郎さん（農産工房・金沢大地）は、有機栽培の小麦を生産している。製粉はメーカーに委託しているが、加工賃が高いので、小麦粉もかなり高価になってしまう。そこで今年から、玄麦と家庭用の電動石臼の販売を始めた。

ドイツから輸入した電動石臼

今年収穫したシロガネコムギ

全粒粉のまま利用すれば、食物繊維やミネラルたっぷりのパンが焼ける。ふすまを分離したいときは家庭用のふるいで簡単に分けられる。

子どもたちに大豆の説明をする井村さん

（写真　井村辰二郎氏　一一二頁からの記事もご覧ください）

はじめに

二〇年ほど前までは、普段われわれが口にするパンといえば、食料品店に並んでいる袋に入った食パン、菓子パン、そして給食のパンくらいであった。それらは、前日とか前々日に焼かれたもので、パサパサして香りがなく、炊きたてのごはんのほうがずっとおいしかった。近頃では、高性能のオーブンを備えたパン屋があちこちにでき、ふっくらとして引きが強い焼きたてのパンを、気軽に食べることができるようになった。

このような、プロのパン屋が焼いたパンは美味であるが、味わいのある国産小麦のパンや、どっしりとしたヨーロッパ風のパンも食べてみたい。また、素人が焼いたパンであっても、焼きたてならば、プロのパンに引けをとらず美味である。自分でつくればいつも焼きたて、自由自在のパンが食べられる。

本書では、小麦の栽培から、製粉、酵母、石窯のつくり方まで、個性的なパンを焼くための知恵を収集しました。

素朴な材料で素人が焼いたパンでも、焼きたてならばプロのパンに引けをとらない
（撮影　本田進一郎）

農家が教える

自由自在のパンづくり　目次

Part 2　酵母

Part 5 地粉でパン

Part 6 小麦の品種と栽培

レイアウト・組版 ニシ工芸株式会社

神田精養軒の故・望月継治さんは、一九六〇年代から、国産小麦の全粒粉を薄く焼き、ちりめん雑魚、納豆、ひじき、きんぴらごぼうなどを、巻いて食べることを提唱していた。国産小麦や自家製酵母を使って自分でパンを焼く人が増えているのはとても嬉しいことだが、望月さんのように自由で合理的な発想でパンづくりができたら、もっと手軽で楽しくなるに違いない。そして、そのような自由自在のパンづくりは、昔から日本列島に住む人が食べてきた、「日本のパン」にとても似ている。

望月継治さんが提唱した「一汁十菜日本の朝食」（撮影 杉田徹）

なんでも酵母に!? 自家製天然酵母講座+トマト酵母パン

え・文　いとうまりこ

手作り窯を軽トラに乗せ、日本全国どこへでも、パンを焼きに、健さんは行く。そんな『風のパン屋』をはじめて11年。「身近で手に入るものでパンを焼く。細かく計ったり、一生懸命こねたりしないでいい」ご飯でも炊くようにパンを焼いて、というのがモットー。

もともと大工をやっていたという健さん。物を作るのはおてのもの。パンを焼く前は、クラフトをやろうとしていた。

環境問題にも関心が強く「少しでも変えていきたい」との思いから、山に捨ててある木から作品を作った。でもなかなか「モノ」からは思いがストレートには伝わらない。

そんな時、フリーマーケットで五穀パンを焼いた。「おいしい!」という反応が直接返ってきた。言葉

はいらない。これだ！と思った。窯は全てリサイクル。雑穀は自分の畑で自然農法で栽培している。「雑穀は体を自然なところにもどしてくれる。できるだけ取るようにしたいですね」

次の世代にちゃんと伝えていきたい。命のことを考えていきたい。「でも、基本はおいしいこと！」

五穀パンから始まった『風のパン屋』さん。あちこちに呼ばれるうちに、酵母の種類も増えていった。今では10種類以上のおいしそうな酵母がならぶ。

その酵母に粉と塩と水を混ぜてざっとこねあわせるだけで、パン生地ができてしまう。「夜寝る前に生地を作って、次の日に焼く……というふうに、生活のサイクルに合わせて作ればいい」。健さんの講習を受けていると、簡単気楽にパンが焼けそうだ。さっそく家にあるもので酵母を作って、家にある小麦粉で焼いてみよう！っと。

身近なもので作ってみよう!
健さんの天然酵母講座
カンタン
トマト
トマトをつぶして砂糖少しと塩少々を加える
容器に入れて発酵させる
2〜3日でプクプク泡が!
そのまま丸ごとパン生地に使えます! 生のトマトも加えて焼くとオレンジいろのパンになるよ!
キレイ♡
ジャガイモ
メモ
砂糖は発酵を促すために ひとつまみていど入れる。塩は お清めていどに パラッと ほんの少〜し入れる
粉
ええっ ジャガイモで酵母?
わくわく
生のジャガイモを皮ごとすりおろして粉と砂糖と塩を加えて混ぜ、ホットケーキの生地くらいの固さにする
味や様子をみて覚えておくといいよ
少しピリッとするね
発酵させる
2〜3日で2〜3倍くらいふくれる
ヨーグルトみたい
低温殺菌のものがいい
牛乳
カッテージチーズをつくろう
牛乳を弱火で温めて70度くらいになったら牛乳の1割の量のレモン汁または酢を加える
ふきん
ザル
ふきんでこす
カッテージチーズ!
サラダやケーキに! パンにのせてもおいしい
もろもろっと白く固まってくる
この汁にさめてから粉と砂糖と塩を加えて…
発酵させよう
プクプク
えーっ!
牛乳で酵母ができるんですかー?
チーズを作るときにでる汁を使うんだよ
チーズも作れておトク♡ですねっ

パンと
小麦の
コラム・メモ

天然酵母のこと

天然酵母は、さまざまな菌の集合体だ。空気中や水、果実など、自然界あらゆるところで、目に見えない「酵母」たちが生きている。それらの自然の酵母を培養し、パンの発酵に利用したものが天然酵母。顆粒状にして市販されているものもある。

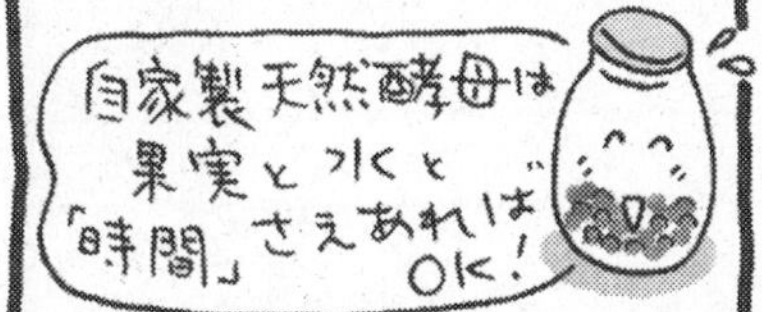
自家製天然酵母は
果実と水と
「時間」さえあれば
OK!

また、ドライフルーツや、果実、小麦などから、時間さえかければカンタンに自家製天然酵母がつくることができる。

デ ン ブ ン
コ ボ たち
個性的な
菌たち

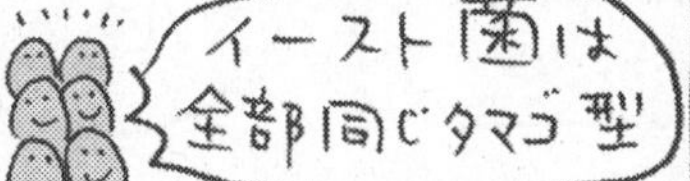
イースト菌は
全部同じタマゴ型

イーストは、粒ぞろいの単一の菌だから、世界中のどこで焼こうと誰が焼こうと、同じ味わいのパンになる。だからこそ、大量生産のふっくらパンに向いている。

その点、自家製天然酵母は、世界中でたったひとつの個性的な「自分だけのパン」が焼ける。噛めば噛むほど出てくる味わい。多少失敗してもテマヒマかけたぶん、そのおいしさは格別！

!注意点
プシュッ
フタはゆるめに！
ハレツしないように
2〜3倍にふくれるので
容器の半分以下にすること
プクプク
1日1回は　かきまぜて
カビを予防。もしカビが出ても
とりのぞけば大丈夫。
作りすぎないように！
使う量（パン生地の1〜3割）に合わせて作る
発酵しすぎると
すっぱくなる
様子をみていちばん
元気のいい頃に
パンを焼こう
保存方法
冷蔵庫で1〜2週間
は、もちます
固めのパン生地にして
とっておくのもいい
乾燥させて粉々にして乾燥酵母にして
やれば、1年でも大丈夫。
水にとかしてやれば再発酵！
乾燥酵母
ボウルや台に残った粉も
捨てずにこそげて保存しておこう！
ガリガリ
パン生地ののこりは、りっぱな酵母になる！
そうか！
さ〜て
次は
パンを
作って
焼きま
しょうか
！
干し柿や干しあんず
ブドウ、りんご、にんじん
残りごはん
酒粕、山芋、雑穀などなど…
身近で手に入るものを
いろいろ酵母にして
パンを焼いて
みよう!!
ほとんどお酒
ブドウエキス
次はパンの焼き方の講座です！

ナベでパンを焼いてみよう!
ではこのおナベで!
オーブンがなくてもパンは焼ける!
それとあき缶を1コ用意して…
カン?
アルミでもスチールでもいい
えーっ? そんなフツーのナベでパンが焼けるんですかーっ?
うまく焼けるのかナ~
上と下の底をとった缶をまん中において焼くとムラなくうまく焼けるよ
アルミホイルをまく
ナベと缶の表面にマーガリンをしっかりとぬっておく
カン☆
パン生地を缶のまわりに入れて焼く
カン
もちあみを下にしいて弱火でじっくりと焼く
30~40分焼こう
フタは少しずらしてする。ちょっと水分をとばしてやるといい。
ようすをみながら焼こう
竹串をさしてベタッと生地がついてこなければ焼けている
ナベからとりだして…
ひっくりかえしてナベにもどしてこんがりと焼きあげる
フタをする(ずらす)
ナベやきパンのできあがり!!
ふっくら焼けてる!
無水鍋でもいいよ!
パンだ…
わー

パンと小麦のコラム・メモ

蒸気をきかせて焼こう!

パンを焼くとき、生地の表面が乾燥していると、きれいな焼き色がつかず、白っぽいパンになってしまう。焼く前に、霧吹きで、表面を軽くしめらせてから焼こう。ふくらみも良くなるらしい。

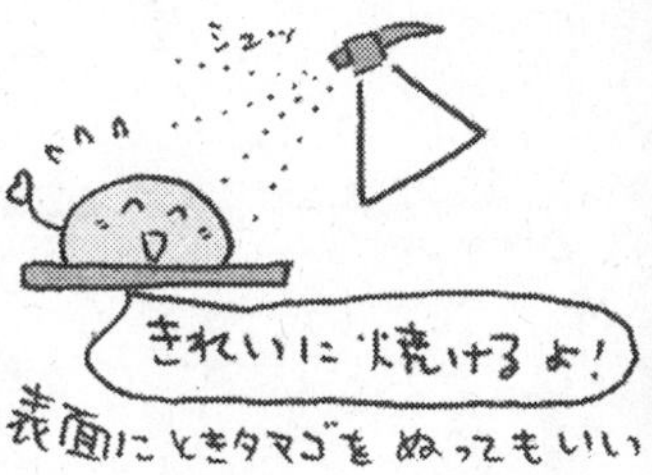
シュッ
きれいに焼けるよ!
表面にときタマゴをぬってもいい

焼くとき、オーブンの庫内の蒸気をきかせると、皮もぱりっとして、クープ（切れ目）もきれいに割れるそうです。

★蒸気のきかせ方 アレコレ

天板の下の段にお湯をそそぐ
ジュワッ
いっしょに焼く
焼いた小石やパイストーンに水をジュワッとかけて蒸気を出す
型入りパンなら
天板に直接お湯をはる

オーブントースターで焼いてみよう!
ちーん
生地はてのひら大くらいにする
大きすぎないように
キリフキで水分補給
シャワーだ♥
上火が強くて焦げないようにアルミホイルをかぶせてやる
トースターによって焼け具合がちがうからね!
5分ずつ焼いてようすをみてやろう
ちーん
5分+5分+5分+….
15〜20分くらい
最後にアルミをとって5分こんがりと焼く
素材も材料も身近にあるものでもっとキラクにパンを焼こう!
作るのって楽しいね!
はーいっ
食べるのも…♥
もぐもぐ
いろいろ勉強するのはそのあとでいいんですよー
うん うまいっ

西村健さんはご病気で他界されました。心からご冥福をお祈りいたします。

手づくり石窯で焼く力強いイチジク酵母パン

え・文　いとうまりこ

アキラさんは歯科医だ。常日頃から、身体の基本は「食」と実感している。ふたりは、三年前から、玄米菜食を始めた。砂糖もほとんど使わない。「アトピーがあったりしたんですが、身体がすっきりしてきました」と、ユキコさん。ドイツの田舎のパンのような、どっしりとしたパンが焼きたいと本格的に石窯まで作ってしまうほど。楽しみながら焼かれたパンは、どれも素朴で、力強い味がした。

☆黒ざとうを少し入れるとしっかり発酵します。

☆たくさんできたらしばらく冷蔵庫で保存できます。

石窯はアキラさんが休みの日にぼちぼちやりながら3カ月くらいかけて作りあげた。費用は約6万円でできた。余熱でさつまいもやりんごカボチャなど焼くのも楽しい。
イチジクのかおりがほのかにするシンプルで力強いパン。塩だけしか加えてないので小麦そのものの甘みが生きている。
←ヤキイモ
柿ややまもも、あけび…季節によっていろんなくだものの酵母を育ててます♡
うちのペットは酵母!
窯の上が500度下が300度まんべんなく熱いのが理想なんだけどね….
ピザなら3分!で焼ける
高温になったところでキリフキで適温に。皮がパリッとしたおいしいパンに焼き上がる
失敗して焦げちゃってもそれがまた楽しくてうまい!
約15〜20分で焼く
パンを焼く前夜に
どろどろの種に合わせた分量の粉と少量の塩を混ぜてよ〜くこねる。
北海道産ハルユタカを使ってます
ハルユタカ
手に粉がつかなくなってちょっと固めでパサつくくらいの状態でOK!
ひとばん乾かないようにして暖かいところにねかせる
けっこうだらっとしたかんじになる…
手ごなをつけて成形し2時間程ねかす

ほんとうのパンってなんだ

望月継治　神田精養軒

一九八六年記

「国産小麦で農家の人がパンを作りたいのだが、それについてアドバイスしてくれないか」という申し出があった時、私の第一感は次のようなものでした。

主食を自家産の穀物でというなら小麦にこだわらず、麦飯を食べたらよいではないか。発酵小麦パンを作る手間をかける分、もっと身近な農漁村の産物を活用した多種類の副食を作って、家族中で楽しみながら組み合わせて食べる食卓を創造したほうがよいのではないか。そのうえ、パンを作るとおっしゃいますが、皆さんのおっしゃるパンとは何なのですか。六千年以上というパンの歴史の中の、どのパンを考えているのですかとお伺いしたいと思いました。

白いパンだけがパンではない

そこがじつは問題なのです。一般には、パンと言えば、白い、軟らかい、ふっくらしたもの。いわゆるアメリカ式のパンをパンと考えているようです。だがそのアメリカでは、「アメリカ国民を文明病におとしこんだものは、食物繊維のない白いパンと肉を食べることが進歩だと一九一〇年くらいから考えたことが原因だった」と反省し、穀物の中心部だけでなく、穀物の全生命力を活用するようなパンを食べる国民運動をおこしています。

なのに日本人は、パン食民族は昔々から白い、軟らかいパンを食べてきたかのように錯覚しているのです。これは二重の誤りを犯しています。自国の小麦でパンを作ろうとする時も、アメリカの犯した誤りを再び繰り返そうとする危険があることに気がついていないのです。

なんともったいない精製麦

戦前日本では麦飯が普通でした。同様にパン食民族も、精製した小麦粉をパンの原料にするというのはそんな遠い昔からのことではなかったのです。それどころかパンは貴重品でして、庶民などそう食べられるものではありませんでした。こういうと皆さんは不思議に思うかもしれませんが、ヨーロッパの畑は、日本の水田とは比較にならない位に地味が悪かったのです。十世紀頃は、一粒の小麦をまいても収穫は二～三粒。十四世紀でも四粒くらいと言われています。だから小麦を精製してパンにするなどそんなもったいないことはできなかったのです。

ところが穀物がいっぱいとれるようになると、人間はぜいたくになります。そして、穀物の命を殺した精製小麦粉を使い、ふっくらさせることに努力しました。とくにアメリカにおいて。そして、それが誤りであったということがようやくわかってきたのです。

恐るべき外食産業の販売戦略

先日、NHKは特集番組で、一五億食、五〇〇億円のハンバーグ商戦の舞台裏を克明にレポートしました。その中で、某ハンバーガーチェーンの社長はこう宣言しました。「人間の食習慣は一四歳までに食べてきたものによって決定される。だから日本の子供たちの味噌、醤油に対する嗜好を、マヨネーズとマスタードの味で追い出さねばならない」と。このとほうもない遠大な餌づけ計画は図に当たっているようです。ハンバーグをおすすめメニューとしたファミリーレストランは今花盛り。企業のこのような展開を支えるものは、若い人たち、若いお母さんたちであり、子供たちであり、若者たちです。

日本の伝統的なるもの、私たち日本人を支えてきた素なるものを否定する策謀に乗せられ、成人病に早くなろうとしていることに気づかずに、近代的とかファッショナブルなものと受け取られております。だが果してこのような食生活が人間を幸せにするのだろうか。

アメリカでは全粒粉パン、玄米パンを奨励

その答えは既にアメリカで出ています。一九七五年から一九七七年まで、二年間にわたってアメリカの上院で討議され、報告が出ています（マクガバンレポート）。委員長のマクガバン氏は言いました。「今のような食生活をしていたら、アメリカ経済は心臓病だけで駄目になってしまう」。その原因は一九一〇年くらいから、食物繊維のない白いパンを食べ、肉を多食することを進歩と錯覚したこと。だからケネディー上院議員は言ったのです。「俺たちは阿呆だった。その誤りを誰一人気がつかなかった」と。しかし、アメリカの対応は早かった。食生活を改めるために、「食生活改善献立案」（アメリカ農務省編）を国民に配布したのです。

そこには日本でパンと考えられている白パンは一切出ていません。全粒粉パン、玄米が推薦されています。肉は赤身のもの。このような努力によって、アメリカ人のコレステロールは一〇%くらい低下しました。肉の消費量も最近五年間で二〇%くらい低下しています。

成人病先進国への道

だが日本の現状はどうでしょう。「日本の二〇歳前半以下の若者層では、アメリカの同世代の総コレステロール値を上廻っている」（金沢医大岡本教授）。「五歳児の二〇%が肥満か高血圧の成人病予備軍の仲間入りをしている」（女子医大、和洋女子大共同調査）。

にもかかわらず、アメリカ食肉輸出協会は日本を最高のマーケットと考え、国家資金を使って宣伝に乗り出している。その牛肉はアメリカ人が食べる赤身の肉ではなく、脂肪のたっぷり入った丸々太った肉。日本人のために特別に飼育したも

の。冷凍では味が落ちるので冷蔵で入ってくる。さらには生体牛を空輸する。神戸で処理されれば神戸肉となる。味は和牛の中クラス。だが安いからもっと召しあがれと。

　この作戦に日本の大手スーパーや商社が参加しているのです。既に動物性脂肪の摂取量は警戒線を突破しているというのに、大きな力が攻撃してくる。これを日本国家ないし全農が押し返そうとしたら、またまた問題になってしまう。

　しかし、みすみす、かつての成人病の最先進国のアメリカの地位を日本が追い抜くようになって良いのだろうか。否である。

故・望月継治氏

穀物大国、アメリカの戦略

　では誰が阻止できるのでしょうか。それは一人ひとりの生活者。とくに幼い子供をもつお母さん、またはこれから子供を生む若いお母さんたちです。心してもらいたい。自分たちの子供を現代文明の餌じきにしてはならないと。

　かつてマッカーサー司令部は、日本人を好戦的な民族から平和的な民族にさせるために、米と魚を日本人から排除して、よいパン食に改めねばならないと言った。私は日本には日本のパンとパン食があって当然だと考えているのだが、どうもパン食民族には自分の生き方がすべてであると考える傲慢さがある。

　穀物をフェアエーデリング（貴化）するとよく言います。これは、穀物を人間が直接食べるのではなく、肉にして食べるということ。だからアメリカ人の穀物消費量は年間一人八〇〇kg、日本三五〇kg、発展途上国二〇〇kg。つまりアメリカ人は穀物を家畜に食べさせ、その肉や卵を人間が食べている割合が高いことを示している。この事実をもって、アメリカは進んでいると思ったのです。だから世界中をアメリカ的に教化しようとしたわけです。

　無理もありません。アメリカは凶作の年でも小麦三六〇〇万t（世界生産の半分）、飼料穀物四五〇〇万t（世界生産の三分の一）、油糧種子一五〇〇万t（世界生産の半分）。それに米までも輸出可能な国なのです。だがパンの歴史から見たら、アメリカの実態は全く特殊例外的なのです。そこから生まれた考え方が世界中に通用するはずがありません。

穀物の粥から発酵パンへ

　パン食民族は最初からパン（発酵パン）を食べていたと考えるところに誤りがあるのです。パンは粉食の一つの形態にすぎません。庶民は何を食べていたのかというと、お粥なのです。穀物の粉と牛乳のお粥。もう少し気が効いたものは骨付きの肉、野菜、粉のごった煮を食べていたのです。それが、スープ、パン、肉、野菜と分化したのはつい最近の、十九世紀初頭のことだと言われています。だから、今でもスープは飲むとは言わずに食べる、Eat Soup（イート・スープ）と言われるのです。

また、そのお粥でおこげを作ってしまった。それがBaked goods（ベイクド・グッズ）、焼き物の最初です。次にお粥を作るために粉と水を混ぜ、それを火にかけるのを忘れてしまい、思い出して粉と水を加えて火にかけ、またおこげを作ってしまった。その時のおこげは最初のものと違って、おこげの中に空気の気泡があった。それが発酵パンの誕生だったのです。粉と水をこねて放置しておいた時に空気中の酵母が飛び込んだからです。だから最初のものを無発酵のパン（Fladen フラーデン）と言い、次のものを発酵パン（Brod ブロッド）というわけです。このようなものはお粥とパンの中間に位置するもので、水、または牛乳を加えればお粥に戻ってしまうものです。

もちろん、全粒粉ですから穀物のすべての栄養を人間に供給します。保存剤など使わなくても非常に日持ちが良いものです。よく噛まねばならないので、人々は丈夫な歯を持ったたくましい健康体であった。ノルウェーのクネッケはまさにその直系の子孫なのです。

ノルウェーの全粒粉薄焼きのパン

ノルウェーでは魚、ミルク、野菜、果物。それにクネッケという全粒粉の薄焼きのパンの組み合わせです。二〇種類以上の料理を、食べる人が自由に選んで食べる、いわゆるバイキングスタイルの朝食は、世界一の朝食と言われております。

クネッケにひじきをのせる

二〇年以上前に、私はオスロの小さなホテルでそれに巡り会いました。そして考えました。これに日本の伝統的なるもの、大豆製品、海草、しいたけなどを加えたら、世界一といわれるオスロの朝食より優れた、超世界一の朝食になると。そして「一汁十菜日本の朝食」を提唱するようになったのです。

そのためにはまず脱脂粉乳を利用して、各家庭でチーズやヨーグルトを作ろうというキャンペーンに乗り出しました。全国民が賛同してくれたら、牛乳が余るなどということはありません。自らが健康になるとともに、日本の酪農はもっと拡大されねばならない。だったら減反水田を乾田化して牧草をまき、牛を放ったらよい。日本農業の規模拡大と有機化が、そこから始まると考えたのです。

次にパン、クネッケの国産化に乗り出しました。全粒粉の平焼きパンなので、玄米でも国産小麦でもできるのです。変なパンだなと日本人は思うが、それは特殊例外的なアメリカパンが当り前と思っているからです。

平焼きパンこそ世界の健康パン

穀物の生産性の悪かったヨーロッパ、とくに北欧や東北部においては、前世紀まで庶民の常食は全粒粉の粥食であったり、平焼きパンだったのです。小麦の豊かなフランスですら、小麦にえん麦、大麦を混ぜたパンを食べていたのです。ふくらむはずがありません。

庶民が小麦三、ライ麦一の混合率のパンを食べられるようになったのは、フランス革命（一七八九〜一七九九年）以降のことです。それなのにパンの工業化を志す人々は、粥食を軽蔑する。平焼きパンも、工業的でない、と軽蔑する。平焼きパンのチャパテーやナーンと米を食べる、インドに代表される中近東の国々を低開発の食生活をする国と軽蔑する。たしかにそれらの国は飢えに苦しめられています。食べたい穀物がないのです。だったら牛に食べさせる穀物を、穀物の貴化などとは言わずに援助したらどうなんだろう。牛の肉を食べることが高級なぞと思わない国があることを知ったらどうだろう。インドでは菜食主義者の人の方が、社会的地位が高い。もちろん肉を食べる非菜食主義者もいる。だが全体として見ると肉に偏っていない。

古代から引き継がれてきたナーン

こう言うとインドのカレーライスはどうなるという反問があるかもしれない。だがインドにはカレーライスという特別な料理はない。香辛料と油を使った肉や野菜それぞれの料理があるだけ。それぞれ別なものを米飯やチャパテーやナーンにつけて、食べる人が自由に自分の味を楽しむのです。豆を活用するとともにヨーグルトを常食しているのです。これらがみな自家製。ナーンは特別な窯が必要なので必ずしも自家製とは言えませんが、チャパテーは全粒粉を水でよくこね、薄くのばして鉄板で焼くのです。

ナーンは発酵させた平焼きパンです。古いパン生地（酸性発酵生地）の一部を混ぜて一晩ねかせて発酵させ、少しずつとって団子に丸め、手のひらでのばして二等辺三角形のような形にしたものを、タンドールという窯の内側に張りつけて焼いたものです。タンドールの中の温度は四五八～五〇〇℃と高く、家庭で焼くのは大変でしょうから、フライパンを十分熱して焼くとよいでしょう。チャパテーと同じようにして食べてみてください。

ナーンはインドやパキスタンで日常的に食べられ、アフガニスタンでは食生活の基本になっています。その広がりは、イラン、イラク、ウズベク共和国にまで及んでいます。古代エジプトの中王朝のころにはタンドールが使われていたといいますから、ナーンは、はるか古代オリエント古代文明から引き継がれてきた食べものであることがわかります。

見習いたいインドの食

インドのこのような食体系は、オスロの朝食同様、日本人が見習うべきだと私は考えております。国産小麦を水でといてフライパンで焼けば、チャパテーそっくりの平焼きパンになります。本来のチャパテーは、全粒粉一〇〇に対し、塩〇・七、水六五～七〇の割合でよくこね、三〇分から一時間ねかせます。それを少しずつとって団子に丸め、円形にのばします。手のひらで形を整え、鉄板で油をひかずに両面とも焼く。焼きあがったものを再び炭の直火で焼いて、水分を一気に蒸発させてできあがりです。

私はもっと気軽に、と考えています。国産小麦粉で薄いお好み焼きかクレープのようにしてはどうでしょう。それできんぴらでも納豆でも巻いて食べるのです。各種の日本的常備菜が活用できます。もちろん、その中の一つとして肉があってもけっこうです。ホームメイドのパン、ホームメイドの副食、工業生産に頼らなくとも、自分の力で健康的な食生活ができると思うのです。

一汁十菜日本の朝食

私はおすすめしたい。白くするとか、ふっくらさせることに苦労しなさんな。それより穀物の命を活用するようにしましょう。国産小麦

いろいろなおかずを包んで食す

の全粒粉をフライパンで薄く焼いて、それでちりめん雑魚、納豆、ひじき、きんぴらごぼう等々、日本の伝統的な素材を巻いて食べたらどうですかと。私の提唱している「一汁十菜日本の朝食」は世界一の食べ方だと思うのです。その作り方は次のようなものです。

シュタインメッツ処理（注）をした国産小麦粉一〇〇に対して、イースト二、塩一・五、砂糖二、ショートニング一、水五七で生地を作り、分割丸めをしたものを、五～一〇分ねかせ、楕円形にのばして具を包み込み、蒸し器で二〇分蒸してでき上がり。

このパンのみそは、日本の伝統的な常備菜を具にしたこと。国産小麦は貯蔵のために農薬で燻蒸していないから安全。さらに外皮四％を除去するシュタインメッツ処理をしているので、小麦粉製品として最も安全性があり、穀物の栄養素と日本の伝統的常備菜が組み合わされたものと考えております。もちろん、シュタインメッツ処理をしなくとも、国産小麦であれば、輸入小麦に比べれば、よほど安全だと思います。

なお日本のおやきの中には無発酵のものもあり、昔のように灰の中でしっくりと焼かないと生地が完全にアルファー化しない恐れがありますので、チャパテー方式ではなく、ナーン方式にしたのです。インドや中近東で、工業化されないチャパテーやヨーグルトを自分で作る精神、それが日本で一番求められているのではないでしょうか。

（撮影・杉田徹）

※注　シュタインメッツ処理　麦に適度に水分を吸収させ、穀粒をすりあわせながら空気を吹きつけて外皮だけをむき、製粉する方法。ドイツのシュテファン・シュタインメッツによって考案され、胚芽や繊維を含んだ全粒粉が得られる。

一九八六年七月号　ほんとうのパンってなんだ／一九八七年十二月号　もっと手軽に平焼きパンを！

発芽小麦でつくるパン

片岡芙佐子　カントリーグレイン　広島県福富町

発芽させた小麦。噛んでみると甘い

玄麦を発芽させる

玄米の発芽に目が開かれたのは、三〇代のころだった。水を含ませたティッシュ床で、玄米に芽が出ているのをみたとき、「玄米は生きている。これを食べれば、細胞がよみがえるに違いない」と心底思えた。あれから二五年あまり、自分で小麦を植えてパンをつくるようになってから、ふっとその時の感動を思い出し、「小麦を発芽させてパンが焼けないだろうか」と思った。

幸い、小麦は貯蔵庫にある。大きなボウルに取り出し、洗い、水に浸した。一晩浸水した小麦はぷちぷちのあめ色になった。それをざるで水切りし、表面が乾燥しないように濡れ布巾をかけておく。約二日間で白いぷちっとした芽が出た（冬なら三～四日間必要）。

噛んでみると甘い。良い予感がした。おいしいパンができるかもしれない。

ミキサーでつぶし、すり鉢でさらにつぶす

発芽小麦を粒のまま、小麦粉に混ぜて焼いてみた。食べてみると粒が硬い。これはだめだ。

粒をつぶすため、手持ちのミキサーに入れた。少し水を加えてスイッチオン。ミキサーのモーターが焼けそうになるほど回したが、完全にはつぶれない。仕方なく、すり鉢に取り出し、すりこぎでつぶした。

これでは手間がかかるので、次はジューサーを使ってみた。ギアーが内容物を砕く。思うようなスピードでは出てくれないが、軟らかいペーストになった。ところが、粘度が高いせいか、途中で動かなくなってしまう。これもだめ。

結局、手間はかかっても、ミキサーでつぶし、すり鉢でさらにつぶすのがよいというこ

つぶした発芽小麦

とになった。このペーストを白い小麦粉に入れてミキシングすると、発芽小麦入りの生地になる。

発芽の瞬間をありがたくいただく

植物の種子は発芽するとき、それまでブロックされていた酵素が活性化して、生長に必要な全栄養素を準備する。通常の栄養食品は「○○栄養素が不足しているので、それを補うために△△を添加する」「表皮は一般的な味覚に合わないので除く」など、人間の浅はかな欲望を満たそうとする。しかし、発芽は何かを添加したり、どこかを除いたりしない。その食品が本来備えていた力を発揮させ、その瞬間をありがたくいただくのが発芽小麦パンだ。

ブラウン色こそ自然色

いつも食べているご飯は発芽玄米なので、たまに外食すると、ご飯のまぶしいほどの白さに驚いてしまう。いつも自分の店のパンの色を見慣れているので、他所の店に入ると、パンの切り口の白さにはっとしてしまう。

ブラウン色こそ自然色。口にやさしく、胃にもたれることもなく、スムーズに体が受け入れてくれるパンの色。小麦の生々しい香りとまるい甘味。外側はさっくり、中はもちもち。腹もちもよい。多くの方々が繰り返し来てくれる。

（広島県賀茂郡福富町下竹仁二二五―二　カントリーグレイン）

（撮影・小倉隆人）

※片岡芙佐子著『パン　委託栽培、製粉から開店まで』（農文協）もご覧ください。

二〇〇二年七月号　発芽小麦で、ほんのり甘い栄養たっぷりのパン

地場産小麦で発芽小麦パンを製造・販売している「カントリーグレイン」の片岡芙佐子さんと敬士さん

発芽小麦パンのつくり方

①発芽小麦をミキサーとすり鉢でペースト状にしておく。写真は専用のローラーで薄片状態につぶしたもの

材料（食パン5本分）

発芽小麦	990g
国産小麦粉	3300g
てんさい糖	165g
天白塩	52g
ぶどう油	130g
生イースト	86g
水	2160g

※発芽により甘みがでるので、砂糖の量は少なめに。発酵も早くなるので注意。発芽小麦の割合は20％くらいが風味がよく、上手にできる。発芽小麦100％でやるときは、グルテン添加が必要。

②最初にぶどう油以外の材料を入れてミキシング。イーストは予備発酵してから加える。まとまりかけたらぶどう油を入れ、さらにミキシング。生地の表情を見ながら水や粉を足す

③なめらかな生地になったらミキシングを終え、1次発酵させる

④約2.5倍になったらパンチして空気を抜く

⑤1次発酵後のガス抜き。発芽酵素が働くので普通よりも発酵が早い

⑥300gに分割し、丸めてベンチタイムをとる

⑦めん棒で楕円状に伸ばす

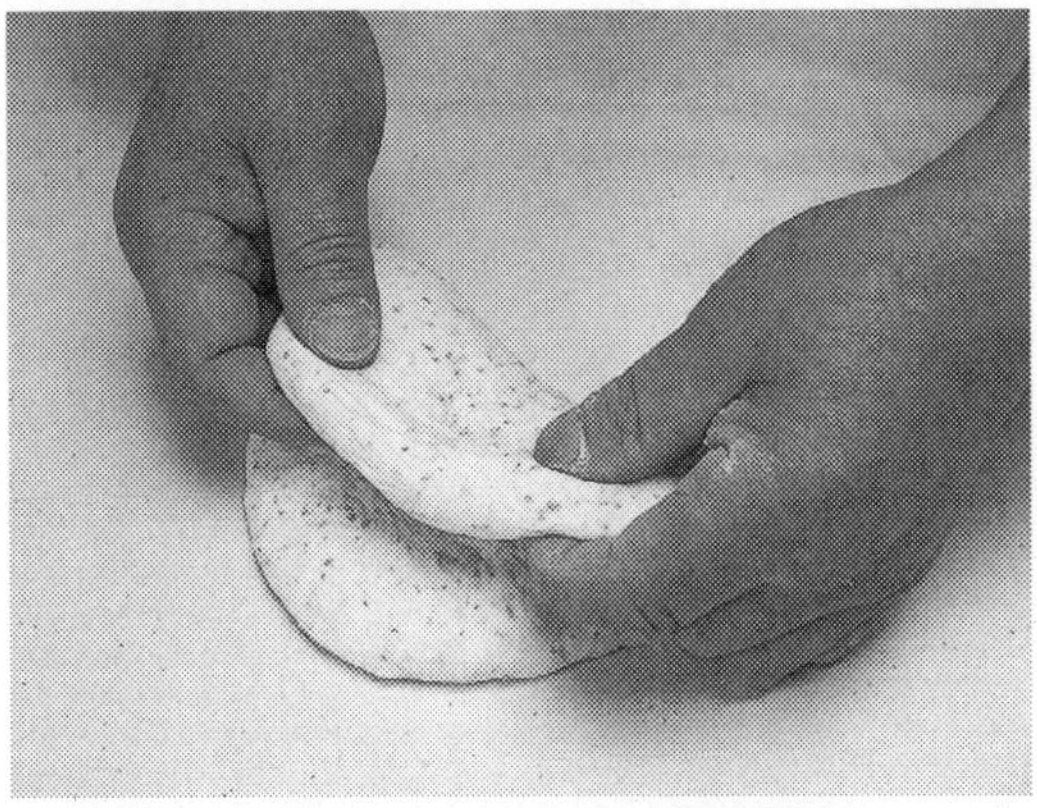
⑧きれいな面が表にくるよう、生地を裏返し、半分に折る。さらに半分に折ったものを丸める

⑨食パンケースに入れ、２次発酵させる。ケースより２cm下までふくらんだら窯に入れる
⑩上火180℃、下火260℃で55分焼成

発芽小麦のつくり方とつぶし方

（発芽小麦は水分があるので製粉機が使えません）

①小麦はよく洗い、ぬるま湯に一晩浸す

②ザルにあげて水を切り、乾かないように布をかぶせ、霧吹きで保湿する

③芽と根が1～2mm出たら（38頁の写真の状態）、少し水を加え、ミキサーにかける

④さらにすり鉢を使ってきれいにつぶす（カントリー・グレインでは専用のローラーを使用）

パンの原点　ピタを焼く

林弘子　料理研究家

戦後数十年のうちに国内での畑作穀物群はすっかり切り捨てられてしまった。稲作単一文化と思われているふしもある日本の食文化であるが、日本列島に農耕が始まって以来、大麦、裸麦、小麦、そば、きび、あわ、たかきびなど、多くの穀物が重要な食料として栽培、利用されていた。このほか、ライ麦、ハト麦、アマランサスなどを含めて、一万年間の人類の生命を支えてきた雑多種の畑作物を見直したい。

もうひとつはこうした穀物調理に密接にかかわる、発酵という営みを見直すことである。自然界に存在する天然の酵母を取り込み、穀物の食味と栄養価を高める発酵は人間が長い歴史の中で生み出した英知である。

パンと聞くと、ふわふわの柔らかいものを連想する方が多いかもしれない。しかし、小麦原産地の地中海・西アジアでは、パンといえば、ピタやベーグルやナンのように、一次発酵程度で、噛みごたえよく、小麦の持ち味を生かして焼き上げたものが多いのである。その素朴な塩味は、他の食材の料理もさらにうま味あるものにしてくれる。ふわふわ柔らかいパンのほうは「パンの味がしない」として、むしろ嫌われることが多い。

ピタのばあいには、薄い皮が膨れて空洞になり、その中につめものをしてサンドイッチのようにして食べる。ピタの歴史はきわめて古く、イタリアに渡ってピザになったといわれる。

穀物を見直す調理の素材として、パンの原点に帰ってみよう。

材料（七枚分）

国産小麦粉　五〇〇g
塩　一〇g
生種（ホシノ酵母生種または牛乳酵母生種
　ひとにぎり）
オリーブオイル　大さじ二
水　二五〇cc

つくり方

①すべての材料を練りあげたあと、一次発酵させる。

②一次発酵のすんだ生地を台に取り出し、一五〇～二〇〇gくらいずつに等分し、丸形を作る。

③一〇分ほど生地を休ませたあと打ち粉をし、めん棒で五㎜くらいの厚さに丸くのす。

④ふきんかタオルをかけて二〇分ほど休ませる。

⑤そのあいだ、オーブンと天板を二二〇～二四〇℃くらいにあたためておく。

⑥あたたまった天板に、薄く平たくのされたピタ生地をのせ、ぷくっと中の空気がふくらむまで三～四分焼く。

ぷくっとふくれて、中に空洞ができたらすぐに取り出さないと、皮が薄いのでぱりぱりのクラッカーのようになり、あとで調理しにくくなる。時間はめやすなので、オーブンの庫内灯をつけて、パン皮が風船のようになったものから、順に取り出す。パン生地を平均にのさないと、ぷくっときれいな風船のようにはふくらまない。

『国産小麦のお菓子とパン』（農文協）、『日常茶飯事穀物ノート』（晶文社）より

ダンボールオーブンでピザづくり

植村加奈子

寝屋川市立北小学校では、食の学習に全校で取り組んでいます。朝食の大切さを中心に栄養士の先生が指導され、食べることの楽しさを大事にして取り組んでいます。

一年生のときに校庭にできたザクロのすっぱい実を食べたり、渋柿を食べたりしてから、干し柿を自分たちでつくって食べました。砂糖の甘さだけでなくいろいろな味わいを知り、自然の甘さを感じとりました。そして自分たちの育てたさつま芋でスイートポテトをつくり、焼き芋にも挑戦しました。

二年生ではトマトとオクラを学年で育てることにしました。それを使って何をつくるか考えると、子どもたちは大好きなピザを希望しました。アウトドアで話題のダンボールオーブンの話をすると、子どもたちは大乗り気。ダンボールが焼けてしまわないか心配しながらも、当日を楽しみにしていました。

ダンボールオーブンづくりの担当の子どもたちは、アルミホイルの光っているほうを内側にすることと、ダンボールが見えないように両面テープで貼り付ける注意を聞いて作業を開始しました。四角い箱の内側にアルミホイルを貼り付けるだけなので、低学年の子どもたちでも十分できます。念のため、アルミホイルのつなぎ目などを最後に点検しました。

硬い針金をちょうど真ん中あたりにさして、ピザを置く網の受け台をつくりました。下には炭を置く網がのるように、同じ高さの石を三個ぐらい置きました。炭の火が十分におきたら、チーズをのせてオーブンに入れて、ふたをガムテープで止めて、一五～二〇分待つとできあがり。中は二〇〇℃にもなるようです。不思議ですが、ダンボールはアルミホイルのおかげで焼けずに、炭でおいしいピザが焼きあがりました。大きなダンボールを使うと大きなピザができますが、大きな網も必要です。一回炭を入れれば、続けて何度か焼けます。

自分で育てたトマトとオクラを材料に、自分でつくったダンボールオーブンでおいしいピザ。子どもたちもお手伝いに来てくださったお母さん方も大喜びでした。

（大阪・寝屋川市立北小学校）

食農教育　二〇〇六年三月号

9台のダンボールオーブンがズラリと並んだ。U字溝が常設されているので、その上にオーブンをセットした

中段に針金を2本通し、ピザ用の網をセット。一番下に石を置き、その上に下網をセット。下網の上に、十分に火のおきた炭を置く

どぶろくパン

畑山照男（仮名）

どぶろくの酵母を使う

私はどぶろくパンをつくる前は、天然酵母によるパンをつくってきました。酵母菌は果実、とくにレーズンから採取し培養してきました。この果実酵母菌の採取方法がミード（蜜月酒）つくり、酒つくりと共通していることに気づきました。どぶろくも米のでんぷん質等を麹菌が糖化し、さらに酵母が糖を食べて炭酸ガスを出し、アルコールをつくりだします。どぶろくの中には、酵母菌、乳酸菌などが共存しながら自然の営みが続けられています。酵母菌やさまざまな微生物が生きているどぶろくを使えば、パンが焼けるだろうと考えたのです。

発酵力が強い、生地がおいしい

どぶろくパンは、柔らかいが歯ごたえのある、そしてきめ細かいパンに仕上がります。どぶろくを使うといってもアルコール臭はありません。素材の味がよく生かされたもちもちした歯ごたえで、とにかく生地がおいしいパンになります。野菜パンを焼くときにどぶろくを使っています。枝豆、トマト、かぼちゃ、さつま芋などのパンをつくっています。

食べていただいたお客さんの反応は、とにかく生地がおいしい、酸味がほとんどない、よく素材の味がわかる、もちもちしておいしいと言われます。

どぶろくパンのつくり方

どぶろくパンのつくり方には二通りあります。

①直接ドブロクで（水代わりに）練る、直練りの方法。所定の分量と割合の小麦粉をどぶろくで練る、一次発酵を約三時間（常温発酵のため季節その他により変わる）、二次発酵を約一時間、そして焼きます。他の酵母菌を使ったパンより発酵時間が短いのが特徴。約半分の時間でできます。どぶろくパンは発酵力が強い。

②パン種を培養する中種法。パン種（中種）をつくり、この種と小麦粉を練り込んでパンを焼く方法のこと（次頁の図参照）。私の方法では、全粒粉一二五gをドブロク一〇〇ccで練り、だんごにして、びんに入れます。二日目も同じ作業をします。これでパン種（中種）が完成。果実酵母などでは五日ほどかかりますが、どぶろくなら二日でできます。それだけ発酵力が強いのです。この中種と分量の小麦粉をこねます。このときは天然の水を使います。そして一次発酵、二次発酵を経たのち焼きあげます。これでどぶろくパンの出来あがり。

直練りより中種法でつくったほうがおいしい。時間がかかる分だけ「うま味」がつくられると思われます。

自然のものを使ってつくる自然流パンはおいしいし、身体にも優しいパンになります。いま、ワインをつくっているので、今度はワインパンをつくろうと考えています。

一九九七年十二月号　ドブロクパン

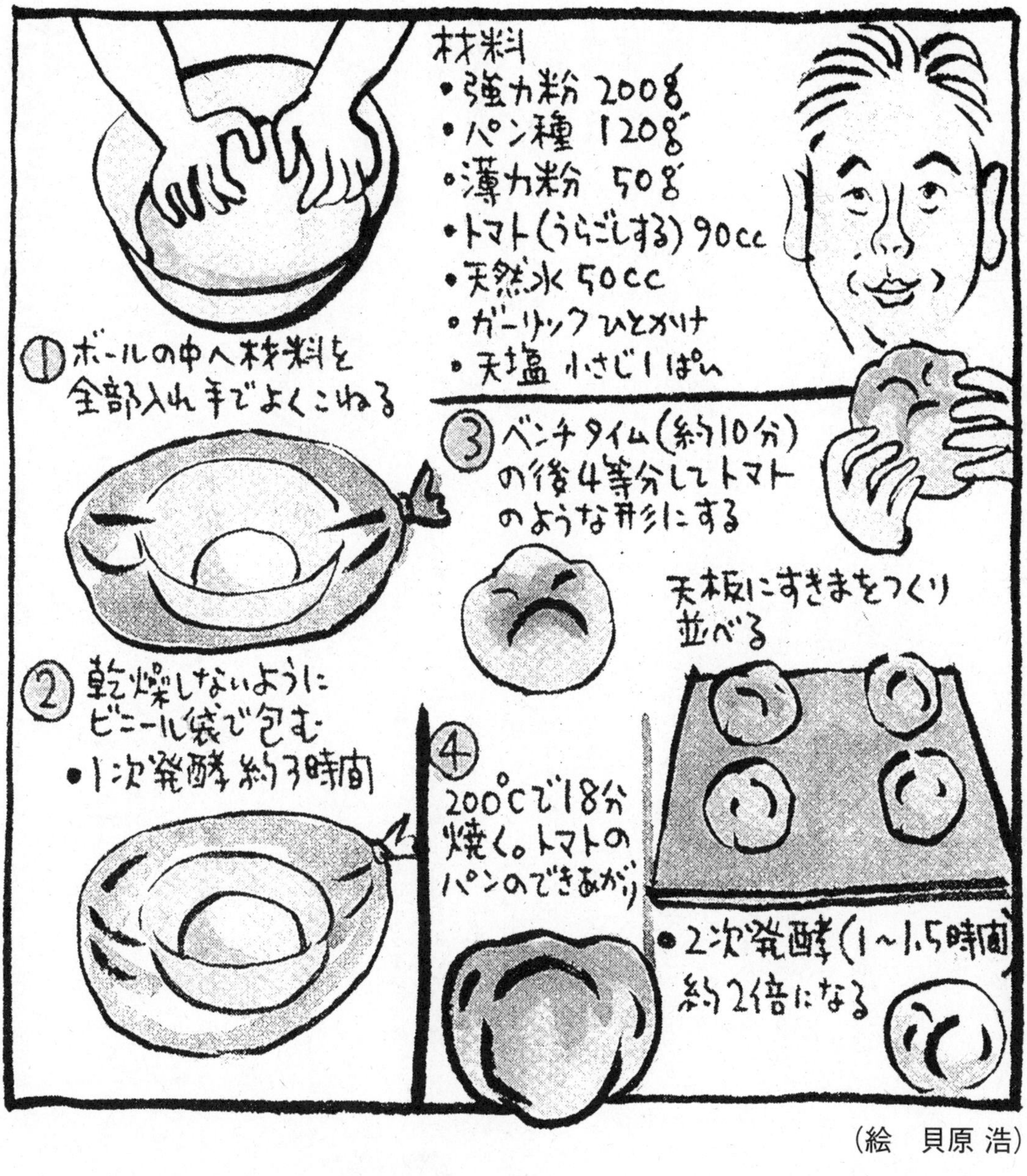

材料
•強力粉 200g
•パン種 120g
•薄力粉 50g
•トマト（うらごしする）90cc
•天然水 50cc
•ガーリック ひとかけ
•天塩 小さじ1ぱい
①ボールの中へ材料を全部入れ手でよくこねる
②乾燥しないようにビニール袋で包む
•1次発酵 約3時間
③ベンチタイム（約10分）の後4等分してトマトのような形にする
天板にすきまをつくり並べる
④200°Cで18分焼く。トマトのパンのできあがり
•2次発酵（1〜1.5時間）約2倍になる

（絵　貝原 浩）

本格派手打ちうどんのつくり方

①材料と配合。

季節	中力粉	食塩	水
春、秋	一kg	四〇g	四四〇cc
夏	一kg	五〇g	四三〇cc
冬	一kg	三〇g	四五〇cc

②小麦粉に塩水を入れ、かきまぜる。
③生地をまとめて一〇分くらいこねる。
④生地をポリ袋に入れて足で踏んでのばす。平べったくなったら、ぐるりとまいて足で踏む。三回繰り返して一〜三時間ねかせる。
⑤生地をめん棒で、厚さ三ミリまでのばす。
⑥うち粉をして折りたたみ、幅三ミリで切る。
⑦めんの五〜一〇倍のお湯で、一〇〜一五分ゆでる。ざるにあげ、冷水で冷やす。

おやきのつくり方

小池峰子　有限会社たんぽぽ　長野市

おやきはその地域や家庭によってさまざまなつくり方があり、これが正式なつくり方だというものはない。私たちのおやきはそれぞれの家庭のものを持ち寄りながら善光寺平、川中島（長野市川中島町域）の平均的なつくり方を再現し、この地の人々の味覚にもっとも合って受け入れられる味にしている。

小麦粉と皮種のいろいろ

地元の柄木田製粉会社からMオレゴン（灰分〇・三七％、たんぱく質九・二％の麺用粉）を仕入れている。粉はふるわずにそのまま使う。膨らし粉の類は使わない。

皮種に使う小麦粉と混ぜる副素材には次のような組み合わせがある。小麦粉だけ使うもの、小麦粉に重曹、卵、牛乳を加えるもの、小麦粉とそば粉をあわせるもの、小麦粉と片栗粉をあわせるもの、小麦粉にサラダ油を加えるもの、小麦粉に砂糖を加えるものなどである。もちろんこれ以外にもつくり手により、さまざまな組み合わせが工夫される。

具と味つけ

中に入れるあん（具）にもさまざまな旬の素材が使われ、味つけも工夫されている。例を挙げれば以下のようなものがある。かぼちゃ、切干し大根、大根とその葉、生ねぎ・キャベツ・にんじん・玉ねぎをあわせたもの、丸なすの輪切り、きざみなす、にらとキャベツ、卵の花、野沢菜ときのこ、あずき、さつま芋とりんごをあわせたもの、ズッキーニ、野菜をミックスしたもの、ねぎ・ほうれん草にすりごまをあわせたものなどである。味つけも、油と味噌に砂糖を加えたもの、油と塩に砂糖を加えたもの、油と醤油に砂糖を加えたものがある。砂糖を加えない場合には、油と醤油にごまを加える場合がある。

生地づくり

まず、おやきの生地づくりを行なう。分量の粉と水を用意して、粉の乾燥の具合を見ながら、水を少しずつ加えてこねる。固さの目安としては耳たぶよりもやや軟らかく仕上げる。水は既定分量を一度には入れないこと。季節、温度により水加減は変わり、乾燥ぎみな冬場はやや水も多めとなる。

目安の固さに練り上げたあと、ラップをして三〇分から一時間程度ねかせてグルテンが形成される（もちが出る）のを待つ。ねかせる時間が短すぎるともちが出ないため、生地

おやきのいろいろ（長野市　撮影 千葉寛『聞き書　長野の食事』）

がまとまらず包あんが難しくなる。
ラップをはずし、上下を入れ替えるように平均に混ぜ合わせる。皮が途中で切れてしまったりする場合はもう少し時間をおき、軟らかいようであれば少々粉を加えてもよい。固い場合には手に水をつけながら混ぜ合わせる。

具づくり

蕪《かぶ》あん　野沢菜の蕪は千切りにする。葉は蕪の量の一〇%とし、小口切りにする。蕪と葉は別々にゆがく。水気をしぼり、熱した食油をかける。味噌・砂糖で味つけする（味には好みがあるので、味つけに幅はあるが、およそ味噌一kg、砂糖三〇〇gくらいの割合）。

なす　丸なすを七㎜くらいの厚さに輪切りにする。味噌・油・砂糖を混ぜ合わせる（味噌一〇〇g、食油大さじ一、砂糖大さじ一）。輪切りのなすを二枚一組にして、間に先につくった味噌をこれにはさむ。

野沢菜　塩漬けした野沢菜を二㎝くらいの小口切りにし、一時間くらい塩抜きする。大根・にんじん・しいたけを千切りにする（量は適当）。それぞれの材料をゆがき、水気をしぼる。熱した食油に材料を入れて炒める。これに醤油・砂糖・ごま・みりんで味つけする。生の野沢菜の場合には、ゆでてから水気をしぼり、熱した食油をかけて味噌・砂糖の味つけをして生ねぎを加える。

包あん

生地を五五gずつ取り分け（皮種）、具も五五gずつ用意する。皮は真ん中を厚めにし、端をのばす（あまりのばしすぎないように注意）。丸なすを包むときは皮を手のひらよりも少し大きめにのばして、皮を真ん中に寄せながら包んでいく。

皮種の取り方には二通りがある。水どりと粉とりである。水どりは分量（五五g）の皮種を取るとき、手に水をつけて取る方法で、葉で包む場合に用いる。粉どりとは、手に粉をつけて（手粉）分量の皮を取る方法で、両面を焼く場合に用いる。

焼く・蒸す

焼きと蒸しとのどちらを先にするかについてもいろいろな方法がある。両面を焼いてから蒸し器で蒸すやり方。蒸してからこげ目をつけるやり方。葉の香りを楽しむために、包あんしたおやきを葉で包んでから蒸すやり方もある。包む葉には、みょうがの葉、しその葉、かしわの葉、笹の葉などが使われる。蒸す、焼くのほかに、包あんしたものをそのまま油で揚げるという場合もある。

焼いてから蒸す場合は、まずフライパンあるいはホットプレートに油をひいて、おやきの両面を焼く。この焼いたおやきを湯気の立った蒸し器で一五～二五分間蒸す。

食品加工総覧第五巻　小麦粉の味と地場野菜の具が生きる家庭の味のおやきより

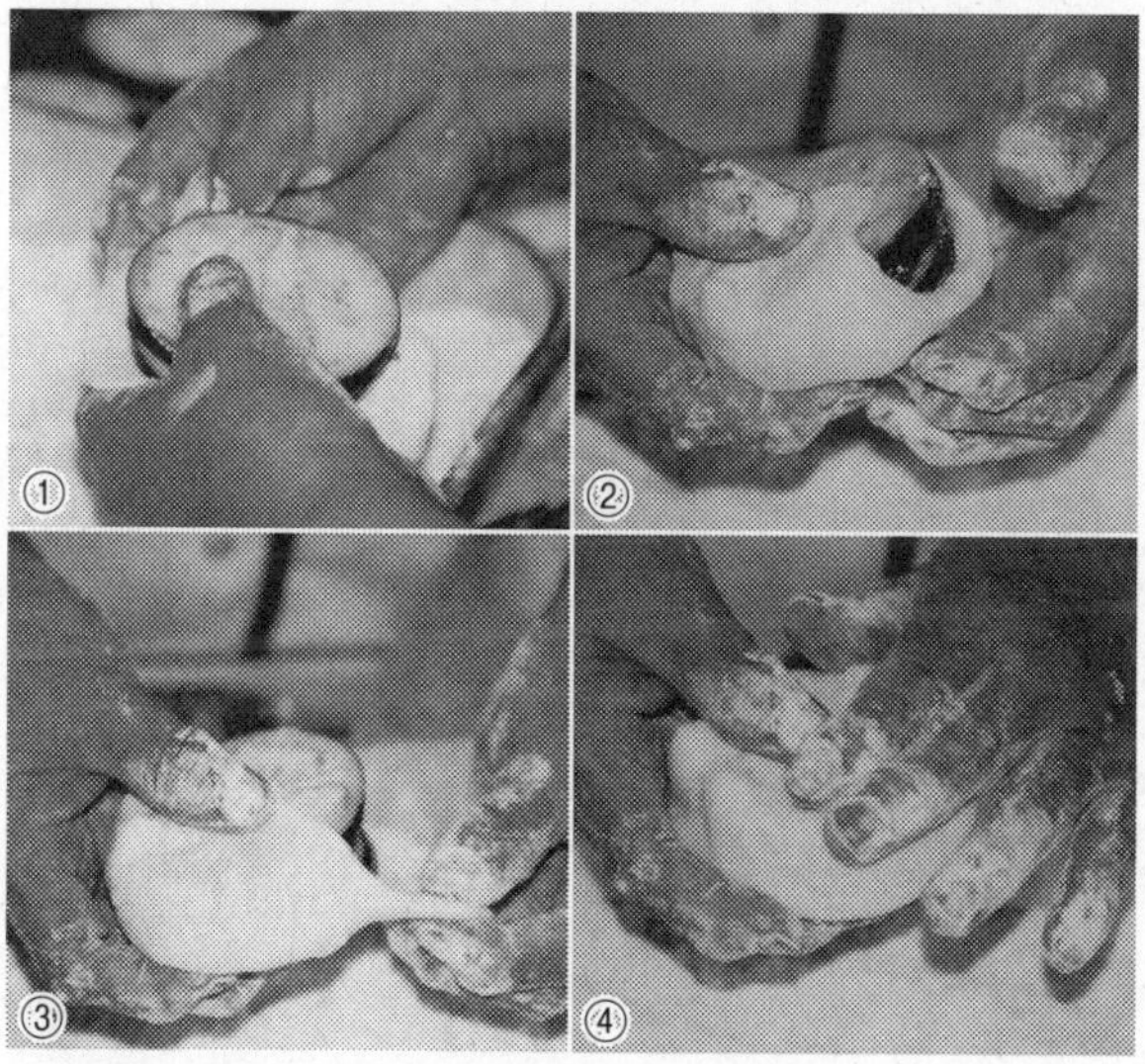

包あんのこつ　なす2枚に味噌を塗ってはさみ、手のひらより少し大きめにのばした皮に包む。皮をのばしながら、中央にあつめてまとめる

日本のパンのルーツ

安達巌

日本人は、古代からパンを食していたといえば、そんな馬鹿なことなどあるはずがないと、これを一笑に付すむきもあるだろうが、これはまごうことなき事実なのであって、事実を事実でないと笑殺するほうが、反って非常識というものなのである。なぜなら、そんな人はパンという食糧は西洋人のものであり、その存在を日本人が始めて知ったのは、信長、秀吉、家康などの戦国武将たちが大活躍した、十六、十七世紀の、南蛮交易時代であったくらいにしか認識していないからである。

誤解されてきたパンのルーツ

周知のとおり、パンの伝来はポルトガル船が九州の種子ヶ島に漂着して鉄砲を伝えてから六年後の天文十八年（一五四九）、鹿児島に上陸したイエズス会宣教師のザヴィエルが、キリスト教とその儀式に不可欠のパンとワインをもたらしたと考えられている。それ以後、相次いでやってきたイスパニヤやオランダ・イギリスなどのいわゆる南蛮船によって、南蛮貿易とキリスト教の布教競争が展開された。その当然の結果として、南蛮料理・南蛮菓子・南蛮酒などが浮上してきたが、とくにパンとワインは教会の聖餐《せいさん》式に欠かせないものだったので、これが教勢の拡大に正比例して人目をひくようになった。これが、日本人が西洋型の発酵パンなるものに接した最初のきっかけだったのだから、この点からいうと日本のパンの歴史はせいぜい四世紀にすぎないということになる。

岩波書店の『広辞苑』の編者は、言語学者の最高権威として令名高かった新村出文学博士であるが、この人はとくに蘭学に造詣深い人としてもよく知られていた。その大学者が終戦直後の雑誌『文芸春秋』（昭和二十三年六月一日号）に書いていたのが、有名な『日本パン食史序説』である。これは随筆風の軽い読み物なのだが、博士のこの短文章によって、何となく日本のパンには四世紀の歴史しかないといった史観が、定説みたいなものになってしまった。そこでいま、この問題の文章の核心部分を示せば次のとおりである。

「パンは元来ポルトガル語である。日本ではオランダ語のブロート、英語のブレッドをこれが超克した。十六世紀の中葉に渡来した南蛮人のことばをそのまま伝存した。同胞語たるフランス語のパン、フランスパンのそれにも先駆して輸入され、そのもの・その名ともに満四百年をこえてしまったのがこのパンである。そのものの系統、その名の残存、本邦の外来語史上このパンの如き例は極めて珍らしい」（傍点筆者）

これによると、たしかにパンの語とその現物が伝来したのは十六世紀なのだから、日本のパンには僅か四世紀の歴史しかないということになる。しかし、これは読みやすく書こうとしてつい新村博士の筆がすべったものと考えられる。ところが、南蛮学の権威の発言に誤りなどあるはずがないと、それ以後、その虚実もたしかめずに日本のパン四百年史説を唱えつづけてきた人々は、全くお話にならない軽薄才子のそしりを免れないであろう。

発酵パンだけがパンではない

日本のパン四百年史説の誤りは、博士自身の文章の次の部分に照らしてみても明らかだとしなくてはならない。「慶長の長崎版の日葡辞書には、マンジウをパンと訳しているがこれは適訳である。ピン（餅）なりマンジウまたはマントウをパンに擬定する見方は自然な着想であるが、後年の長崎でも、パンを餡《あん》なしマンジウとも称し、中国でもこれを饅頭餅《まんとうもち》と呼んだこともあった」

これは南蛮人が長崎に西欧流の発酵パンをもちこんだとき、すでに我国には麦餅團子《だんご》（小麦粉を練って蒸したもの）饅頭《まんじゅう》、焼餅などがあり、また中国や長崎の唐人屋敷には、饅頭《まんとう》や蒸餅《むしパン》・索餅《そうめん》などという呼び名のパンが存在していたということに外ならない。であればこそポルトガル人は日葡辞書でマンジウをパンと訳したのである。

しかしこの訳によると、発酵パンだけがパンだということになる。なぜなら、マンジウは酒種《さかだね》による発酵生地の菓子パンだからである。だがこれはおかしい。なぜならば西洋にも昔から無発酵パンがあって、これが今でもキリスト教の過越節《すぎこしのいわい》には清浄のシンボルとして重用されているからである。

こうした点を勘案すると、無発酵の麦餅すなわち餅《ピン》も、索餅《そうめん》も、西域の無発酵パン同様のパンなのである。新村博士もこの事実を否定しているわけではない。だとすれば前出の新村博士の日本のパン四百年史説は、全く舌足らずの表現であったということになる。

モチはもともと小麦粉からつくった

しかしそうはいっても多くの日本人の中には、モチというものは糯《もち》米《ごめ》を搗《つ》いて作ったもので、これを小麦粉生地《きじ》のパンの仲間だとするのはいかがなるものか、といった抵抗感を抱く人もあろう。だが、「餅」をあたかも米餅のたぐいだけだとする、今の日本人感覚がじつは大きな誤りなのである。古代の餅は例外なく搗《つき》餅でなくて粉《こな》餅であり、米《こめ》餅でなく麦《むぎ》餅だったのである。いまこの点をはっきりするために、元禄八年（一六九五年）刊の『本朝食鑑《ほんちょうしょくかがみ》』（人見必代著）の餅に関する部分を示せば次のとおりである。

「餅——毛知《もち》と訓《よ》む。昔毛知比《もちひ》と訓んだ。」劉燕《りゅうえん》（後漢末の学者）の『釈名《じゃくみょう》』に「餅は并《へい》である。糯《もち》・麪《むぎこ》（小麦粉）を合并（あわせる）してつくる」とある。しかしながら「大抵中華では糯米を餅にすることは少なく、餅といわれているものは、麪《むぎこ》である。反対に我国では麪で餅にすることは少なく、餅といっているのは糯《もち》である」といっているが、その「華和異同」の項には次のような記載もある。「中華の餅は、糯《もち》米だけでなく、諸穀《しょこく》のいずれからでも作る」

ここではその一例として黍《きび》米で生地を作り、これを芦《あし》の葉で包んで蒸し、棕梠《しゅろ》の葉心《ようしん》の形の尖《せん》角に擬《ぎ》してつくる角黍《つのきび》即ち粽《ちまき》を例示している。これは、黍粉を豆粉に替え、そば粉に代えてもよいということに外ならない。こうした弾力的な生地のつくりかたができるのは、発酵をもって第一としないからなのである。弾力的といえば、西洋のパンは焙焼パン一色であるが、中国は焼餅・蒸餅・揚餅・煮餅など多種多様である。これは両者の加熱法がちがっているということなのだが、両者ともパンであることにかわりはない。

　ご覧のとおり、お互いが日常用いている漢字は中国原産の文字である。ことほどさように日本の文化は中国文化に大きく依存しているのであって、これは食文化の面においても同じことなのである。そうだとすると、餅は米餅のことだといった現代日本人の偏見は、当然中国の実体を知ることによってあらためられなくてはならない。

日本列島への伝来は二千年前

　では、いつの時代に中国風の東洋的なパン食様式が、日本列島に流入したかを考えてみたい。ずばり結論をいってしまえば、それは弥生時代のことなのである。弥生時代といえば、紀元前三世紀から紀元三世紀までの約六百年間。この事実を前提とすると、日本のパンの歴史は約二千年ということになる。これに対し中国のパンの歴史は約二千五百年、オリエントのパンの歴史は約一万年である。だから日本のパンの歴史が二千年だといっても、これを世界史に照らしてみると全く短いものにすぎない。

　日本列島にパン食文化をもちこんだのは、中国、朝鮮半島の大陸から移住した人たちだったということを知ってほしい。彼らは持参した小麦の種を播き、これを収穫して粉砕し、大陸でやっていたのと全く同じやりかたでパンをつくり、これと雑穀や米でつくった粒食でもって、日常生活を送っていたのである。決して日本列島に先に土着していた人々が、その栽培法や調理法を輸入したわけではない。

　大陸と日本の製粉法には異なった部分があった。それは日本の弥生時代に、中国は既に鉄器時代に移行していたので、鉄斧で硬い石

『天工開物』の牛碾（右）と台車型の石碾（左）

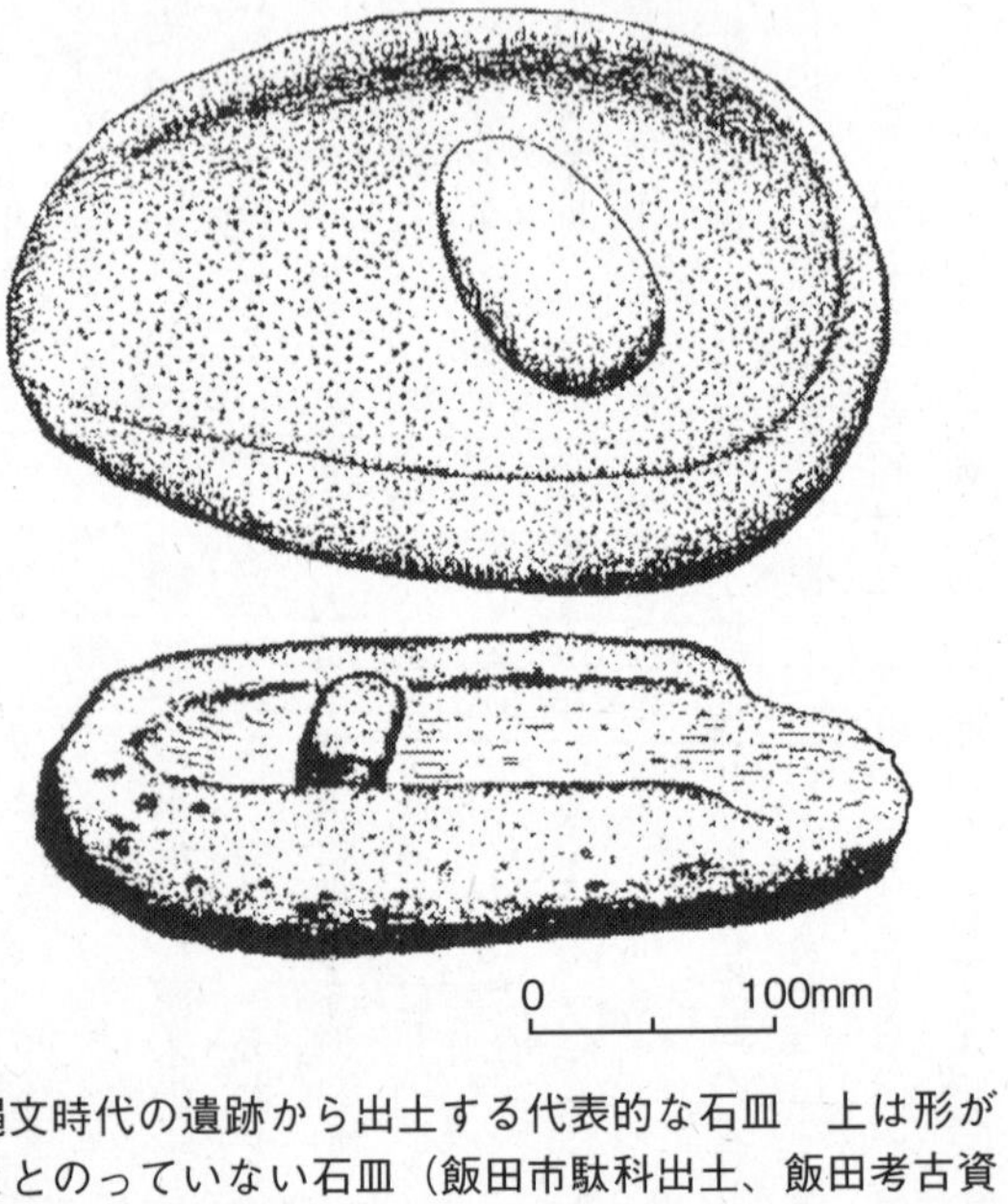

縄文時代の遺跡から出土する代表的な石皿　上は形がととのっていない石皿（飯田市駄科出土、飯田考古資料館）、下は形がととのった石皿（伊勢崎市、相川考古館）

を切り刻んでつくった手挽きの石臼で製粉していたが、日本はまだ青銅器時代でそんな器用な真似はできなかった。だから石皿を用いたり、竪杵《たてぎね》で麦粒を粉砕したりといった非能率的な製粉しかできなかった。それでも西日本の九州、中国、四国地方からはじまった東洋型のパン食が、次第に東日本へと拡がっていったのは、粉食様式のパンが文明のシンボル視せられていたからであった。

パン食文化の起源と石臼

オリエントといえば、エジプト、メソポタミアを中心とする、小アジア、西南アジア、北アフリカ地方のことであるが、この地域で大・小麦などの穀物を中心とする農耕文化がおこったのは、約一万年前のことだった。この地方の人々は、最初は麦粒をお粥《かゆ》に炊いて食べていたが、その収穫量がふえるにつれ、これを挽《ひ》いて粉とし、それを焼いて食べるようになった。これが平焼《ひらや》きの無発酵パンのおこりである。つぎの段階で、この生地を自然発酵させて食べるようになった。

こうして人類は無発酵パンから発酵パンへとかわっていったが、こうした食法の変化の背景として見逃しがたいのは、新石器時代から青銅器時代、それから鉄器時代への移行であった。西南アジアが青銅器時代に入ったのは、四千五百年以前であり、鉄器時代に入ったのは約四千年以前のことである。この青銅器を伴った西域の麦文化が、ユーラシア大陸の東のはての中国にたどりついたのは、殷《いん》王朝時代だった。三千五百年くらい昔のことである。このとき中国人がうけいれたのは粒《りゅう》食用の大麦であった。

これに対し、小麦が中国人にうけいれられたのは、春秋戦国時代だったから約二千五百年前のことになる。この段階で小麦が脚光を浴びてきたのは、鉄器文化時代に入り、鉄製の斧で堅い石を切り刻み、これで製粉用の挽臼《ひきうす》をつくれるようになったからである。しかし当時の挽臼はまだたいへんな貴重品であり、誰でも持てるものではなかったので、はじめはこの石臼で挽いた粉が白粉《おしろい》に加工された。

紀元一世紀に中国でつくられた最古の字書は『説文解字《せつぶんかいじ》』であるが、この字引の粉の部をひくと「粉《こな》＝面《おもて》につくるものなり」とある。これは巫子《みこ》（神子）が神をたのしませるためにする化粧にまず小麦粉が充てられたということなのだが、この白粉の延長線上にあるものが「麺《めん》」類である。めんの字は麦偏に顔面の面の字が配してあるが、これは挽臼の普及につれて白粉が食糧にかわったということである。日本ではいまもうどん・そうめんのたぐいをめん類といっているが、その麺の下に麹《ほう》の字を配すると麺麹《めんぽう》即ちパンになる。

無発酵パン　チャパティ、ナーン

さて西域から小麦粉や鉄器・挽臼とともに中国にもたらされたパンを、中国人は最初胡餅《こへい》と呼んでいた。「胡」とは、中国人が西域人一般をさして呼んでいたことばであるが、「餅」の字は粉にたいする餅の意味なのである。

穀物を刀で切り分けると粉になる。だから粉の字は穀物を意味する米偏に分の字を配してあるが、分の字の下は刀であり、その上は八である。これは穀粒を刀で八つ裂きしたものが即ち粉だということである。これにたいする餅の字は食偏に并の字が配してあるが、これは人を二人並べた象形文字であって、その意味は「あわせる、いっしょにする」なのである。したがって餅は分散した穀粒をこね合わせたものであり、胡餅というのは舶来の餅だということである。

インドのチャパティ

アラブのナーン

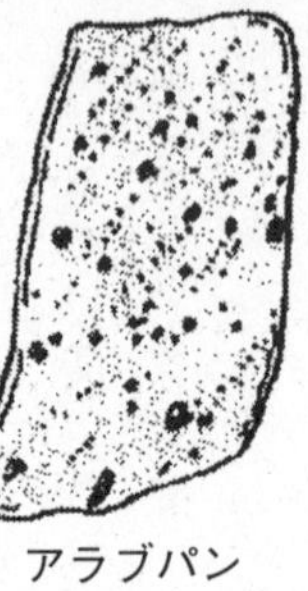

アラブパン

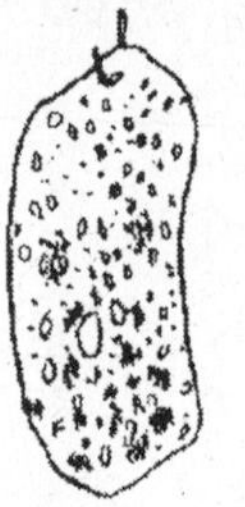

アラブパン

　次の問題はその胡餅の種類はどんなものだったかである。これには無発酵パンと発酵パンの二種類があった。無発酵パンの原型は、インド人が常食しているチャパティであり、自然発酵生地のパンの原型はナーンという名のアラブパンなのである。いずれも薄焼せんべい状のパンである。だからこの焼きたてのパンに、好みの副食をのせたり包んだりして食用する。両面から火がよくとおっているのでたいへん美味である。ではなぜインドのパンは無発酵なのかというと、それは生地をふくらませる性質を持つ小麦粉以外のどんな粉でも使えるという利点があるからなのである。日本のせんべいは、唐に留学した僧空海が、長安みやげとしてもたらしたイランのパンの変種なのであるが、これもどんな粉でもつくることができる。

蒸パンの出現

　西域から古代中国にもたらされた胡餅は、間もなく中国人の工夫によって換骨奪胎《かんこつだったい》された。そして新しく出現したのが蒸餅《じょうべい》という名の蒸しパンであった。西域人は小麦粉を煮たり焼いたりして食べた。これに対し、中国人は煮炊きだけでなく、蒸したり揚《あ》げたり、うどん・そうめん状のお粥型に加工したりといった多角的な調理法を工夫したのである。中国で蒸しパンが主力になったのは、甑《こしき》という名の炊飯具があったからである。甑というのは穀物を蒸すのに用いる瓦《かわら》製の器のことで、形は円く、その底に蒸気を通す穴がある。これがのちの蒸籠《せいろう》の原初型なのだが、中国人はこれで粟《あわ》・黍《きび》・稗《ひえ》・大麦・稲米などを蒸して食べていた。だから舶来の胡餅の種類を、この甑を用いることによって、蒸しパンを生むなど飛躍的に多角化することに成功したのである。

　こうしてこの国には蒸餅（蒸しパン）と湯餅《とうへい》が登場した。この蒸餅の代表的なものが、饅頭《まんとう》・包子《ぽうず》であり、湯餅の代表的なものが煮《に》餅と切麺《きりめん》・索餅《そうめん》のたぐいである。このほかに油餅《ゆへい》があるが、これはドーナツに属する。また焙焼パンには炉餅《ろへい》・焼餅《しょうへい》があり、このほかに餌《じ》という名の柏餅《かしわもち》・だんごの類があり、餻という名の蒸羊羹、外郎《ういろう》のたぐいがあり、この外にさまざまな唐菓子がある。うどん・そうめん・わんたん・ぎょうざのたぐいも東洋的なパンの一種だといってもピンとこないだろうが、中国ではめん類を索餅と表記する。これはなわ状の麺だからであるが、穀物を粉砕したものが即ち餅であるとする中国人の観念からいうと、めん類もたしかにパンの一種なのである。

　中国の黄河沿岸の畑作地帯で、こうした東西のパン食文化を内包した中国式パン食がめだってきたのは紀元前後のことだったが、これは日本の弥生時代前期に相当する。この神代にオリエントにはじまった小麦の粉食文化、即ちパン食様式が、中国・朝鮮半島経由で、日本列島にもたらされた。

麦は朝鮮半島経由で伝来

日本が青銅器時代に入ったのは紀元前三世紀ごろであり、鉄器時代にさしかかったのは紀元二世紀ごろとみられている。大陸から稲作文化が伝来したのは、青銅器時代よりすこし古い縄文時代の晩期であった。これは稲より麦の伝来がやや遅かったということなのだが、これが西日本の各地にひろがっていったことは前号でふれたとおりである。

それでは誰がこのパン食文化を、日本人社会にひろげる役割を演じたかというと、それは大和朝廷誕生以前のこと、出雲に根をおろしていた勢力であった（記紀神話の世界でいうと大国主命《おおくにぬしのみこと》ということになる）。そう考えさせる根拠は、出雲大社の御神紋が亀甲《きっこう》剱花麦だということである。中国の漢代の辞書『釈名』によると、「胡餅は亀の甲羅を合せたように整形し、これに胡麻《ごま》をまぶしたもの」だったとあるが、この胡麻はその名のとおり、外国即ち胡国《ここく》から来た種子である。大国主命の神紋が亀甲型であり、これに麦の穂の図柄が配してあるということは、この出雲勢力が日本人に伝えたパンが、西域から中国に伝来した胡餅と同じものだったということなのである。

大和勢力が百済《くだら》につながっていたのに対して、出雲勢力は新羅《しらぎ》とつながっていた。だから、出雲に新羅からの移住民がとくに多かったのであって、彼らが中国風のパン食文化を持ち込んだのは自然のなりゆきであったとしなくてはならない。前漢の武帝が朝鮮に進出して楽浪《らくろう》郡をおき、ここに中国風の文化をもちこんだのは、紀元前一世紀のことだった。だから朝鮮はこの時点でパン食文化の洗礼をうけたことになる。これに対し、出雲勢力が大和朝廷に「国譲り」したのは四世紀も末のことと考えられる。これは楽浪文化がおこってからすでに五百年も経過している。そうだとすると、大和朝廷成立前に出雲勢力がパン食を日本人に教えたからといって別におどろくにはあたらない。四世紀の日本はまだ無文字のいわゆる神代の時代であったが、東アジア大陸はとうの昔に歴史時代に入っていたのである。

麦餅と善哉《ぜんざい》のルーツ

『倭妙鈔《わみょうしょう》』は十世紀のなかばに、大和朝廷の命によってつくられた我国最初の分類体の漢和辞書であるが、その「餅」の条をひくと、「中国の説文解字にいうモチは、俗にいうところの小麦団子にして、これは小麦粉を蒸してつくれるものなり」とある。これをみても古代のモチが糯《もち》米製の搗《つ》き餅でなく、小麦粉製の粉餅だったことは疑いないが、明治政府が総力を挙げて編纂した『古事類苑《こじるいえん》』の「餅」の条をみると、「これを神仏に供し、また賀儀に用ふるは我国古来の風俗にして」云々とある。つまり、餅はまず神に供える神饌《しんせん》食としてあったというわけである。そして、その神に餅を供する風習がおこったのは、垂仁天皇の時代であった。『礼容筆粋』という名の古書をみると、この天皇の御代に国内に伝染病が大流行して死人が続出した。そこで天皇が、国家安泰・治国平天下を神に祈念すると、俄然大己貴命《おおなむちのみこと》（大国主神の別名）が夢枕にたち、紅白の麦餅をつくり元旦にこれでもって安羅《あら》の神を祭れば、必ず国中の災いが一掃されるだろうと告げたというのである。

かつて朝鮮半島の任那《みまな》地方には、安羅の国や伽倻《かや》の国などという名の小国があった。その安羅地方の人々が多く渡来してきて、日本の弥生農耕文化をおこした。「大国主命は人々がこうした先人の精進努力に感謝の意を表するために、安羅の神に紅白の餅をささげよと託宣した」という意味を含んだ記述と読みとれる。託宣はこれを神託ともいうが、これは神が人に乗りうつり、または夢などに現われて、その意志を告げ知らせることで、昔は神託が大きくものをいったのである。垂仁天皇はこの神託にしたがい、その結果国中の災いがなくなったので、爾来元旦を紅白の餅で祝うようになったという。

　これが我国における麦餅の起源を語る伝承であるが、天保元年（一八三〇年）刊の古書『嬉遊笑覧《きゆうしょうらん》』は、「善哉《ぜんざい》」（ぜんざい餅）——関西では潰し餡《あん》の汁粉《しるこ》、関東では栗餅、道明寺餅、白玉餅などに濃い餡をかけたもの——の起源についてこう語っている。

「祇園《ぎおん》物語にいう。出雲国に神在《じんざい》もちひと申すことあり。京にてぜんざいもちひと申すは、このあやまりにや。十月には日本中の諸神みな出雲に集い給う故に、出雲は神在《かみあ》りと申すなり。その祭に赤小豆を煮て汁を多くし、これにすこし餅を入れて、節々まつり候を神在もちひと申す由なり。（略）また善哉もちは神在もちの訛りにて、新年の善哉は是修正の祝着なりとあり、旬のはじめに餅を祝うこととききこゆ」

　これでみても、出雲大社の祭神である大国主神と麦餅の結びつきは強く、神話で語られる古い時代にすでに麦餅＝パンがあったといえるのである。

素麺《そうめん》のルーツ

　つぎは素麺のルーツに関する伝承である。周知の通り、我国最古の神社は、大和国桜井市三輪山にある元官幣大社の大神《おおみわ》神社である。この神社の祭神は大国主神の別名である大物主大神《おおものぬしのおおかみ》なのだが、ここだけは三輪山が神体であって本殿というものがない。古伝によると、崇神天皇七年にこの大物主大神の孫神にあたる大田田根子《おおたたねこ》命が天皇に召されて、この神社の宮司となったが、この神が大物主大神の好物だった素麺を神饌食として献じたのが、我国におけるめん食の発端だという。現在もこの三輪の里に、素麺を製造した機立場《はたたてば》という地名が残っており、三輪素麺は最古の素麺だとされている。河内素麺や、小豆島素麺などはこの三輪素麺の流れを汲んだものである。

饅頭のルーツ

　最後に、小麦粉の生地を酒種でもって発酵させた饅頭《まんじゅう》についてであるが、これが中国から我国にもたらされたのは鎌倉時代（十二〜十四世紀）であった。宋の国から帰朝した聖一国師が、酒種まんじゅうを九州博多の住人に伝えたのは仁治二年（一二四一年）のことだったが、これが虎屋系のまんじゅうの祖である。これにたいするものが薬《くすり》まんじゅうであるが、中国の文化人林浄因によって奈良にもたらされたのは、暦應四年（一三四一年）である。これが塩瀬系まんじゅうの元祖となっている。これらのまんじゅうは中国のまんとうに砂糖味をつけ、中に餡を包んだもので、鎌倉時代にはやった茶の菓子として広く知られる存在となった。

　一方、貝原益軒の『大和本草』（一七〇五年）をみると「蒸餅《じょうべい》は麪《こな》にて作り甘酒にて製す。形まんじゅうの如くして大なり。長崎につくる。味淡くして滞《とどこ》らず。病人食して妨げなし」とあって、砂糖のはいらない蒸餅もあったことを伝えている。また前出の『嬉遊笑覧』が、こんなことを述べている。

「東鑑《あずまかがみ》に十字とあるは饅頭《まんじゅう》のことなり。職人づくりの絵に、饅頭の頭に朱点を入れたるあり。是もと点にはあらで十字なりしなるべし」

とあるが、晋書《しんしょ》によると西晋の武帝（三世紀）が、蒸餅の上に十字の切れ目のつけてないものは食さなかったのが始まりだという。いまでも横浜の中華街にいくと、そこのまんじゅうの頭には赤い点がつけてある。

熱灰に埋めて焼くのが最上

室町時代の末になると、ポルトガル船がやってきて、キリスト教とともに西洋の発酵焙焼パンをもたらした。そのいきさつは先述のとおりであるが、この西洋パンの時代は約百年間で中断された。それは鎖国によって肉食につながるパンが、キリスト教とともに日蔭者扱いされるようになったからであった。

しかし徳川時代になって天下が太平になると、西洋パンにかわって東洋型のうどん・そうめん・そば・だんご・やきもち・すいとんといった粉食が都市・農村の区別なく拡がっていった。それは幕府が米を増産させ、これを収奪するために、小麦や大麦、雑穀に対する負担を軽くしたからでもあったが、もうひとつは、石の手挽臼《てびきうす》が都市にも農村にもひろがって、これが嫁入り道具として欠かせないものとなったからでもあった。こうして徳川時代の後半から第二次世界大戦までの数世紀の間に、日本人のほとんどが東洋的なパン食の洗礼をうけた。西日本ではうどん、東日本ではそばが日常食となり、とくに農村では焼餅・だんご・すいとんが日常食となった。このうち焼餅というのはインドのチャパティと同じ配合のものであるが、昔は穀粉生地を丸め、これを柏《かしわ》の木の葉や笹の葉で包んで、いろりの熱灰の中に埋めて焼いたものである。

パンや餅や団子を最もおいしく食べる方法は、生地の外側から時間をかけてその中心部まで温度をじわじわと浸透させることであるが、そのためにはいろりの中の熱灰で焼くやり方に優るものはない。合理主義の国ドイツでは、だからパン生地を銀紙に包み、これを熱灰に埋めて焼いたものを最上のパンとしている。つまり発酵パンだろうと無発酵パンだろうと、このことは古今東西を通じて変わることのない真理なのであって、文明開化のパンがおいしくないのは、この原則を踏み外しているせいである。

味といえば素材についてもここで触れておきたいのであるが、暖帯日本の小麦は概して軟質で、その色は黄味がかっている。発酵させてパンに焼いてみても、あまりよくふくらまないし、色も舶来小麦粉に比べて黄色みを帯びている。そのためにこれを嫌う向きもないではないが、薄力の軟質小麦なら生地を小形にするか、薄焼せんべい状にして焼けばよい。軟質小麦のフランスパンが大型食パンより美味なのは、小形のために火通りがよいからで、要は工夫の問題なのである。

日本の小麦はめんには最適であり、また日本のそばも世界一美味である。これも、自分の国・自分の地域でできるものを最大限工夫し生かしきった結果であり、身土不二の言葉もあるように郷土食にまさるものはないということである。

一九八八年七月〜十一月号　日本のパンのルーツ徹底究明

安達巌『日本型食生活の歴史』（新泉社）、『出雲王朝は実在した』（新潮社）『パン―ものと人間の文化史』（法政大学出版局）など著書多数。二〇〇二年（平成一四）八月に他界。

日本の食事にみる　小麦の料理

『日本の食生活全集』より

かぇばもち

青森県七戸町

小麦粉を水で練り、かぇば（かしわの葉）の大きさの丸形にのばす。それを皮にして中に味噌を入れ、二つに折り、口を閉じてかぇばで包む。これをいろりの熱い灰の中に入れてしばらくおき、裏返しにし、焼きあげて食べる。かぇばで包むのは、水で練った小麦粉の形がくずれないようにするためである。

かぇばもち　撮影 千葉寛

かぇばもちを焼く　撮影 千葉寛

おしまぐり

青森県三戸町

麦粉一升に、塩は三本指で一つまみ入れ、茶わん二杯の熱湯でこねって少しのばし、味噌を薄く塗って包む。それをまたこねて一分くらいにのばし、三角に切ってゆでておく。砂糖の入ったきな粉をつけて、休みっこに食べる。腰が強くて、味噌味がして、とてもおいしいものである。

おしまぐり　撮影 千葉寛

きんかもち

青森県三戸町

麦粉一升に、塩は三本指で一つまみ、熱湯は茶わんで二杯ちょっと入れてこね、くるみ味噌のあんを入れる。半月形にまとめて、熱湯でゆでる。あんの割合は、包丁二本を一本ずつ両手にもってよくはだいた黒砂糖二に対し、粗くきざんだくるみ一、味噌一を混ぜたものである。

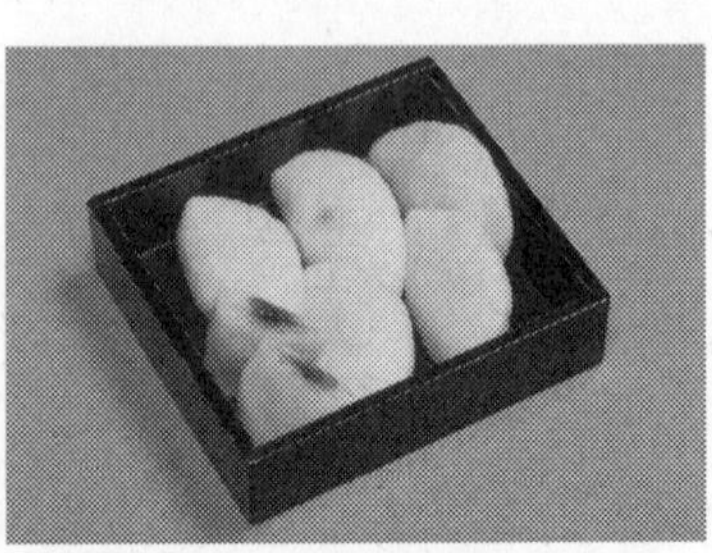
きんかもち　撮影 千葉寛

きんかもちを食べると、くるみの歯ごたえと、とろっと溶けて出る黒砂糖、それに味噌味が小豆あんとは違っておいしい。飽きないでたくさん食べられる。子どもたちは一口食べると黒砂糖をもちからこぼし、あちこちなめなめしてあわてて食べる。そのさまに大笑いしながら食べるのである。

てんぽせんべい

青森県三戸町

米粒の形がまだあるくらいの固めのおかゆに麦粉と塩を入れて、やわらかめにこね、太さ二寸くらいの棒にして厚さ五分くらいに切る。これを、焼いておいたせんべい型に油を塗って入れ、閉めて両面を焼きあげる。

どこの家にも鉄製のせんべい型が四、五本あり、よく焼いてくれる。いろりのおきを手前に引き、あぶろご（焼き網）を置いて、その上でせんべいを焼く。大きい耳が出て、しなみのあるもちのように焼けるせんべいはうまい。子どもたちは、いろりのまわりに腰かけて順番を待ちながら、熱いのを食べる。

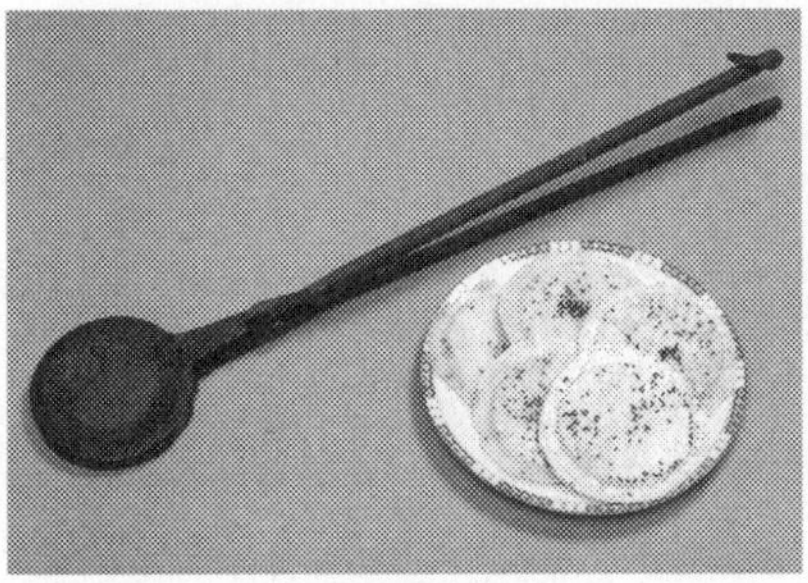

てんぽせんべい　撮影 千葉寛

ひっつみ

岩手県紫波町

小麦粉を、冬はぬるま湯で、夏は水で練る。油揚げ、にんじん、大根、いもがら、じゃがいもなどが入っている。水で練った小麦粉をひっつまんで（つかんで）なべに入れることから、「ひっつみ」（すいとん）の名がついた。また、ひっつまんでなべに落とすことから、県北では「とって投げ」ともいわれる。

米は大切なものなので、節約するために一日一食は必ず粉を使った料理を食べる。朝は麦飯、あるいは大根かて飯、昼は残りごはんに湯をかけて湯漬にしたり、ぞうすいにしたりする。そして夜は、ひっつみとかだんごなどを食べるのである。小麦粉を一人分おわん一杯の勘定でこね鉢に入れ、まん中をくぼませ、そこに水を入れる。はしで、まん中から輪をかくように粉を混ぜていく。まわりに少し粉が残るくらいまで混ぜたら、はしを取りのぞき、手でしとねる。ひざを立て、全身で押すようにして耳たぶより少しやわらかいくらいにしとねて、ふたをしてしばらくねかせておく。夏は長くねかせると酸っぱくなるので、一時間くらいにする。ひっつみは、薄く大きくのばすのが上手だといわれるが、ねかせておくと、おもしろいようになんぼでも（いくらでも）のびるようになる。

にんじんやごぼう、大根をそれぞれ細く切り、水を加えて煮る。野菜が煮えたら味噌で味をつけ、煮立っているところに、こねた小麦粉を左手に持ち、右手に水をつけながら薄くのばして、食べやすい大きさにちぎって入れる。ひっつみは、煮えると浮き上がってくる。これを熱いうちに食べると、寒い夜などはからだが温まってよい。一人でおわんに三、四杯くらいおかわりする。ごくまれに、きじや鶏の肉を使うこともあり、そのときは醤油または澄ましで味つけするが、それは本当においしいものである。残ったひっつみは、時間を

ひっつみ　撮影 千葉寛

おくと味がしみて、とてもおいしくなる。それで、たいていは大きなべいっぱいにつくり、翌日も食べることが多い。

ひゅうじ

岩手県宮古市

ひゅうじの語源は明らかではないが、大昔、火をおこすときに使った火打石の形に似ているので、それがなまってひゅうじになったのではないかといわれている。半月形をした小麦粉だんごの中に、味噌、黒砂糖、くるみが入っていて、食べると中から黒砂糖の汁が飛び出したりする。ひゅうじは、ふだんのおやつ、田植えどきなどのこびり（小昼）にもつくるが、お盆の仏さまに供える供物としても大切なものだ。また、お盆の墓払いのこびりに、このひゅうじが出される。早朝から親せき一同で墓払いをし、ひと汗かいたあとに出されるひゅうじの味は格別で、それぞれが重箱に詰めてきたひゅうじの味くらべをするのも、楽しみなものだ。

茶わん二杯の小麦粉に塩少々を入れ、熱湯を茶わんに約一杯そそいで、耳たぶぐらいのやわらかさによくこねる。ひとにぎりの黒砂糖をつぶして、むきぐるみ二十粒くらいをきざんだものに入れ、味噌少々を混ぜておく。小麦粉をこねたものをちぎって手のひらで円形にのばし、真ん中に黒砂糖入り味噌あんを入れ、半分に折るようにして口をしっかりとじる。これをゆでるとでき上がる。

ひゅうじ　撮影 千葉寛

小なべ焼き

宮城県田尻町

農間や冬には、男たちが集まってどぶを飲んだり、臼かつぎ、俵かつぎの力くらべを競い合って楽しむように、女子どもも隣り近所集まり、また個々の家でもささやかな楽しみをする。なかでも小なべ焼きは手軽にできてうまい。茶わん三、四杯のうどん粉を小なべにとり、とろりとするくらいに水で溶いて、玉砂糖か味噌を入れて味をつける。これを、鉄なべに油を引いて、直径三寸くらいに流し焼きにする。適度に油がしみて、二つ折りにしてほおばると、油っこさと甘さがうどん粉の地に混じり合って、舌の上でねばりつくようなうまみである。今か今かとできあがるのを待って食べるおいしさは、すきっ腹にしみわたる。ひまができると、「小なべ焼きすんべ」ということになる。

小なべ焼き　撮影 千葉寛

うどん

宮城県東和町

小麦粉は塩水で固めに練ってござに包み、半日ほどねかせておく。のばす前には足で踏みながら十分にこね、のし板の上でめん棒を使って薄く平らにのばし、専用の大きな包丁で細長く切ってゆでる。たれは、干した川魚や煮干しでだしをとり、季節の野

うどん　撮影 千葉寛

菜を入れて醤油で味をつける。この汁をゆでたうどんにかけることもあるが、たいていはこの汁にうどんを入れ、煮こみにする。

みょうが焼き

宮城県東和町

軽いたばこにも使われるが、多くは子どもの間食につくられるものである。小麦粉をはっとよりもやわらかく練り、さじなどを使ってみょうがの葉の上にのばし、その上に油味噌やごま味噌を塗って二つに折り、わたし金（焼き網）にのせて両面を焼く。固い味噌パンのように仕あがるが、焼きたてはみょうがの香りがついておいしいものである。

みょうが焼き　撮影 岩下守

うどんの冷やだれかけ

福島県古殿町

うどんは家で打ったほうがなめらかでうまい。「今日はうどんでも食うか」というときには、前もって準備しなくてはならないので、昼食を食べたあとで、小麦粉を水でこね、生地をつくっておく。こねあげた生地はござの上に置き、布をかけて踏む。こうして夕方までねかしておく。これをのばしてたたんで包丁で切り、湯の煮えたつ釜に入れてゆであげ、水洗いしてざるにあげる。つけ汁はかつお節でだしをとり、じゅうねんをすった中へ味噌を入れ、だしで薄めて冷やだれとする。これをつけて食べるか、うどんにかけて食べる。

うどんの冷やだれかけ　撮影 千葉寛

蒸しパン

福島県いわき市

鈴木家では、おっきばあちゃん（祖母）が手まめで、蒸しパンやだんごなどをよくつくり、また、つくり方も上手なので、若嫁のカツ子さんは、どんな小昼飯ができるかといつも楽しみにしている。小麦粉に重曹を混ぜ、さはち（大どんぶり）に入れ、水を加えてかき混ぜる。軽く丸められるほどの固さにして卵形に丸め、せいろうに布を敷いた上にくっつかないように並べて蒸す。ふたをとってみて、上が裂けるていどになったら蒸しあがりである。和白をつけて食べる。また、この中に和白で甘くした味噌を入れて、味噌まんじゅうにすることもある。

蒸しパン　撮影 千葉寛

小麦だんご

茨城県桜川村

小麦だんごには、ぜんびんだんごと、あんかけだんごとがある。ぜんびんは、だんごをあんの中でゆでたようなものである。あんをつくるには、小豆をゆで、それを木綿の袋でこして、そのあんの溶けこんだ液

小麦だんご　撮影 千葉寛

に砂糖を入れて煮つめるわけだが、そのとき、水でこねた小麦粉のだんごも一緒に煮てしまうのである。あんかけは、ゆでただんごに醤油味のくず粉のあんをかけたものである。

小麦だんごは、新小麦がとれる夏から秋にかけて、おやつとしてもよく食べるが、六月から七月にかけてのこの地方の行事、祇園、おしぐれ、新箸祇園、七夕、人形送りなどには欠かせない食べものである。ぜんびんは甘く、あんかけは醤油味であるから、甘いのに飽きればあんかけを、というように、両方あることによって食も進む。

どら焼き

茨城県桜川村

小麦粉を使った夏から秋のおやつのひとつに、どら焼きがある。はじめに小麦粉をやわらかめに水でこねる。てんぷらを揚げるときくらいのやわらかさにして、それを油をひいた浅なべで焼く。食べるときは、砂糖醤油につけて、あるいは砂糖醤油をかけて食べる。中にあんをはさんだりしない。焼きたての熱いどら焼きに砂糖醤油がよく合う。

どら焼き　撮影 千葉寛

かいかまんじゅう

栃木県小山市

うどん粉百五十匁に小さかずきすりきり二杯の重曹と、細かくした玉砂糖五十匁をよく混ぜ合わせる。水を少しずつ加えて耳たぶくらいのやわらかさにこねる。これを白手ぬぐいに包んで六時間ほどねかせておいてから、大きめのだんごくらいにちぎって指で平らに薄くのばし、あんを包み強火で一五分ほどふかす。朝つくるというときには、夜こねて一晩白手ぬぐいに包んでおくと、よくふくれる。

たらしもち

栃木県上河内村

うどん粉を水でやわらかく溶き、いろりで熱くした炒りなべにたらして薄く焼く。醤油や砂糖をつけて食べる。子どもたちにはなによりのこじはんで、年中毎日のように焼く。大人のこじはんや夜食にも一年を通じてよくつくる。これは年寄りの仕事である。

ほど焼き

栃木県西那須野町

小麦粉を耳たぶくらいの固さに水で練って、ちょっとねかせてから、ねぎ味噌や、ときには小豆のうす甘いつぶあんを入れて平べったい円形にまとめ、いろりの焼き灰の中に埋めこんで焼く。焼きあがったら、両手で持ってぽんぽんとたたくと、灰はきれいに落ちてしまう。ふだんのおやつにするほか、ときにはごはんがわりに食べる。

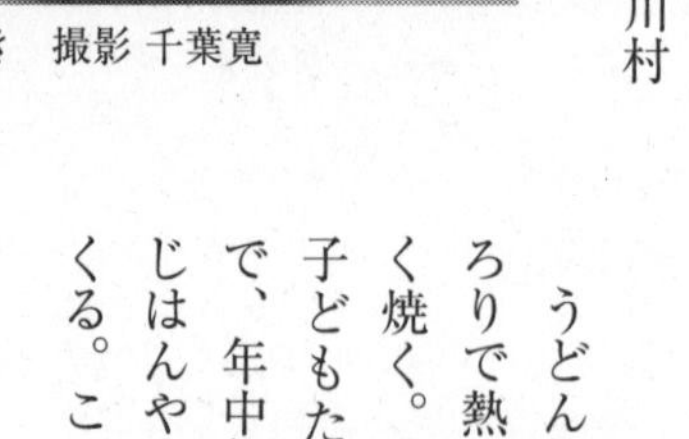

たらしもち　撮影 千葉寛

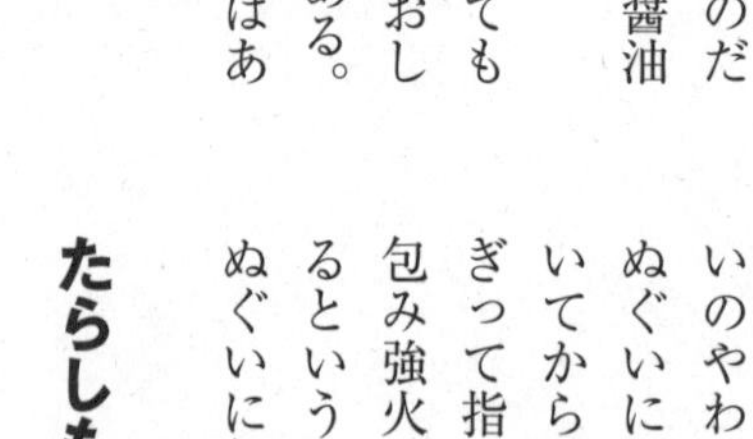

左からかいかまんじゅう、ゆでまんじゅう、米まんじゅう　撮影 千葉寛

じり焼き

群馬県新治村

夏の日長の小じゅはんには、腹もちのよいじり焼きを食べる。うどん粉をたらたらと落ちるくらいに溶き、ほうろくに平たく落とし、味噌をまん中に入れ、味噌がかくれるように上から溶いた粉をまた落とす。四つ五つ一度に焼ける。油をひき、火熱で焼けたほうろくを使うと、うどん粉と味噌がなじみ合い、よい香りがしておいしく焼ける。先に落とした順に裏返し、さらにいろりの渡し（脚つきの鉄の台）で焼いて仕あげる。食べる楽しみの前に、焼く人はとても暑く、汗をかきながらの仕事になる。

急いで食べたいときや時間がないとき、また好みにもよって、重曹を加え、塩をちょっと入れてそのまま焼くこともある。味噌を最初から粉に混ぜて焼くじり焼きもある。また、やぎを飼っているので、粉を溶くときにやぎ乳を使うこともある。

じり焼き　撮影 千葉寛

ほど焼き　撮影 千葉寛

おきりこみ

群馬県長野原町

水を沸騰させて季節の野菜を入れ、味噌汁をつくる。ふつうのうどんは、小麦粉に塩を入れてこねるが、おきりこみのめんは、塩を入れずに水だけ加えてこね、ふつうのうどんより幅を広く切る。これを、ゆでないでそのまま味噌汁の中へ入れてよく煮こむ。すったいくさをかけることもある。「おっきりこみ」ともいう。冬から春にかけての寒いときなどに、たくさんつくって食べるとおいしい。

めしやきもち

群馬県高崎市

めしやきもちは西毛地方（群馬県西部）でよくつくられる料理で、香りのよい季節の野菜や山菜を使ってつくる。残りのごはんに味噌少々と小麦粉を混ぜ、春はふきのとう、さんしょう、夏はしそ、みょうが、秋冬はねぎなどをみじん切りにしたものを一緒に入れてこねる。味噌に砂糖を少し入れたあんや、冬などは白菜の干葉をもどしてゆで、ごまよごしにしたものをあんとして入れ、あんころもちのような形に丸める。これをほうろくで表面に薄い焦げめをつけて焼いてから、いろりの灰の中で芯まで焼く。

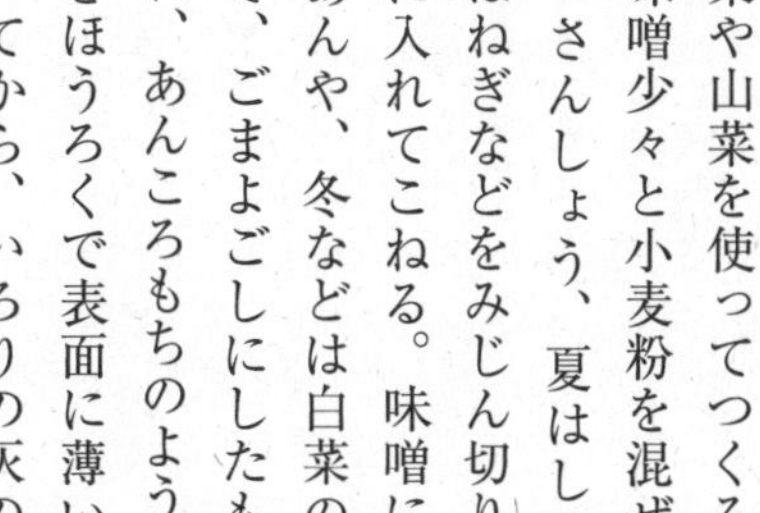
めしやきもち　撮影 千葉寛

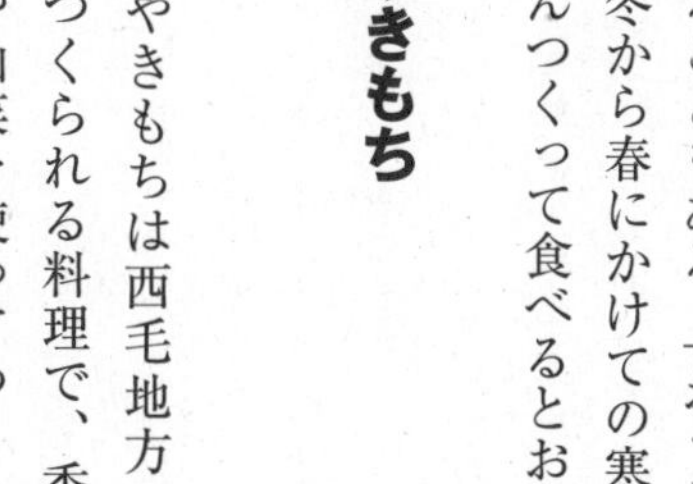
おきりこみ　撮影 千葉寛

ちゃがし

群馬県中里村

ちゃがしは毎日のように食べる。朝はん前や小昼飯に食べるほか、山で働くときや、遠出するときのお弁当にもする。水分が少ないので夏でもすえにくく、手軽に持っていける。ちゃがしっこなでいろんなちゃがしをつくる。ふだんは味噌を混ぜたり、味噌と一緒に青ねぎのみじん切りやしそっぱ、しその実などを混ぜこんだり、白菜やしゃくしな（体菜）などの古漬を水にさらしてしぼって混ぜこんだものなどをよくつくる。ときには味噌または砂糖味噌をあんこのように入れたものをつくるが、このあんが小豆あんや栗あんになると、もうごちそうである。

つくり方は、まず、ちゃがしっこなをこね鉢に入れる。味噌や青ねぎ、古漬のみじん切りなどを混ぜあわせるときは、ここで入れ、水でこねる。適当にちぎって丸く形をつくる。味噌あんやあんこを丸めて入れるときは、ここで包みこむ。熱したほうろくで両面を焼いてまわりを固めてから、いろりのぬく灰の中に埋め、芯まで火が通るようにじっくりと焼く。焼いているうちにふくれて、直径二寸半、厚さ七分くらいにはなる。焦げすぎないよう火加減に気をつける。

ちゃがし　ほうろくで軽く焼き、いろりの灰の中で焼きあげる　撮影 千葉寛

ふかしまんじゅう

群馬県富士見村

ふかしまんじゅうはもちに次ぐごちそうで、農休み、釜の口開き、十五夜、七夕、おこ上げ祝いにつくる。小麦粉三升に、炭酸（重曹）を水に少し溶かしたものを入れてこねる。うどんのときよりやわらかめにこねる。めんば板の上で、こねた粉を棒状にのばし、一切れずつに切る。一個を手にとり、なめらかにしながら丸くのばし、あんを入れて包む。ふかしに入れてふかす。ふかしあがったまんじゅうは、しょうぎにのせ、うちわであおいでつやを出す。小豆あんは甘くするのがふつうだが、塩味のときもある。また味噌あんのときや、いんげん豆のあんを入れることもある。

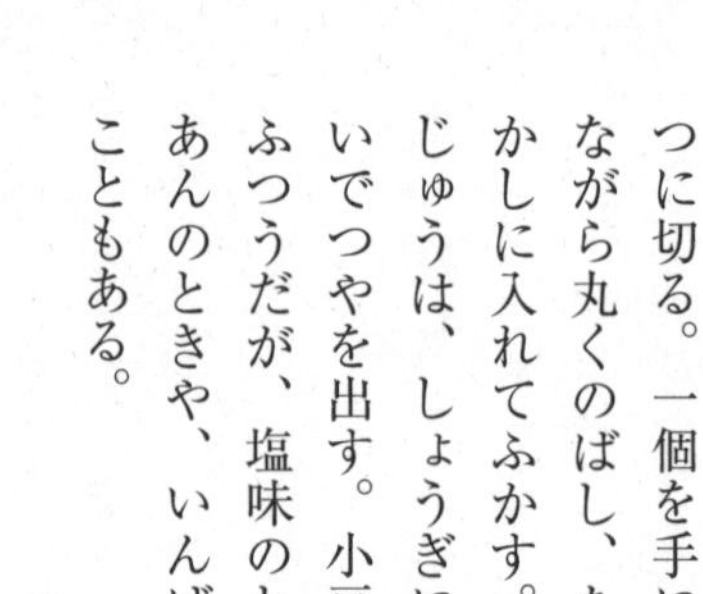
ふかしまんじゅう　撮影 千葉寛

えびし

埼玉県吉田町

小麦粉一升に、茶漬茶わん一杯ずつの砂糖、醤油、きざんだ落花生、そのほかみかんかゆずの皮をきざんだものを少しと、とうがらしなど、よく混ぜ合わせる。これを適当な大きさの俵形にして、まわりに縦に割りばしを四本あて、二か所ほどしばり、溝をつける。こうすると切ったとき花形になる。せいろで三十分くらい蒸し、冷めたら薄く輪切りにする。ほかにさんしょ、しその実、つるし柿のきざんだもの、くるみなどを入れてもおいしい。えびしは高野家ではつくらないが、隣り村の上吉田では昔から結婚式の口取りに使われてきた。保存食でもある。

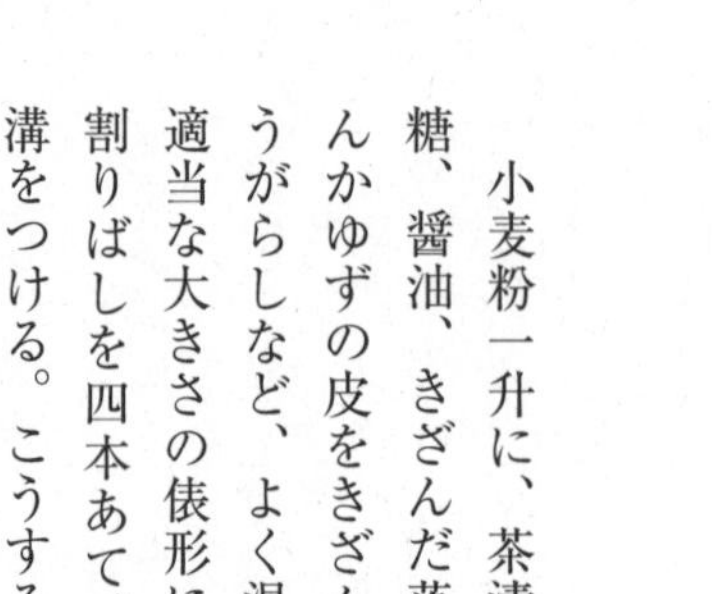
えびし　撮影 小倉隆人

すいとん

千葉県栄町

七月になって小麦の収穫が終わり、新小麦が食べられるころ、夕方になるとそこかしこの家々から、粉をふるうことことという音が聞こえてきて、すいとんをつくっているのがわかる。粉さえあればすぐに食べられるので、すいとんは便利なものである。昼に野良から帰ってごはんが足りないときなどすぐつくれるので、せっかちだんごと呼んだり、こねた粉を爪でちぎって汁に入れることもあるので爪切りだんごなどと呼んだりもする。里芋かじゃがいも、にんじん、ごぼうなどの野菜を食べやすい大きさに切り、味噌汁か醤油のおし（おつゆ）をつくる。小麦粉をなべかどんぶりでやわらかく練り、杓子ですくって汁に入れる。だんごが浮いてきたらできあがりである。飯どき以外にも、お茶うけとしてすいとんをつくることがある。

すいとん　撮影 小倉隆人

ほうちょう

千葉県千倉町

うどん粉を耳たぶくらいの固さにこねたかたまりを、左手で大づかみにし、右手でちぎって指の形をつけたもので、こうすると、ちょうどあわびのように見える。豊漁祈願をするときに、高価なあわびにかえて神仏に供えたところから、ほうちょう（鮑腸＝あわび）と呼ばれている。このだんごを熱湯に落とし、浮いてきたところをすくって、黒砂糖と醤油を合わせたものをからめたり、きな粉をまぶしたりして食べる。また、野菜をたっぷり煮こんだ醤油の汁の中に落としてすいとん状にしたものは、ごはんのかわりにもなる。新しいうどん粉でつくると、なめらかでおいしい。

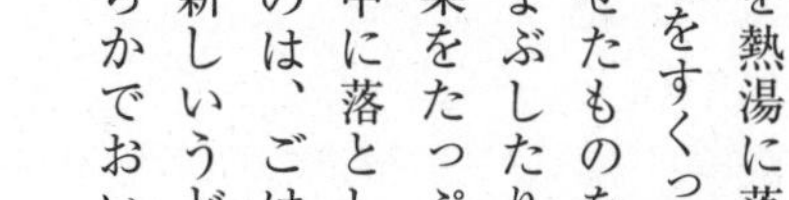
3種のほうちょう　上左から黒砂糖と醤油をからめたもの、きな粉まぶし、すいとん状に煮こんだもの　撮影 小倉隆人

小麦だご

石川県輪島市

小麦粉に白砂糖を入れて、ぬるま湯でよくこね、直径一寸五分くらいの平べったい小判形のだんごをつくる。炒りなべに油をひいて、両面をきつね色に焼きあげる。よくつくって、おやつにしたり、ごはんの補いにもする。

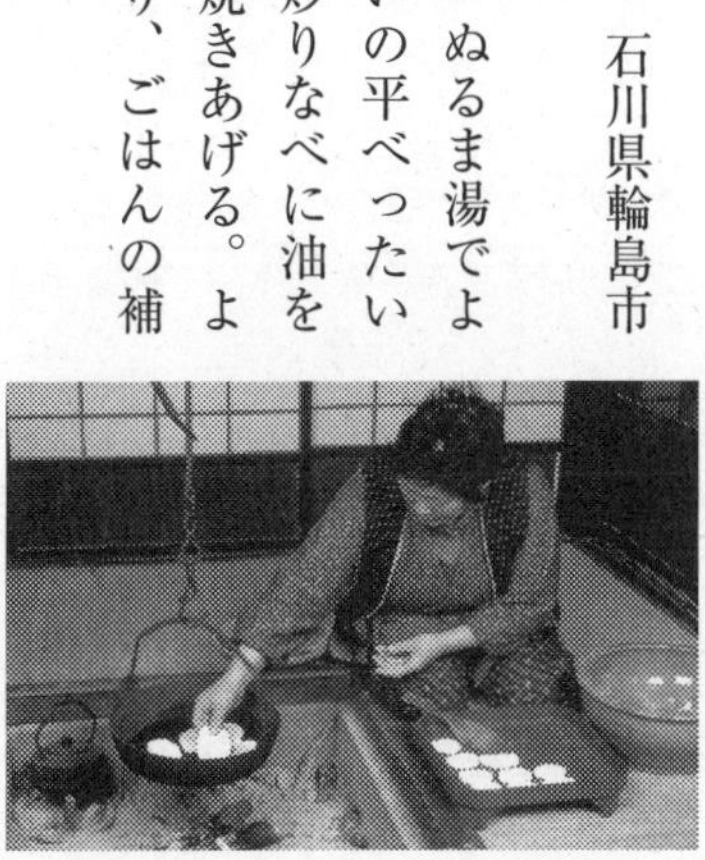
小麦だごを焼く　撮影 千葉寛

ほうとう

山梨県牧丘町

ほうとうは、日常のようめしには欠かせない。毎晩一回つくるのに、メリケン粉を大枡一升（信玄枡ともいわれ、京枡三升分）くらい使う。粉をごん鉢に入れてぬるま湯を注ぎ、耳たぼくらいのやわらか

さにでっちあげる。水よりぬるま湯のほうがよくまとまる。これをのし板に広げ、うどんより薄くのして切る。幅はうどんと同じくらいである。

別なべに煮干しを入れ、野菜はじゃがいも、かぼちゃを必ず入れ、ほかの具は、いんげん、たまねぎなどの季節の野菜やきのこを入れて煮る。やわらかくなったら味噌を入れ、野菜をすくい上げる。汁だけの中に打ちあがっためんを入れて煮たててから野菜をなべにもどし、おろしぎわに必ず油を少しなべの縁から流し入れる。油はてんぷらや油味噌にも使うので、菜種油を一年に一斗ほど、缶で買っておく。かぼちゃがたくさん入れば「かぼちゃほうとう」、きのこがたくさん入れば「きのこほうとう」という。翌朝のおつゆには、晩の残りのほうとうを食べるのがふつうである。

かぼちゃほうとう

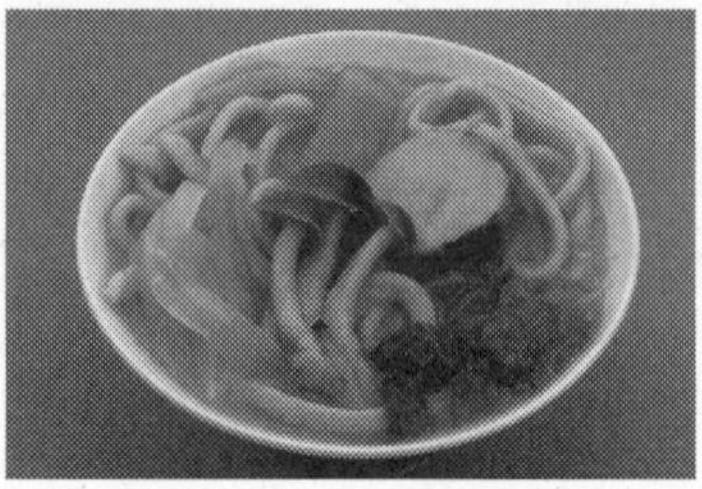
きのこほうとう　撮影 小倉隆人

でっちかて

長野県堀金村

大根葉やにんじん、ささげなど、手元にある野菜を細かくきざみ、塩でもむ。水が出てもそのままで、その中へ洗ったごはんと小麦粉を入れてよく混ぜ合わせる。ごはんは、洗ってざるに上げ、すぐに入れると、水分があってちょうどよい。小麦粉は野菜やごはんがまとまるていどに入れる。よく混ぜ合わせたら手の平にのせて平らに丸くのばし、そのまま油をひいたなべで両面をこんがり焼きあげる。野菜のうまみともんだときの塩味だけで、ほかに何も味をつけなくても結構おいしい。

やきもち

長野県飯田市

祇園さま（七月十四、十五日）までに麦なぐりをすませ、新しい小麦でうどんややきもちをつくってお供えする。やきもちは粉けの一種として、夕飯のごはんがわりにすることもあるが、主としてお茶受けにする。うどん粉だけを水でこねて焼くことはめったになく、季節のものを中へ入れてこね、鉄製の炒りなべで焼く。

春は、もちぐさを重曹でゆで、細かくきざんで小麦粉と水でこねて、小判形に焼く。緑色の美しいやきもちができ、緑の野菜のかわりにもなる。夏は、お昼の残りごはんに少しにおいがついてくると、飯やきもちにする。かぼちゃがとれると、小さくきざんでよをふやしてやきもちにする。日が長い時期は、やきもちをつくって腹の足しにするが、昼の残りの味噌汁へ小麦粉を入れてこねまわし、これをやきもちにする。味噌汁もすてることはしない。

秋、ささぎ豆がとれると、やわらかに煮てやきもちをつくるが、これは上等のお茶菓子になる。臼ひきのときには、やきもちのごま味噌

上左からささげ入り、もちぐさ入り、飯やきもち、かぼちゃ入り　撮影 千葉寛

でっちかて　撮影 千葉寛

あえが出る。小麦粉だけで焼いたやきもちを適当に切って、ごま味噌にからめる。

こりんと

長野県長野市

こりんとづくりは、迎え盆の前日からはじまる。まず、黒砂糖を三十匁ほどと塩一つまみをなべにとり、水を茶わんに一杯加え、煮溶かして冷ましておく。一升ほどの小麦粉が入ったこね鉢に水を入れて、うどんをつくる要領でよくこねて丸める。それをのし板の上に移し、空いたこね鉢に小麦粉を一升ほど入れて、先につくった黒砂糖水を加え、これまた力を入れてよくこねる。一回目の小麦粉の生地と同じ固さになるように、気を配ってまとめる。二つの生地を、のし板の上でそれぞれ別々に、めん棒で二分ほどの厚さにのばす。平らにのびた白い生地の上に、同じ大きさにのびた、黒砂糖が入った生地を重ねて、よく押さえる。二枚重なった生地を端からくるくる巻いて、落ちつかせる。棒状になったものを、端から一分五厘ぐらいの厚さに切って、蚕飼いに使う竹かごの上に並べる。この竹かごを蚕棚に納めておくと、翌朝までにいくらか乾く。

翌朝、七輪に炭火をおこし、油を入れたなべをかけ、油が熱くなったところへ半乾きのこりんとを少しずつ入れて、気長に揚げる。もろぶた（白木の長方形の浅い盆）の上に、わらをきれいにそろえてのせておき、そのわらの上に、からりと揚がったこりんとをとる。生乾きのこりんとを全部揚げ終わるまでには、二時間近くもかかるので、主婦は真夏の暑さに、いつの間にか、上半身は白木綿のじゅばん一枚になっていることがある。

こりんと　撮影 小倉隆人

こりんとをつくる　撮影 小倉隆人

おやき

長野県長野市

西山を代表する味、それはおやきである。祖母から母へ、母から娘へとひきつがれ、毎日の暮らしに欠かせない大切な技術の一つでもある。おやきは、粉を練って丸くつくるが、その「まる」をとって、まとめる、まるめるといって、おめでたい意味にもつなげ、家族や部落の生活の無事を祈ったり、神への感謝、また先祖へのごちそうにしたりしていた。それがいつしか、田んぼの少ないこの地方の主食となり、四季を通して食卓に上るようになったのである。おやきの楽しみはあんにある。おいしく味のついたあんが、小麦粉の皮に包まれていて、期待で心がはずむ。あんは小豆のこともあるが、多くは野菜である。そのときどきにとれる野菜に工夫がこらされ、じつにさまざまなおやきがつくられる。

つくり方はさほどむずかしくはない。小麦粉はうどんに使うような地粉を用い、水かぬるま湯でこねて、もち（ねばり気）が出るまでしばらくおく。その間にあんを用

おやき　撮影 千葉寛

意する。野菜はゆでてから細かく切るもの、食べよく切って油で炒めるもの、生野菜を切ってそのまま使うものとがある。味つけは塩、ときには味噌といくさ（えごま）のすったもの、少々の油、野菜によっては砂糖を使ったりするが、どんな材料にもよく合う。次に先ほどの小麦粉の皮であんを包むのだが、皮の薄いほど上出来とされる。皮とあんの割合は、材料とつくる人の腕によって違うが、小麦粉とあんの目方が同量から一対四のものまである。大きさも家によってまちまちで、粉一升で七つくらいに丸めると子どもの頭ほどもある。ふつうは卵大にこねた小麦粉をちぎり、薄く広げて包めるだけのあんをのせ、これを包みこむ。

丸めたおやきは焼くか、ふかすかする。焼き方は、ほうろくで焦げ色がつくまで両面を焼き、まわりが乾いたら、木の葉の灰の中へ入れて蒸し焼きにする。いきなり灰の中へ入れてしまうと、皮のまわりにべったりと灰がつき、文字どおり砂をかむ思いをする。焼きあがったおやきは、灰を払うために吹いたり、ふきんでたたいたりするので、

おやきのあんのいろいろ

主な材料	調味料	つくり方
かぼちゃ	塩 ごま （いくさ）	1. かぼちゃはうらなりの未熟なものを用意し、せんぞつきでせん切りにする 2. 塩とすったごまを混ぜ合わせ、あんをつくる
大根	味噌 ごま	1. 大根はせんぞつきでつき，なべに入れて火にかけ，蒸して水分をしぼる 2. 味噌とすりごまで味をつける
かぶ	味噌 ごま	同　上
大根と大根葉の塩漬	ごま	1. 大根はせんぞつきでつき，なべに入れて火にかけて蒸し，水分をとる 2. 塩漬の大根葉を細かく切る 3. 大根と大根葉，ごまをよく混ぜ合わせる
玉菜	味噌 ごま	1. 玉菜はせん切りにし，なべに入れて火にかけ，蒸す 2. ふきんでしぼって水分をとり，味噌とすりごまを混ぜる
なす	塩（味噌） ごま	1. なすは2,3分角くらいに切る 2. 塩または味噌とすりごまを混ぜ合わせる
おから	味噌 油	おからに味噌と油を混ぜる

笛太鼓にたとえられる。ふかす方法は、「おつまき」といって、おやきを笹の葉、かしわの葉、みょうが、しそ、野沢菜などの葉に包んでふかす。葉の香りとおやきの味が調和して格別な風味となり、そのうえ、立ててふかせるので、一度にたくさんできて能率的でもある。

おやきの野菜あんの例をあげると、表のようである。これらはたいてい、味噌とすりごまやいくさで味をつけてあんにする。ときにはくるみも入る。野沢菜の漬物を使う場合は、その塩気を利用してごまやいくさを加える。忙しくて、野菜あんなしで、味噌とすりごまやいくさを混ぜ合わせて入れることもある。

酒蒸しまんじゅう

岐阜県国府町

どぶろくや甘酒でうどん粉をこねてつくった酒蒸しまんじゅうは、じつにうまい。祝いごとには食紅で赤色をつけた皮であんを包み、紅白のまんじゅうにする。皮が固くなれば衣をつけてつかげにする。これがうまくてうまくてよだれが出る。うどん粉に少量の塩を加え、耳たぶくらいのやわらかさになるまでどぶろくか甘酒を加えてあねる。しばらくねかしたあと、この皮に甘みのきいた小豆あんを入れてまんじゅうにして蒸す。

酒蒸しまんじゅう　撮影 千葉寛

おだ巻き、今川焼き

岐阜県恵那市

　メリケン粉に少量の炭酸（重曹）を入れて水でどろどろになるように溶き、ほうろくに薄く流して焼く。小豆あんを中にして三つ折りにする。今川焼きの型に流しこんで、中にあんを入れて焼いたものを今川焼きという。子どものおやつやお節句のお菓子にする。

ういろう

愛知県安城市

　砂糖は黒砂糖かざらめを使い、熱湯で溶かして冷ます。うどん粉の中に溶かした砂糖と塩を少し入れ、水を足して、とぼとぼに溶く。一せいろの分量は、うどん粉が茶わん四、五杯、砂糖は茶わん二杯である。せいろの中に四角い枠を置き、そこにふきんを敷いて、湯気が上がったら溶いたものを流して蒸しあげる。包丁で三角に切る。

おだ巻き　撮影 千葉寛

ういろう　撮影 千葉寛

だら焼き

愛知県安城市

　新小麦を収穫する初夏から秋にかけての間食につくる。簡単にできるので、学校から帰った子どもがつくって食べることもよくある。うどん粉に砂糖で甘みをつけ、塩も少し加え、水でやわらかにかく。みょうがの葉を、熱くしたほうろくに二枚ずつ少しずらして重ねて敷き、その上によくかいたうどん粉を流し入れる。裏返してこんがりと焼く。みょうがの香りがしておいしい。ほうろくに直接焼くときは、油をひいて丸い形にたねを流す。

てんてら焼き

京都府大江町

　てんてらばあともいう。ふつうのもちも、あんもちも、ぼたもちも、てんてら焼きも、この地方のもちは大きい。てんてら焼きは、砂糖を入れて練った小麦粉を、炒りなべで、片手を広げたぐらいの大きさに焼く。裏返してきつね色に焼き、そのまま食べる。よもぎをゆでて細かく切り、小麦粉と混ぜて焼いたものも、香りがよくておいしい。季節によって、そらまめあん、かぼちゃあん、さつまいもあん、小豆あんなどを包んで焼いたものも風味があっておいしい。一年を通して、子どものおやつに、野良の中飯に、またごはんの足りないときの補いにも食べる。

　よもぎを入れると消化がいいのか、やっと（たくさん）食べても胃にもたれない。あんを包まないで、そらまめやえんどうの

だら焼き　撮影 千葉寛

てんてら焼き　撮影 千葉寛

塩ゆでにしたものを小麦粉と一緒に練って焼きあげたものも、あっさりとしていて、変わった風味が喜ばれる。

やくもち

兵庫県篠山町

みょうがの葉が茂るころになるとたびたびつくる。つくり手も食べ手も楽しみなおやつである。白い小麦粉はべたつくので、皮ごとひいた赤い小麦粉でつくるほうがおいしくできる。小麦粉に塩を少し入れて、水で耳たぶくらいの固さにこねる。手のひらの大きさに広げて、まん中にあんこを置いて丸め、みょうがの葉で包んでせいろで蒸す。香りがよくて楽しんでつくり、冷めてもそのまま二日くらいのうちに食べてしまう。みんなが好きなので、小豆がなくなるとえんどうのあんこにしてたびたびつくる。

やくもち　撮影 小倉隆人

しきしき焼き

奈良県当麻町

小麦粉に砂糖を入れ、水で練って焼く。焼きたてに、きざんだねぎとけずり節（かつお節）の粉をふりかける。子どものひずかしによくつくる。

しきしき焼き　撮影 小倉隆人

パン

島根県浜田市

ふかしまんじゅうのことで、仕事と仕事の合間にはしまとしてつくる。小麦粉一升五合に砂糖二つかみ、たんさん（重曹）少しを混ぜ、水を入れてこねる。耳たぶくらいの固さになったら、小さなだんごにしてせいろで蒸す。たんさんが入っているので、蒸しあがるとぷうっとふくらみ、ふわふわしていてパンのようである。めったに使わない砂糖も入っていて、ほんのりした甘みに二つも三つも食べたくなる。

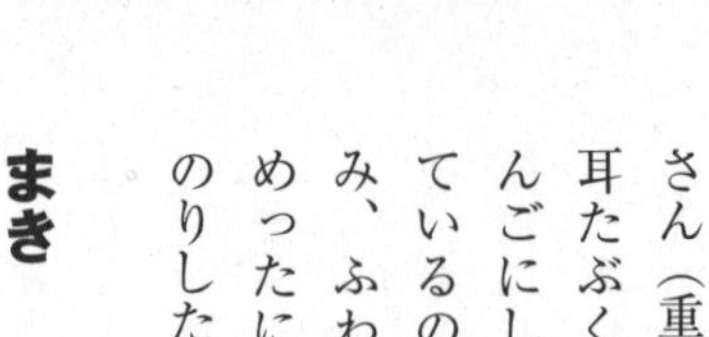
パン　撮影 小倉隆人

まき

徳島県東祖谷山村

まきは、端午の節句に欠かせない。毎年百五十個ぐらいは巻く。小麦粉に塩を入れ、耳たぶくらいの固さに練って、四寸くらいの細長い形にして、よしの葉五枚くらいで包む。これをしろ（しゅろ）の葉を割いて細いひもにしたもので巻いてゆでる。冷めて固くなったら、ゆるりのおきの上で焼く。葉が黒く焼けると中も焼けている。つくって三日ぐらいたったら、もう一度ゆでると、また三日ぐらい日もちする。百五十個ぐらいつくっても、一週間もしないうちに食べてなくなっ

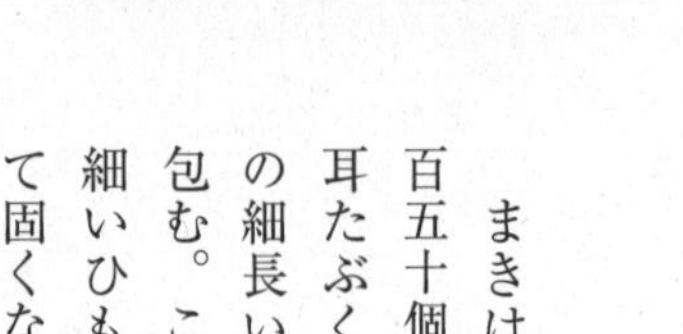
まき　撮影 小倉隆人

てしまう。

なべ焼き

徳島県土成町

腹ごしらえやおやつとして、なべ焼きをよくつくる。うどん粉だけを水で耳たぶくらいのやわらかさに練り、二寸ちょっとくらいの大きさに丸く広げ、油を少量塗った鉄製のほうろくに置く。上面が少し乾いてきたら、ひっくり返して焼く。焦げてしまうと固くなっておいしくないので、焦がさないよう弱火でゆっくり焼く。何の味もついていないし、何の具も入っていない。冷めてしまうとまた固くなってぱさぱさになるので、熱いうちに白下糖（さとうきびのしぼり汁を煮つめた茶褐色のどろりとした砂糖）をつけて食べる。

打ちこみ

香川県郡塩江町

生のそばを加えるとそばの打ちこみ、生のうどんを加えると、打ちこみである。どちらも味噌汁の中で煮こむ。うどん、そばは長いのが値打ちだが、打ちこみは短く太く手早く打って、汁に入れて夕飯のおかずにする。そばの打ちこみは冬だけのもので、具は大根、田いも、にんじん、ごぼう、豆腐、お揚げ、山うさぎの肉など。打ちこみは夏もつくり、そのときの具は、なすび、なんきん（かぼちゃ）、にどいもなどをとり合わせる。

なべ焼き　撮影 小倉隆人

打ちこみ　撮影 千葉寛

うどん

香川県綾南町

綾歌郡はうどん発祥の地といわれ、何かといえばうどんで、日常食といわれるほどである。うどんには、いろいろな食べ方がある。

素うどん―ゆでたてを水で洗って、生醤油で食べる。

しっぽくうどん―いも、野菜を入れたしっぽく（熱いかけ汁）をかけて食べる。

ゆでごみ―ゆでたてを洗わず、そのまま醤油味のだし汁をかけて食べる。

つけうどん―ゆでたてを洗って、だし汁（醤油味）につけて食べる。たらいの冷たい水にうどんを放して五、六人がまわりに集まり、つけうどんで食べるのを「たらいうどん」という。

うどん粉は、夏は塩一、水六、冬は塩一、水七の塩水で練る。水加減は好みにより変える。練り固めたうどん粉をうどんござ（うどん打ち専用のいぐさの敷きもの）で包み、足で踏みのばしては巻き返し（裏返して丸く巻く）、これをくり返して四回踏む。こねたらめん棒でのばし、うどん切り包丁で切ってゆでる。うどんの味は、ゆで方と、だしの良否で決まる。だしはいりこでとり、しっぽくもつけ汁も醤油味にする。

しっぽくうどん　撮影 千葉寛

焼けもち

愛媛県魚島村

小麦粉を水で溶いてもちぐらいの固さにして、丸い形に丸め、この中に小豆のあんを包み、こうらで表裏を焼く。形はもちのような感じだが、皮はぱりぱりとせんべいのようで珍しい。よもぎ入りもつくる。流し焼きと同じように、おやつに食べるもので、同じく子どもも大人も、喜んで食べる。おばあちゃんが、上手にこうらで焼いてくれる。

流し焼き、焼けもち2種　撮影 千葉寛

ふなやき

福岡県柳川市

麦粉を水でどろどろに溶かし、ぽてぽてくらいにする。ものいりを火にかけ、ふきの葉で、ものいりをふいてから、麦粉をこねたものを流し入れる。ぶつぶつしてきたら、包丁の刃で裏返して焼く。焼きあがったら、黒砂糖や味噌をはさんで、大人も子どももお茶のこに食べる。

ふなやき　撮影 千葉寛

ふくらかしまんじゅう

佐賀県馬渡島（カトリックの島）

祝い日につくるもので、子どもが喜ぶ。どこの家でも小麦粉五升くらいから百個ほどつくる。大ぶりのまんじゅうであるが、子どもは一人で七つも八つも食べる。まず、酒のもとをつくる。麦飯の冷やごはん茶わん二杯に水五杯くらいを混ぜ、麦でつくったこうじを一杯くらい入れてさらに混ぜる。小さいつぼに入れて、暖かいところに置いておく。ぶつぶつ泡がたったらふきんでこし、小麦粉と混ぜ合わせながらよくこねる。手にくっつかなくなるまで十分にこねてから、ふきんをかけて、ぷうっとふくれるまでおく。これにあんを入れて丸め、ふくれてくるのを待って二十分ほど蒸す。酒のもとは前からつくっておき、しぼったかすを干してとっておくと、次にたねとして使える。

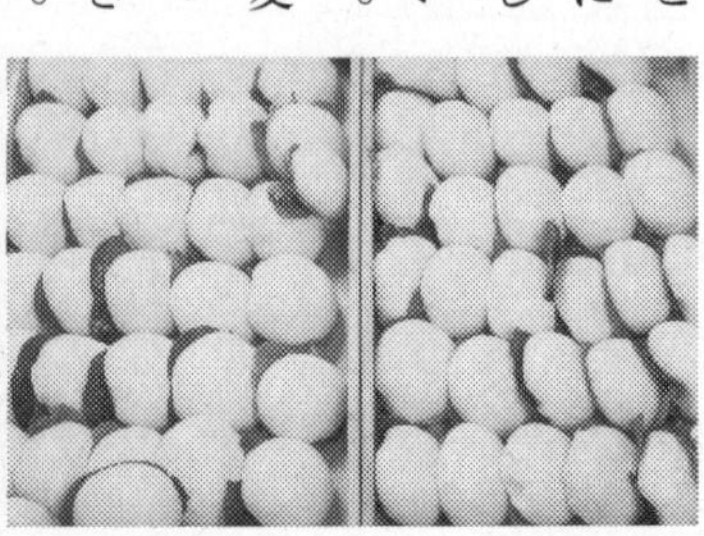
ふくらかしまんじゅう　撮影 岩下守

ぐすぐす焼き

佐賀県諸富町

なべを熱くして油を塗り、小麦粉を薄く水で溶いたものを流しこんで薄焼きにする。中に黒砂糖をはさんで食べるとおいしい。子どもたちが喜ぶおやつである。

ぐすぐす焼き、甘いだご汁　撮影 岩下守

お嶽だんご

熊本県湯前町

小麦粉ともち米の粉を同量合わせ、塩を少し加え、ぬるま湯でこね合わせる。一口大に丸めた小豆あんを包み、手の平で三分くらいの厚さに平たくのばし、菜種油を流したなべで、火を弱くして両面を焼く。油が全体に回り、香ばしい焼きだごとなる。三月十六日のお嶽さん（市房神社）の祭りにつくって食べるので、この名がついた。

焼きだご

熊本県湯前町

　小麦粉は水でだらっとしゃもじから流れるていどに溶き、油を熱したなべで、三分ぐらいの厚さに焼く。食べやすい大きさに包丁で切り、黒砂糖や砂糖味噌をつけて食べる。重曹を入れてふくらますこともある。油で焼くので、子どもも大人も喜んで食べる。まごとして年中よくつくる。

のべだご

熊本県植木町

　麦粉をやわらかめにこねて梅干し大にちぎり、かしがくるまで（表面がなめらかになるまで）おいておく。それを長径五寸くらいの楕円形に手でのばし、すぐに熱湯でゆでる。黒砂糖をつけて食べる。これは日常のおやつになっている。人を雇ったときや屋根替えのときは、小豆あんであえる。

焼きだご、にぎりだご　撮影 千葉寛

お嶽だんご　撮影 千葉寛

しるかえ

熊本県飽田町

　なんてんの葉をすり鉢でよくすり、上から少しずつ水を注ぎながらさらにすり、ざるでこす。その青汁と一つまみの塩を一升一合の小麦粉に混ぜ、固めにこねて、ぬれぶきんに包んでおく。それに、むぎ踏みむしろをかけ、その上から足で踏みこんでさらにこねる。こねあがったものを二つに分け、二尺五寸角の打ち板にとり、かしの木のめん棒に巻きながら、打ち板の八分目の広さまでのばしていく。次に、広げたものを三寸幅の屏風だたみにして一分五厘くらいの幅に切る。

　もろぶたの上に粉をふりながら、ひっつかないようにほぐしておく。鉄のつんなべにお湯をたぎらせて、細く切っためんを入れ、浮き上がってきたところをだごあげ（竹で編んだ一尺ほどの柄がついたすくいもの）ですくい、いれこ（木の桶）に水をはって、冷えるまで水をかえて洗う。何回も水をかえて洗うことから、「しるかえ」と名前がついている。つけ汁は、いりこと水につけておいた大豆を煮て醤油で味をつけ、かくし味に砂糖を少し加えてつくる。ひともじ（細い青ねぎ）や、かれき（夏ねぎ）をきざみこんで、めんをつけて食べる。大豆のやや固い歯ざわりが、かみでがあっておいしい。

しるかえ　撮影 千葉寛

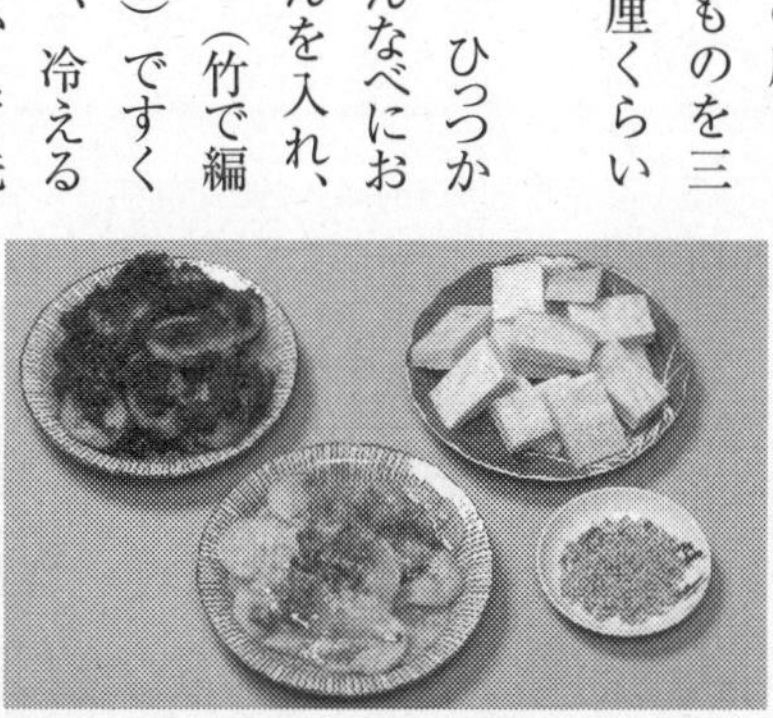
あんこかし、のべだご、焼きだご。右下の黒砂糖をつけて食べる。撮影 千葉寛

豆だご

熊本県飽田町

大豆は一晩水につけておく。つけ汁ごとひと煮たちさせてから、大豆と煮汁を別々にする。小麦粉に砂糖と塩少々を混ぜ、大豆を入れてさらに混ぜ、煮汁を少しずつ入れてよくこねる。耳たぶくらいのやわらかさになったら平たく小判形に丸めて、たっぷりの熱湯で、なべの底につかないようにしゃもじで混ぜながらゆがく。浮き上がってきたら火を止め、そのまま少しの間ふたをして蒸し煮してできあがりである。食べると、だごの中で大豆がこくんこくんとするので、よくかみしめながら味わう。そらまめ入りをつくることもある。

豆だご　撮影 千葉寛

きりだご汁　撮影 千葉寛

きりだご汁

熊本県八代市

米すり（籾すり）のおやつに必ずつくる。まず、きりだごをつくる。これは、小麦の粉に水を少し入れてだごをつくり、のべ棒で薄くのばし、切りやすいようにたたんで、幅が少し広めのめんに切ったものである。なべでは小豆を炊き、煮あがってから汁をふやして、角切りにした里芋とからいもを入れて炊く。いもがやわらかく煮えたら醤油で味つけし、きりだごを入れて、再び煮たたせる。小豆のうまみとからいもの甘みがほどよく調和し、このだご汁のおいしさをひき出している。

石垣だご

熊本県八代市

小麦の粉に黒砂糖を適量加え、水で溶いてどろどろの状態にする。ぬれぶきんをせろに敷き、水で溶いた小麦の粉を流し入れ、上に、皮をむいて小さい角切りにしたからいもをふりまいて蒸す。蒸しあがったら、包丁で適当な大きさに切って熱いうちに食べるとおいしい。角切りにしたからいもが石垣のように見えるため、この名がついたらしい。

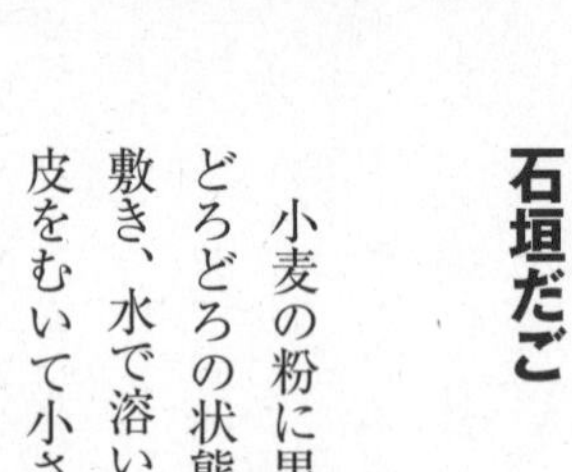
石垣だご　撮影 千葉寛

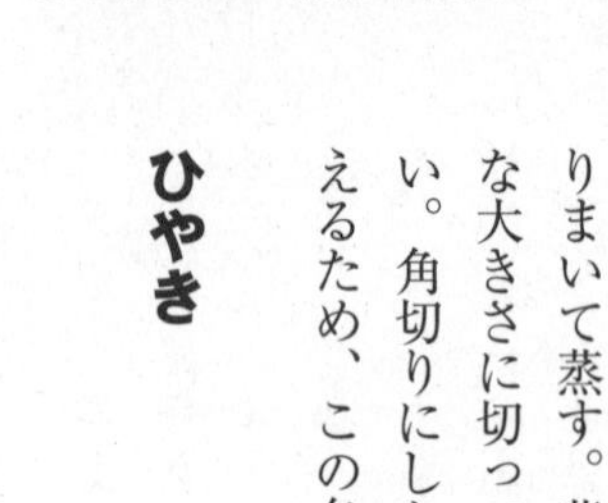
ひやき　撮影 岩下守

ひやき

大分県大分市

小麦粉に塩と重曹を少量入れ、耳たぶぐらいのやわらかさにこねる。これを梅干しほどの大きさにちぎり、直径三、四寸の丸形にのばす。底の平たいなべに油をひき、両面を焼く。好みで砂糖を入れてもよい。厚手のなべで焼くとぐあいよく焼ける。「歯固め」といって、固いほうが香ばしくおいしい。畑作業をしながら食べる小昼である。いざ大水というときは、一升の粉を二枚に大きく焼いたひやきを非常食にする。

ゆでもち

大分県直入町

田植えや稲じのう（稲の収穫作業）など、手間がえで作業をする日のお茶飲みにはゆでもちをつくることが多い。小麦粉に塩少々を入れ、耳たぶくらいの固さにこねる。適当な大きさにちぎり、準備しておいたあんこを入れて丸もちのようにし、そのままぬれぶきんをかけてねかせる。ねかせておいたもちを平たくのばして、たっぷりのお湯でゆであげる。あんこが均等に入ってないと、ゆでたときに皮が破れてあんこが出てしまう。あんこを入れた状態でゆっくりねかせておくと皮がよくのびてきれいに仕上がる。

味噌だご

宮崎県西米良村

山へ行くときの弁当のおかずによくつくる。小麦粉を水で溶き、きざんだにらや砕いたいりこを入れ、砂糖を少しと味噌で味をつけ、油をひいた鉄なべで焼く。つくっておけばおかずが足りないときなどにとても重宝する。

ふくれ菓子

鹿児島県栗野町

ふくれ菓子は、農家の女ならだれにでもつくれる蒸し菓子である。「こんだ、よかふにふくれもしたな」（今度はよくふくらみましたね）「ちった琉球がとおはごわはんか」（少し琉球の黒砂糖が少なかったのではないでしょうか）女たちはまず試食して、思ったとおりの率直な批評をしながら、のどかに茶を飲む。ところどころ黒砂糖の固まりがにじんだ黒褐色で、きめが粗い。しかし、見かけに似合わず軽い口あたりで、つい食べすぎてしまう。

おせ鉢（大鉢）にふるいにかけた小麦粉とソーダ（重曹）を入れ、次に煮溶かしておいた黒砂糖と水を入れて混ぜる。この合わせ加減がむずかしい。姑は「指んまたからこぼるっぐらいを」と教えるが、いつもできあがりは違うのである。せいろにふきんを敷き、木枠を入れ、たねを流し入れて一時間半蒸す。やわらかすぎたり、よくふくれなかったり苦かったりで、だれにでもつくれるのに、上等のふくれ菓子に仕あげるのは年季がいる。

ゆでもち　撮影 岩下守

味噌だご　撮影 岩下守

けせん巻き

鹿児島県鹿屋市

うるち米の粉ともち米の粉を半々に合わせる。この中に粉と同量の砂糖と塩少々を入れ、混ぜ合わせる。ほどよい固さになるように水を入れ、さらにこねる。これを用意したけせん（にっけい）の葉に包めるように丸め、葉を二枚合わせてはさむ。この季節にはかからん葉（さるとりいばらの葉）もあるので、これを使ってもよい。湯気の上がったせいろに並べて蒸す。だごの粉の中に小豆のあんこを

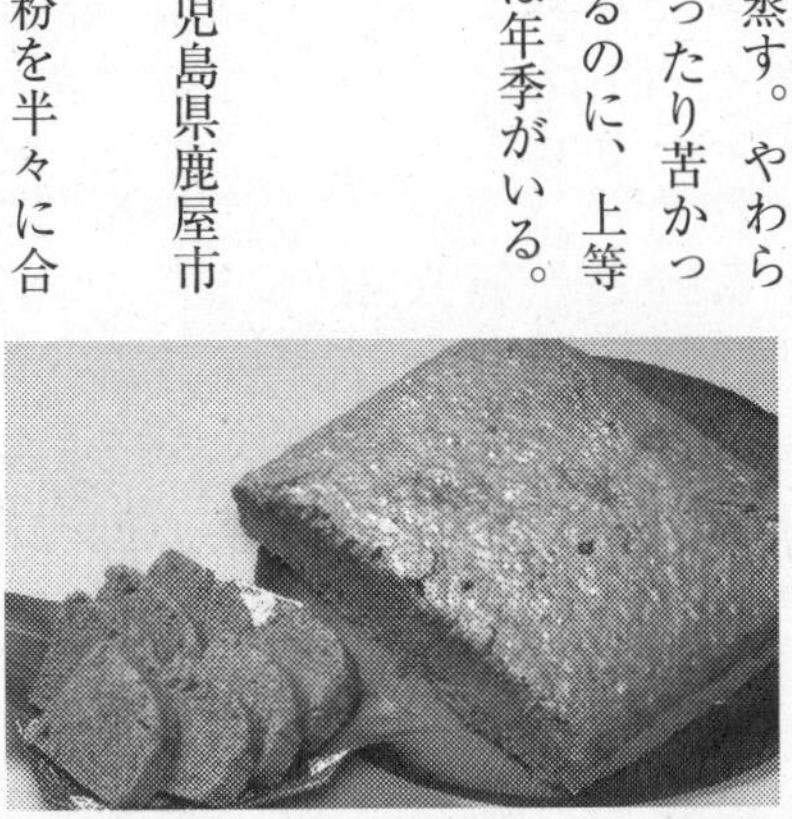
ふくれ菓子　撮影 千葉寛

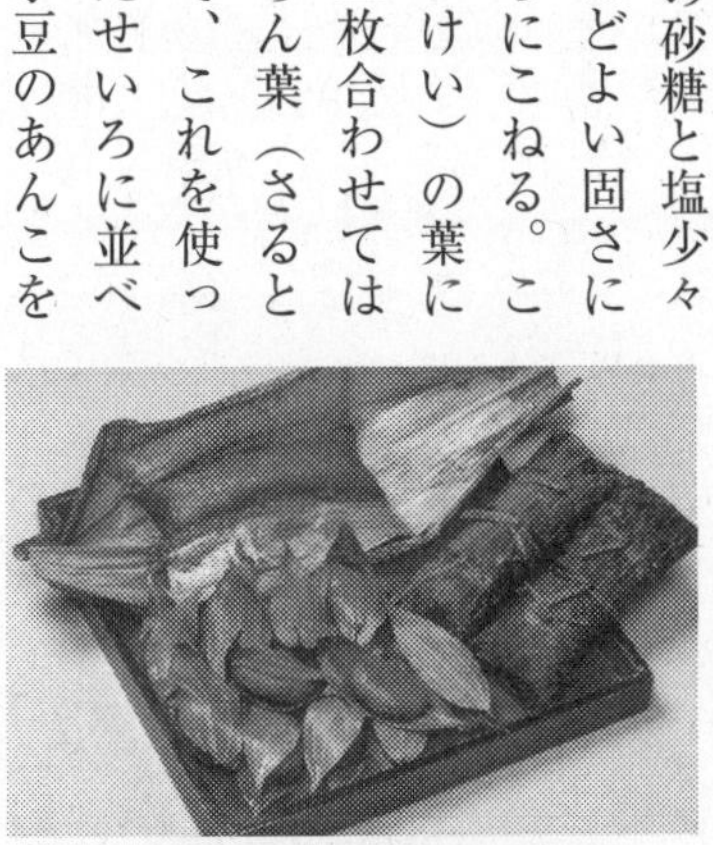
あっまっ、けせん巻き（手前）
撮影 千葉寛

混ぜこんだり、小麦粉を入れてもおいしい。

ひらやちー

沖縄県那覇市

メリケン粉を水で溶き、塩と味の素で味つけする。卵があれば入れるが、何もないときにつくるものなので、入れないことが多い。きざんだねぎを入れ、豚脂をしいたなべに、薄く広がるぐらいに注ぎ入れ、両面を焼く。寒いときや雨降りなど、市場に行かないときによくつくる。

ひらやちー　撮影 嘉納辰彦

さーたーあんだーぎー

沖縄県那覇市

材料はメリケン粉と砂糖、卵、ふくらし粉である。全部を手でこねて半日ぐらいねかしておく。砂糖は白砂糖でも黒砂糖でもよく、またこれらを半分ずつ混ぜる場合もある。黒砂糖は溶かしてから使う。こねぐあいはとてもむずかしく、こねすぎると固くなるし、やわらかすぎると形がくずれるので、にぎるとき手につかないくらいの固さがよい。揚げ方は、底の深い大なべに菜種油をたっぷり入れ、熱くしてから、直径一寸ぐらいの大きさににぎったものを油の中へ浮かべる。中まで火が通ると花が開いたように割れる。割れないと上手ではないといわれる。結婚式などお祝いのときには必ずつくり、かたはらんぶーと一緒に、手みやげとして客に持たす。

ぱんびん

沖縄宮古郡下地町

ことあるごとに必ずつくって、皿盛り、重箱詰めにして食べる。余裕のある家では、油は豚脂を貯蔵して揚げ油にも使うが、たいがいの人は、一升びんを持っていってはかり売りの菜種油を買って使う。

水に重曹、塩、小麦粉を加えて混ぜる。これを中皿ですくいとり、なべはだに添って流して揚げる。結婚祝い、新築祝いのぱんびんは、一つで半斤もあるほど大きく揚げる。黒砂糖を加えたら、さたぱんびんという。そのほか、ねぎ、つばさぐーすーの葉、煮干し粉、小魚、小えびを混ぜて揚げることもある。

ぱんびん　撮影 嘉納辰彦

日本の食生活全集　全五十巻（各県版＋索引巻）、農文協刊。全国三百地点、五千人の話者から十年以上の歳月をかけて聞き書きした。『今、やっておかなければならないことがある。今、やっておかなければ、永久に失われてしまうことがある。日本人がつくり上げた食事。それは、今、それを記録しておかなければ、永久に失われてしまう。…大正から昭和初期にかけて、食事をつくった人々、今、八〇歳前後の主婦達は、日本の食事を伝承した最後の人々であろう。この人々が、この世から去れば、その人々とともに日本の食事は永久に失われてしまう。当時の食事には、今日、われわれが失ってしまった地域的な、個性的な、人間的な自然がある。食事がそれを表現している。…食事に表現されている自然は、決して自然科学的自然ではない。人間の手が加わった人間的自然である。個性的自然である。日本の食事の総体を残すということは、今、失われている人間的自然を、個性的自然を、残すということなのである。…今、やらなければならぬことがある。どうしてもそのことをやりとげたいのである。』（刊行にあたって）。

酵母は、糖を分解して、アルコールと二酸化炭素を生成する（アルコール発酵）。古来より人類は、酒づくりやパンづくりに酵母を利用してきた。

酵母は一倍体と二倍体で存在し、一倍体単独でも出芽（細胞分裂）して増殖するが、一倍体同士が接合（有性生殖）して核が融合し、二倍体となる。二倍体も出芽・増殖するが、栄養分が枯渇したり、生育環境が厳しくなると減数分裂して胞子を形成する。胞子は過酷な環境によく耐え、生育に好適な環境になると発芽する。酵母は微生物の中でも高等生物に近く、真核生物の基本的な構造を備えている。

$$C_6H_{12}O_6 \xrightarrow{\text{酵母}} 2C_2H_5OH + 2CO_2$$

ブドウ糖	酵母	エチルアルコール	二酸化炭素

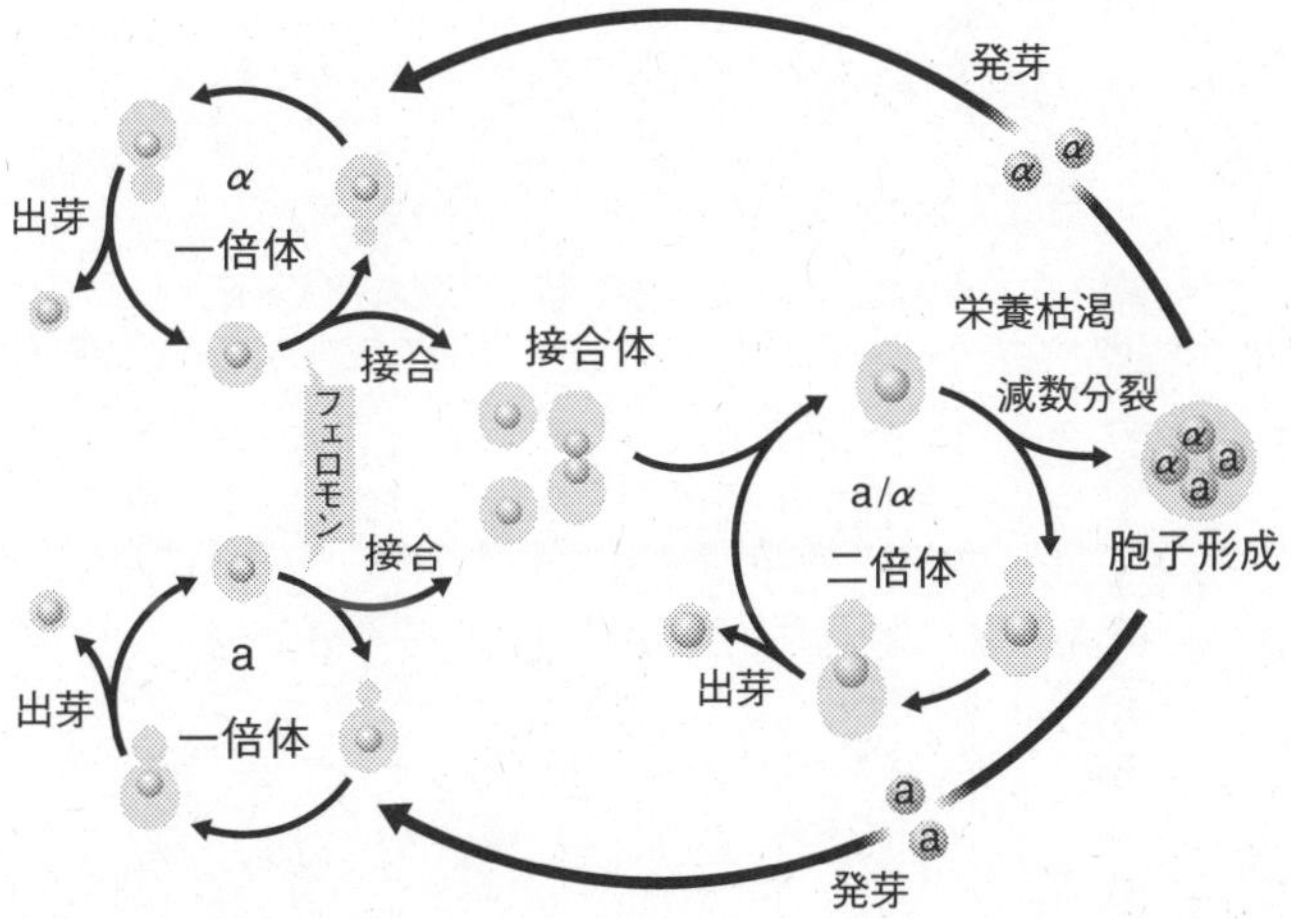

酵母（*Saccharomyces cereviciae*）のライフサイクル

麦の野生酵母でパンを焼く

林弘子

小麦は自分自身で発酵する

さて、私の宝物を公開しよう。それは使っても、使ってもなくならない永久不滅のパン種なんだ。これを発酵のための元種にしてつくれちゃうのが、自然発酵のパン。

小麦というものが、すごい能力を持ってること、知ってるかしら？それは、小麦が自分自身で持ってる発酵力。小麦粉は、水さえあれば、空気の力を借りて、自分でパンになれてしまう。名づけて「野生酵母自立パン」。

小麦粒をコーヒーミルで挽き、粉にして水を加えて保温すると、数時間でまるでビールのように、泡立ってくる。それが自立パンの基本の姿。小麦粉が本来持っている発酵力を、水と小麦粉を毎日混ぜ加えてゆくことで強めていき、十分に発酵力がついた生小麦だんごを発酵種（スターター）にしてしまう。この生きてる小麦だんごは、少し残して、それに水と粉を練り混ぜ、保冷しておくと、翌日には、全量、発酵種に変わる永久使用可能なすぐれもの。

最初の発酵力をつける段階（スターターつくり）はたいへんだが、それさえできあがれば、その後、一生、高い買い物の天然酵母粉末や、イーストなんて必要なくなる。

私はいつも、この野生酵母の永久元種を増殖したもので、パンをつくっている。発酵力がとても強く、くせがないので、どっしり重いもちもちパンから、ふわふわ軽いリッチなパンまで幅広くつくれる。「酵母パンは酸っぱくって重くって食べにくいから嫌い」という人にまで、「おいしい！」と言ってもらえる。

自家製粉の小麦粉が一番

このスターターつくりの小麦粉は、大規模製粉の市販品よりも、農家自家製の小規模製粉の粉の方が、都合よい。なぜって？　小麦の自前の酵母の生きのよさが、全然違う。「産直天然酵母」って感じ。でも、生きのよさだけでは味のよい発酵種は得られない。やっぱ

オーブンが故障だ！フライパンでベーグルが焼ける

二次発酵完了。自然発酵力満々。スイッチオン‼　赤ちゃんのほっぺみたいにふくれあがったパン生地をいざ焼かんと、ガスオーブンに点火したとたんバカッと音をたて、オーブンが止まった。故障だあ。勘弁しておくれヨ。

引越さわぎが落ち着いて、新居での初めてのパン焼きがこんなスタート。大丈夫、あわてない、あわてない。どうするの？って、ベーグルに変更しちゃう（次頁）。生地をドーナツ型につくり直して、鍋でゆで上げて、フライパンで香ばしく焼いちゃった。とはいうものの、オーブンのない私は、金棒とられた鬼みたい。修理代がおそろしくって、いまだオーブンは壊れたまんま。

り、その後の時間と、手間は必要。

私は、いろいろなところから、生きのよさそうな小麦粉を集めて、発酵力と味の整ったスターターを勘で作り出す。運のよさと、根っからの小麦好きが、それを手伝っていると思う。小麦本来の生命力というものを知らない人間には、決してできないことだと思っているもの。数字漬けのマニュアルを必要とする人には、この方法はちょっと無理かなあ。

空気中にいる野生酵母と、水と、小麦粉だけで、作り出しちゃう元種は、とても古典的なもの。ドイツのサワードゥ法や中国の老麺（ラオメン）法と原理は同じ。

（※老麺法というのは、総生地量の一〇％くらいを前日にパン種としてつくっておく方法で、うまみや風味が増すとされる）

重いパンはじっくり焼く

このような発酵法以外に、にんじん、芋、りんごなどのすりおろしと、小麦粉を混ぜ合わせて発酵させる元種つくりの方法もある。この発酵元種は、もちもちしたどっしりパンが焼けて、国産小麦のうまさを味わわせてくれる。どっしりパンを上手に焼くこつは、一〇〇～一五〇℃の低温で、じっくり焼くこと。「重たい、べたつく」と敬遠される農家自家製小麦粉だけど、それを逆に生かし切ろう。

製粉の際、生胚芽が混じると、どうしてもべたつきやすい粉になってしまうが、胚芽は、栄養分の固まり。市販のふわふわイーストパンとは別の食べ物。生活パン。生き活きパンなのだ。

一本挽きのストレート粉だと、グルテン分も少ないと思う。強力粉的な質に近づけたいと思ったら、水と粉をこねあげただけの生地をまずつくり、その生小麦だんご（生地）を水洗いして一割くらいめかたを減らす。そう

一次発酵だけで作れちゃう ベーグル パン

（※ユダヤのドーナツ型のパンです。味わいはフランスパンに近い）

- 小麦粉　300g
- ぬるま湯　150～160cc（加減）
- 塩　小さじ1
- さとう　大さじ1
- パン種……（本文のもの）ひとつまみ…50～80gくらい（ドライイーストの場合は小さじ2杯くらい）

❶上記すべての材料をよーくこね上げる。水の量は手につかずはなれず……というくらい。なめらかに弾力を持つくらいまで、よーくこねる。
❷ボウルに❶を入れラップをかぶせ、あたたかい所に5時間～半日置き（イーストは1時間）、一次発酵させる。めやすは、もとの量の3倍くらいにふくらむまで。
❸打ち粉をした台の上に❷をとり出し、めん棒で2～3cm厚さにのす。
❹ドーナツ型に抜く。型がなかったら、丸型でも、手びねりでもよい
❺鍋に湯をわかし、❹をゆでる。ゆでてるうちに、プクーッとふくらむので、入れるパン生地の数は加減をみつつ……（7～8分）
❻ゆで上げた生地を180～200℃のオーブンで5～6分焼く。

★好みにより、生地に玉子やバターを入れてもいいのですが、もともとベーグルはシンプルなパン。ゆでるのは、発酵を止め、もっちりむっちりした味を出すため。低カロリーで食べごたえがあるので、ニューヨーカーに人気のパン。

することで、でんぷんが落ちて、グルテンが高くなる。グルテンの高まった生地に、副材料を入れて種付けして、また、こねると、弾力のあるパンがつくれる。ちょっとでんぷんがもったいないけどね。

和風ナッツ(!?)で山里のおくるみクッキー

(※おくるみって、赤ちゃんだっこや、ネンネ用の布のことです。)

・クッキー生地用
- 小麦粉　200g
- バター　130g
- さとう　小さじ1
- 玉子(Sサイズ)　1コ
- 水か牛乳　50cc

和風ナッツ100gくらい〜
ソバの実、ギンナン、アマランス、米、アラレ、などなど……
山里のもの。本物のナッツでもOK。お好みで……

・つなぎのキャメル用
- バター　40g
- さとう　50g

❶ バターと粉をもみほぐすようにまぜ合わせ、そぼろ状にする
❷ さとうを混ぜ加え
❸ 溶いた玉子と水(牛乳)を入れ、さっとこね合わせて、ひとまとめにして、冷蔵庫で1時間休ませる

以上 クッキー生地のおくるみの部分デス

❹ 鍋にバターを入れ火にかけ、さとうを入れ、煮とかす。少し、アメ状になってきたら、ボウルに移し、好みの和風ナッツ類を加え、まぜ合わす
❺ クッキー生地を、2mmくらいにうすくめん棒でのす
❻ 8〜9cm位の円形に抜き、水とき玉子(分量外)をはけで上面にぬる
❼ まん中に❹の和風ナッツを、ひとすくい置く
❽ 三方を閉じる。出来上りは三角!! つぎ目はしっかり押さえる!
❾ 180℃のオーブンで、25〜30分焼く

★ 途中で、クッキー生地がやわらかくなったら、冷蔵庫で冷やしてから、作業を進めること

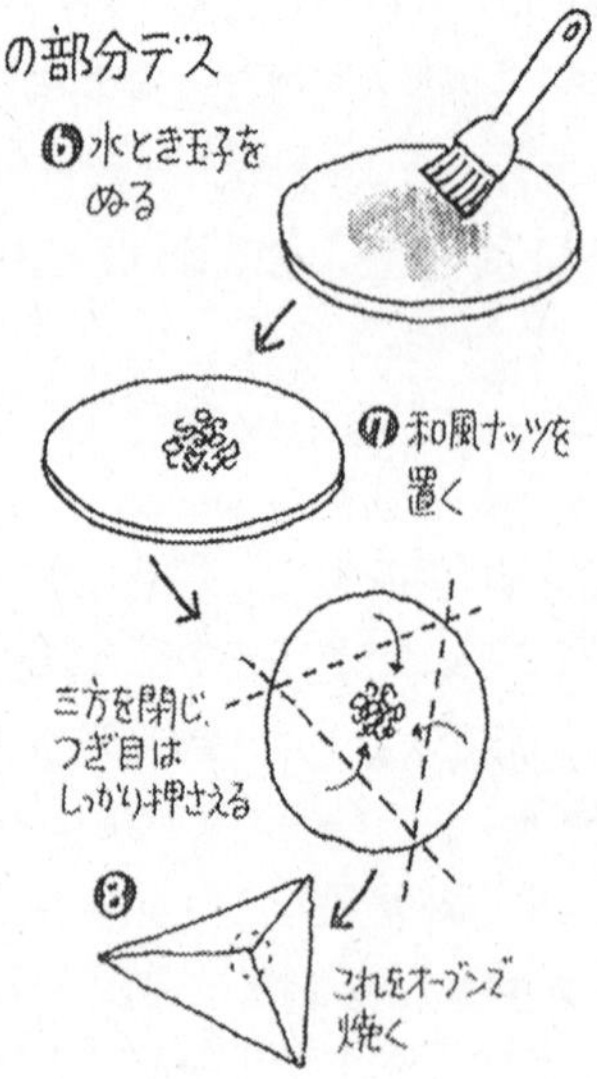

❻ 水とき玉子をぬる
❼ 和風ナッツを置く
三方を閉じ、つぎ目はしっかり押さえる
❽
これをオーブンで焼く

そば、ぎんなん、アマランサスのクッキー

　さて、次はお菓子。意外な素材を登場させてみよう。そばの実、ぎんなん、アマランサス。そばの実は油で揚げちゃう。実は小さいので、アクすくいで揚げる。そばの実はぷくぷくはぜて、まるで油に入れたとたんポップコーン。ぷくっとふくれたそばは、そのままカリカリ食べてもおいしい。ぎんなんは、焼いて殻を取り、干しておくの。数日干すと、からからに乾きトパーズ色の宝石みたい。これも油で揚げる。これはもう最高のビールのつまみ。アマランサスは、フライパンでからいりして、焙じてしまう。これで和風ナッツができあがり。これとクッキー生地を合わせてお菓子をつくる。

　また、これ以外にも、赤米や黒米でつくったあられを加えたりして、ちょっと変わった和風クッキーを作る。もちろん、市販のナッツ類でもつくれるけど、月並みなものになってしまう。ぎんなんクッキーなんて、すてきでしょ？麦友だちが送ってくれたものを、一回に食べるのが惜しくって、こんなふうに保存しては、ちまちま楽しんでる。

（東京都国分寺市南町二―三―二一）

林弘子　料理研究家、著書に、『国産小麦のお菓子とパン』『果物たっぷり旬のお菓子』『野菜たっぷり旬のお菓子』（以上農文協）、『秘伝　自然発酵種のパンづくり』『スローな手づくり調味料』『穀物をもっと楽しもう』（以上、晶文社）など。

一九九七年五月号　自家産麦自前酵母でパンを焼く、お菓子をつくる

伝統的な酵母の種おこし法

小沼祐毅

個性ある健康志向パンにとっては、酵母の選択も大切である。以下では酵母の種おこしについて、酒種、レーズン種、サワー種を例に、種おこしの実際を述べてみたい。すべての種おこしに共通するのは、培養工程でかびを発生させない管理が重要であるということである。

酒種

元種、液種、酒種をつくる工程からなる。

①元種の採取

まず日陰で水と空気のきれいな湿気のある場所に、ご飯を2～3時間さらし、酵母菌の落下を待つ。これを80～100gのおにぎりにする。これが新種となる。次によく研いだ米でおにぎりを包み、恒温槽（かめでも可）に入れて米が隠れ、だんごが浮かないようにして水を入れる。留意点としては水が濁らなくなるまで米を研ぐことである。2～3日後に搾り、新種液を得る。

②液種

5分搗きの酒米で麹《こうじ》をつくる。新種液100、麹30、ご飯300の割合（以下同様）で攪拌混合し、28～30℃の恒温槽に入れて一昼夜培養する。これをろ過して元種とする。

③酒種

元種100、麹7、ご飯200を30℃の恒温槽に入れて一昼夜培養する。これが酒種となる。

④継種

酒種100、麹7、ご飯400を30℃の恒温槽に入れて一昼夜培養する。これを繰り返して継種とする。

レーズン種

①液種

アルコール消毒したガラスびんを用意し、レーズン100、水250を入れて4～5日室内に放置する。カビを防ぐために1日2回攪拌する。

②1番種

レーズンをふるいで除いた液種100、内麦パン用粉100を混合し、25℃、10～12時間発酵。

③2番種

1番種100、内麦パン用粉100、食塩1、水50を混合し、25℃、12～14時間発酵。

④3番種

2番種100、内麦パン用粉100、食塩2、水65を混合し、25℃、6～7時間発酵後、冷蔵保管。これがレーズン種となる。2番種以降の温度・時間・攪拌を行なうための発酵機もある。いちごやブルーベリーなどのフルーツ種は同様工程で、レーズンに代えて、砂糖や蜂蜜で糖度8に調整したフルーツ液によっても得られる。

サワー種

①おこし種

ライ麦粉100、水100を混合し、26℃、24時間発酵（以下同条件）。

②2番種

おこし種100、ライ麦粉100、水100を混合し発酵。

③3番種

2番種10、ライ麦粉100、水100を混合し発酵。

④4番種

3番種10、ライ麦粉100、水100を混合し発酵。

⑤初種

4番種10、ライ麦粉100、水100を混合。これがサワー種となる。

（小沼技術士事務所）

食品加工総覧第4巻　健康志向に応えるパンの素材選択より

生酛づくり　酵母純粋培養法

寺田本家　千葉県神崎町

個性的な酒造りを追求する

寺田本家は、江戸末期創業という歴史の古い蔵元である。社長の寺田啓佐さんは、二〇年ほど前に体をこわし、それ以来、「自然の摂理に学び、生命力のある命の宿った酒造り」を志向してきた。現在では、つくるお酒の全量が、昔ながらの生酛《きもと》づくり。さらに、清酒酵母も協会酵母（日本醸造協会が提供する酵母）ではなく、蔵付きの酵母を自家培養している。

「酵母というのは、自然界のあらゆるところに無数の種類が存在している微生物（菌類）です。酒蔵には本来、蔵ごとに酒造りに適した個性的な酵母がすみついているんだと思います。ところが、これまで日本酒は、品質の安定を追及するあまり、酒蔵の個性を排除する方向でやってきた」

長年の研究によって選抜された協会酵母は、すぐれた酵母であることは間違いないが、日本中の蔵元が同じ酵母というのでは、酒の個性が失われてしまうのではないか、というのが寺田社長の出発点だ。

寺田本家では、蔵の柱や板壁を削り、蔵にすみついていた野生酵母のなかから、酒造りに適したものを培養してもらったこともあるそうだ。このような酵母では、毎年まったく同じ品質の酒をつくることは難しく、少しずつ風味が変化しているのかもしれない。しかし、そんな変化を良しとするのが寺田本家の酒造りである。

江戸時代の精密微生物学

酒造りでは、アルコールを大量に醸す醪《もろみ》の仕込みに先んじて、酒母（酛《もと》）を育てる。「酒の母」というように、発酵のための種として、大量の酵母を繁殖させることが目的であり、アルコール分は多くは生成させない。

寺田啓佐社長（左）と藤波良寛杜氏

酒母のつくり方には、伝統的な生酛《きもと》と、明治期に始まって現在の主流である速醸酛の二とおりがある。

生酛は江戸時代に確立した、酵母の純粋培養法で、その巧みさは驚異的だ。蒸米、米麹、水が仕込まれた酒母の中では、まず、硝酸還元菌が、溶液中の硝酸塩を還元して亜硝酸を生成する。続いて、亜硝酸に強い乳酸菌が増殖して乳酸を生成し、溶液が酸性化する。環境中のほとんどの雑菌は酸に弱いので、繁殖することができない。硝酸還元菌も、乳酸の増加にともない次第に死滅する。

溶液中の乳酸濃度がさらに高まると、乳酸菌は自ら作った酸により増殖が抑えられるようになる（pH３前後）。一方、酵母は弱酸性を好み、乳酸濃度が高まると繁殖しやすくなる。

酵母は溶液中に酸素があるうちは、酸素を呼吸に利用して、どんどん増殖する。溶存酸素がなくなると、溶液中の糖をアルコールと二酸化炭素に分解（解糖、発酵）してエネルギーを得る。アルコールが次第に増えてくると、アルコールの静菌作用によって、乳酸菌は急速に死滅する。アルコール濃度がさらに高まると、今度は酵母自身もそれ以上は増殖しなくなる（酒精圧迫）。こうして、酒母の中には多量の酵母が得られる。

「やっつけるというのとは違うんですよ。硝酸還元菌→乳酸菌→酵母菌とバトンタッチしていくんです」と寺田社長。多様な微生物たちが、それぞれの役割を果たしながら、米を分解していく、自然の仕組みを巧みに利用する。

一方、速醸酛では、工程の初期に乳酸を添加し、雑菌の増殖を抑える。さらに、純粋培養酵母を大量に添加することで、純度の高い酵母が安定して得られる。生酛づくりには一か月を要するが、速醸酛は約二週間で完成する。

酒造りの工程

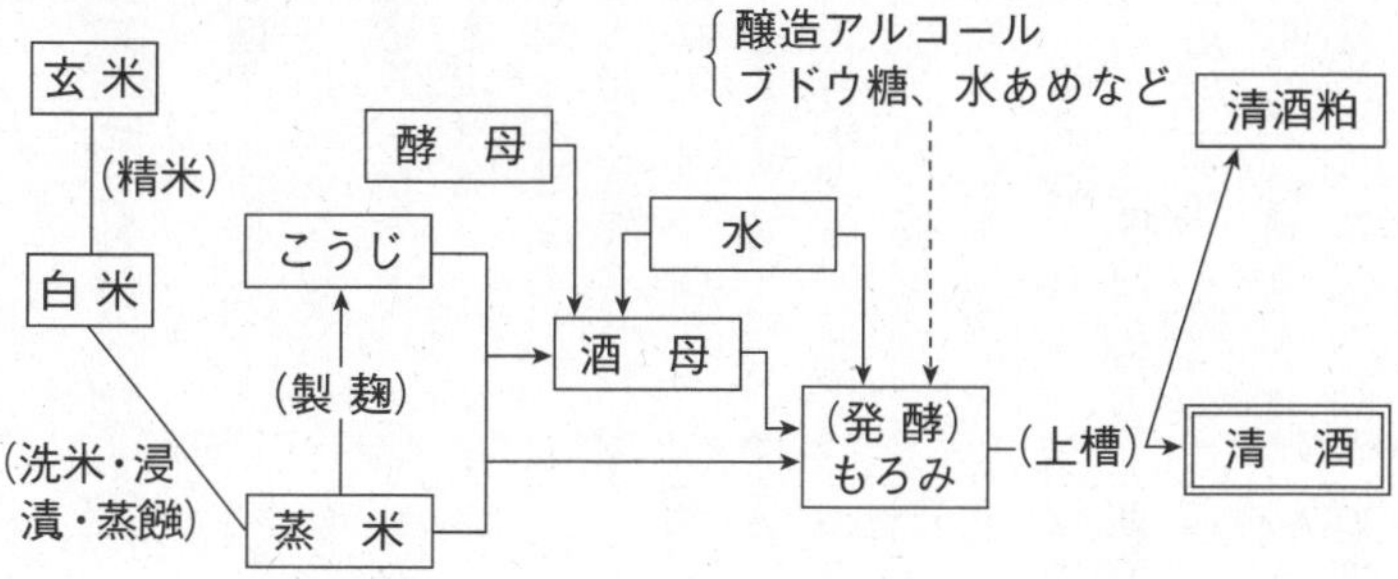

生酛の中で微生物が「バトンタッチ」していく様子
（秋山裕一著『日本酒』より）

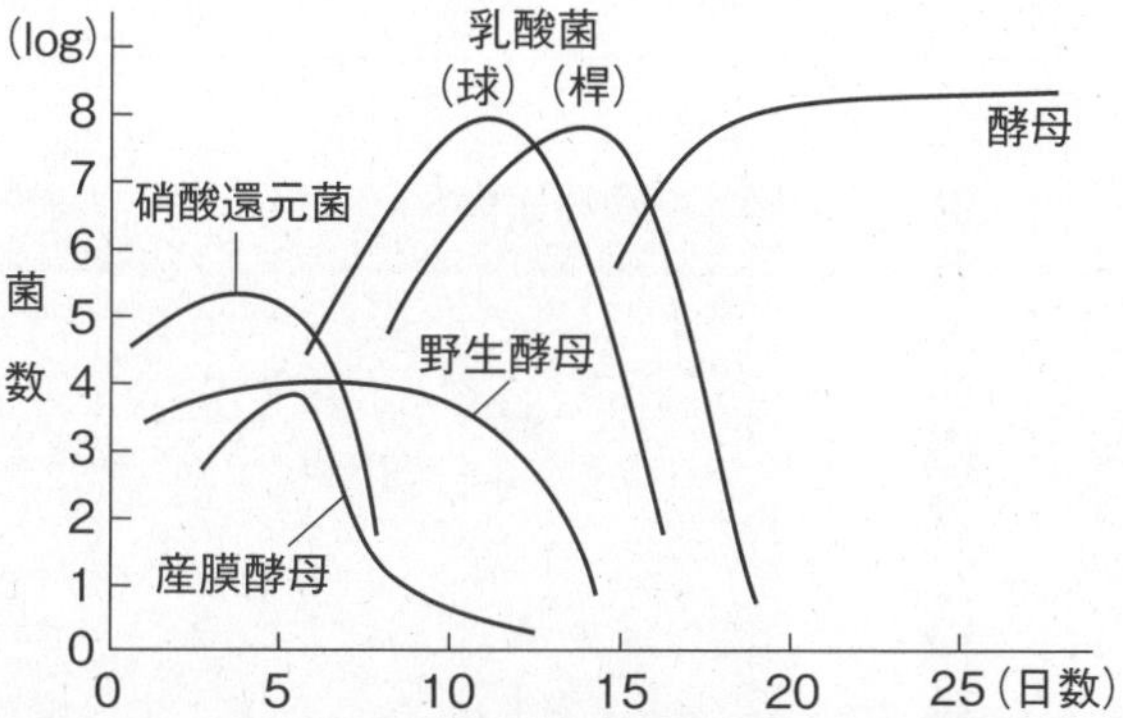

試験管に保存されている自家培養酵母

生酛づくりの工程

水麹　半切桶に水と米麹を入れてかき混ぜ、しばらくおく。
仕込み　桶の中に、冷やした蒸米を加え、かき混ぜる。
山卸（やまおろし）　半切桶の中で、蒸米と米麹を櫂ですりつぶす。
酛よせ　半切桶から酒母タンクによせる。
打瀬（うたせ）　品温を五℃に保つ。蒸米の溶解が進み、硝酸還元菌が増殖する。
暖気入れ　暖気樽（お湯の入った樽）を入れたり、桶を冷却したりして、温度の上昇と下降を繰り返し、ゆっくりと温度を上げていく。乳酸菌が増殖し乳酸を生成する。
酵母の添加　酵母を添加する。品温は一五℃。酵母増殖により泡が涌き、温度が上昇する。暖気入れで、温度の上昇と下降を繰り返す。品温は二〇～二二℃。
酛分け　再び半切り桶に分割して、急速に酒母の温度を下げる。一〇℃前後。
枯らし　低温のままで放置する。品温は三～四℃。約三〇日で生酛が完成。
※精米技術が向上した明治期に、蒸米をつぶす「山卸」の作業が廃止され、最初から酒母タンクに仕込む方法が考案された。これを山卸廃止酛といい、その仕込み法を山廃仕込という。

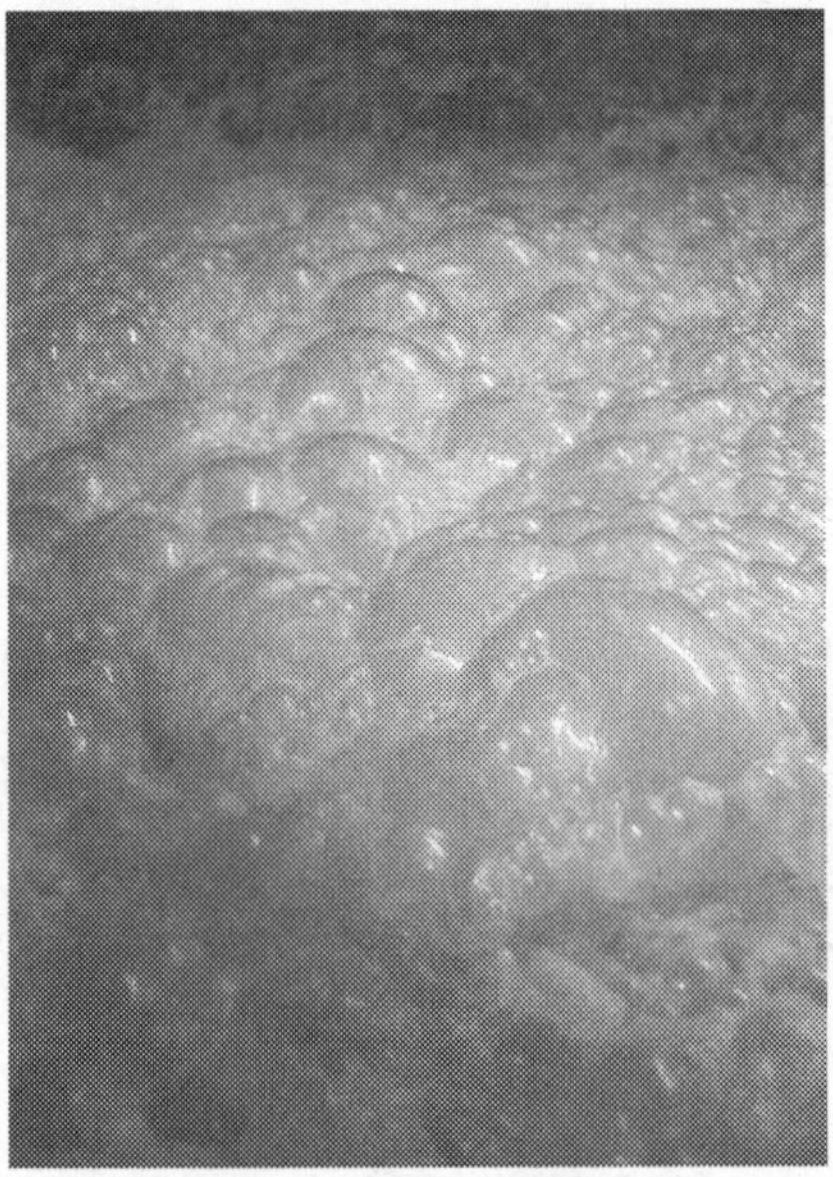

蔵付き酵母でつくる酒「醍醐のしずく」を仕込んで6日目（撮影　寺田優）

乳酸菌の働きで優良酵になる

自然の乳酸菌がつくり出そうが人間が加えようが、乳酸が雑菌の繁殖を抑え、酵母が増えやすい環境をつくるには、生酛でも速醸酛でも同じではないか、とも思える。一般に速醸系の清酒は、気温に影響されにくく、品質が安定しやすい。生酛系では、熟成によってうま味、風味が強い清酒になるとされる。

近年の研究では、以下のことが明らかにされている（溝口晴彦氏）。速醸酛では、酵母は、酒母溶液中にある脂肪酸のパルミチン酸とリノール酸を利用して生育する。一方、生酛では、乳酸菌が増殖するときに、リノール酸を利用してしまうため、溶液中にはパルミチン酸だけが残る。酵母がパルミチン酸だけを取り込んで生長すると、細胞膜がアルコールに対して強い構造となり、高いアルコール濃度に耐えられるようになる。従来は、生酛づくりでの乳酸菌の役割は雑菌を抑えるためと考えられてきたが、乳酸菌が存在することによって、アルコールに強い優良な酵母ができ、淡麗でありながら深い味わいが得られるという。

酵母は鍛えるほど力を出す

「酒造りをじゃまする菌が殖えないようにしてやるのは必要なことですが、だからといって、大事に大事に育てるというのとも違うんですよ。酵母は鍛えれば鍛えるほど力を出すんです」そう語るのは、寺田本家の酒づくりを任されている杜氏の藤波良寛さん。若いころは永平寺で修行していたという藤波さんは、曹洞宗の僧侶でもある。異色の蔵人だ。

たとえば生酛に酵母を添加する前後に「暖気《だき》入れ」を行ない、温度を上げ下げしながら一日に一度ずつ上げていく（三度上がったら二度下げる）。香りを大事にする吟醸酒を仕込むときなどは、放っておくと発酵によってすぐ二〇℃近くまでもろみの温度が上がるのを、冷やして九〜一〇℃で引っ張る。低温にするのは、雑菌の繁殖を防ぐ意味もあるが、酵母にストレスをかける意味もあるという。低温にしてわざと酵母の働きを抑える。ストレスをかけるほど酵母は力を出して、いろいろなアミノ酸や有機酸、香り成分もつくり出してくれるという。

「最近は、ワインでも低温仕込みをするといいフレーバーが出るという話を聞きます。パンをつくる職人さんなどでも、酵母にストレスをかける工夫があるんじゃないでしょうか」

菩提酛の仕込み方

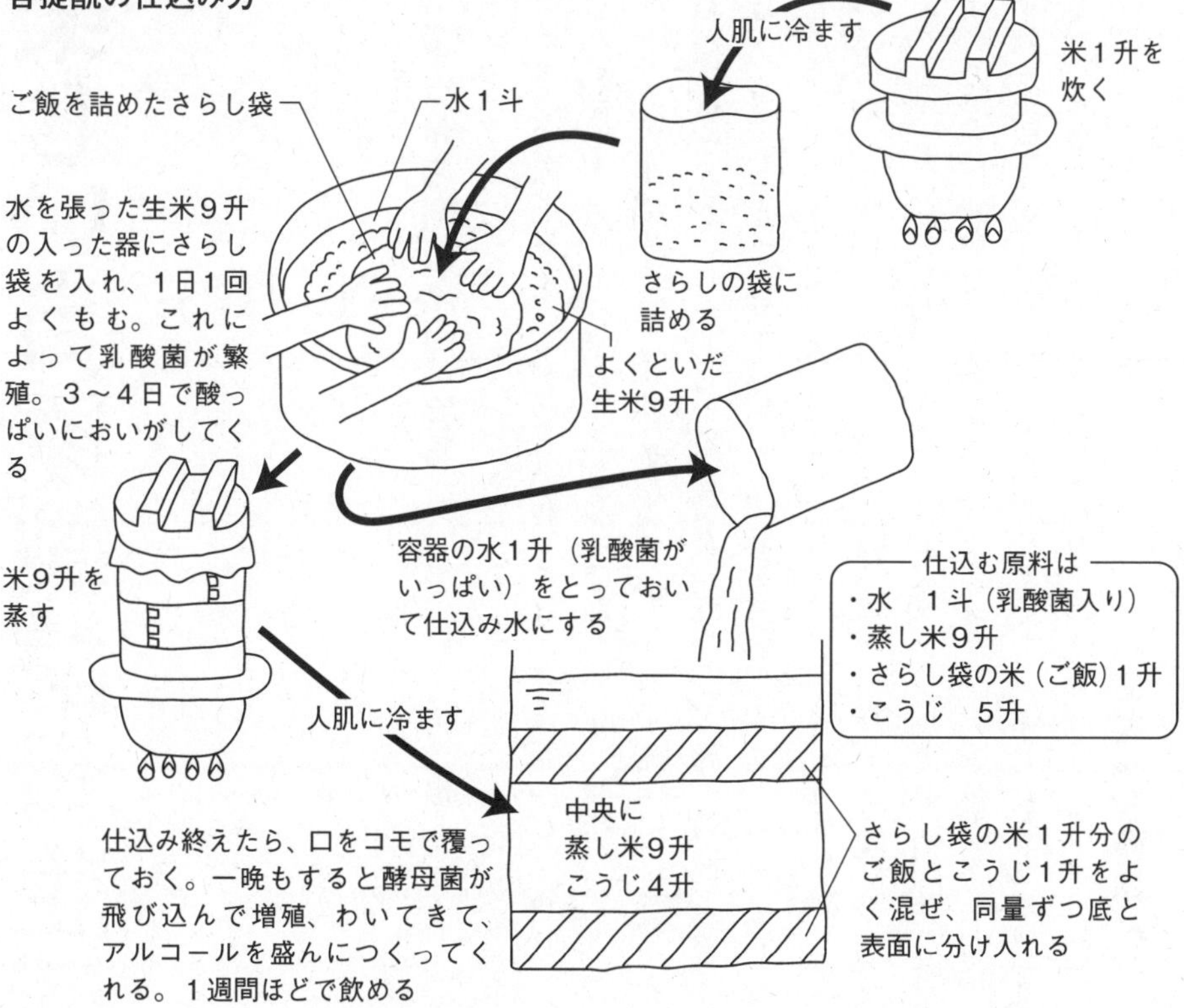
人肌に冷ます
米1升を炊く
ご飯を詰めたさらし袋
水1斗
さらしの袋に詰める
水を張った生米9升の入った器にさらし袋を入れ、1日1回よくもむ。これによって乳酸菌が繁殖。3〜4日で酸っぱいにおいがしてくる
よくといだ生米9升
米9升を蒸す
容器の水1升（乳酸菌がいっぱい）をとっておいて仕込み水にする
仕込む原料は
・水　1斗（乳酸菌入り）
・蒸し米9升
・さらし袋の米（ご飯）1升
・こうじ　5升
人肌に冷ます
中央に蒸し米9升こうじ4升
さらし袋の米1升分のご飯とこうじ1升をよく混ぜ、同量ずつ底と表面に分け入れる
仕込み終えたら、口をコモで覆っておく。一晩もすると酵母菌が飛び込んで増殖、わいてきて、アルコールを盛んにつくってくれる。1週間ほどで飲める

菩提酛、無殺菌の酒

藤波さんはまた、室町時代初期に書かれた『御酒之日記《ごしゅのにっき》』などに記された「菩提酛」による酒づくり（図）も始めている。これは培養した酵母を加えず、自然に増える酵母を生かす酒づくりで、生酛づくりの原形のような方法である。高温を好む乳酸菌が殖えやすいためか、雑菌が繁殖しやすい夏でも酒づくりができる。

さらに、麹や掛け米に、発芽玄米を使ってつくった酒「むすひ」だ。この酒は火入れをしていないので酵母が生きたままで、びんの口を不用意に開けると発泡して中身が噴き出してくる。

また、まだ成功していないそうだが、発酵中の酵母にわざと空気（酸素）をたくさん送り込んで、アルコールは少ないがアミノ酸などが豊富な健康酒をつくろうと考えたこともあったらしい。

アルコールを楽しむだけでなく、活性の高い酵素や、生きた酵母をそのまま飲んで、健康になってもらいたいという思いから、濾過や火入れをしない酒造りに挑戦している。

（編集部）

寺田本家　千葉県神崎町本宿一九六四
TEL〇四七八―七二―二二二一

二〇〇六年十二月号　生モトづくりからわかる酵母の性格

楽しい自家製酵母生活

山内早月

キッチンから聞こえる、香る

ぷくぷく、みーみー、しゅわしゅわ。これは、わが家のキッチンにずらりと並んだびんから聞こえる音。酵母が奏でる音楽なのです。

私が酵母との暮らしを楽しむようになったのは、「身近な果物や野菜を使って、簡単に酵母を育てることができる」と知り合いから聞いたのがきっかけでした。私たちの身のまわりのあちこちに、酵母はすみついているのです。たとえば、いちごや柿など、四季折々の果物。大根やにんじんなど、旬の野菜。そしてバジルやミントなど、香り豊かなハーブ…。

そうした季節の素材と、酵母の大好物である糖分とを、びんの中に閉じ込めてやります。仕込んでから約四日もたつと、びんの中は酵母の天下に。酵母が活発に活動して、びんの中に気泡が溢れます。そして、素材を食べて分解するため、水の中にはさまざまな風味が溶け出します。しゅわしゅわとした細かい泡、放たれるほのかに甘酸っぱい香り。一口なめてみると、味わったこともないような、うま味と酸味のハーモニー。まろやかなアルコール風味に、思わず笑顔がこぼれます。

約一週間で激しく泡を出すようになり、蓋をあけると「ぷしゅっ」と音を立てる状態に。その発酵のピークをとらえて酵母液を使います。パンをふくらませるために使ったり、料理の隠し味として使ったり、ときにはシャンパン風飲料として、そのままごくごくと飲み干したり。

自家製酵母パン

たとえば、パン。専用イーストと違い、自家製の酵母の発酵スピードはとてもゆるやか。半日、ときには一日かけて、ゆっくりとふくらんでいきます。酵母の活動しやすい温

柿酵母（発酵のピーク前）

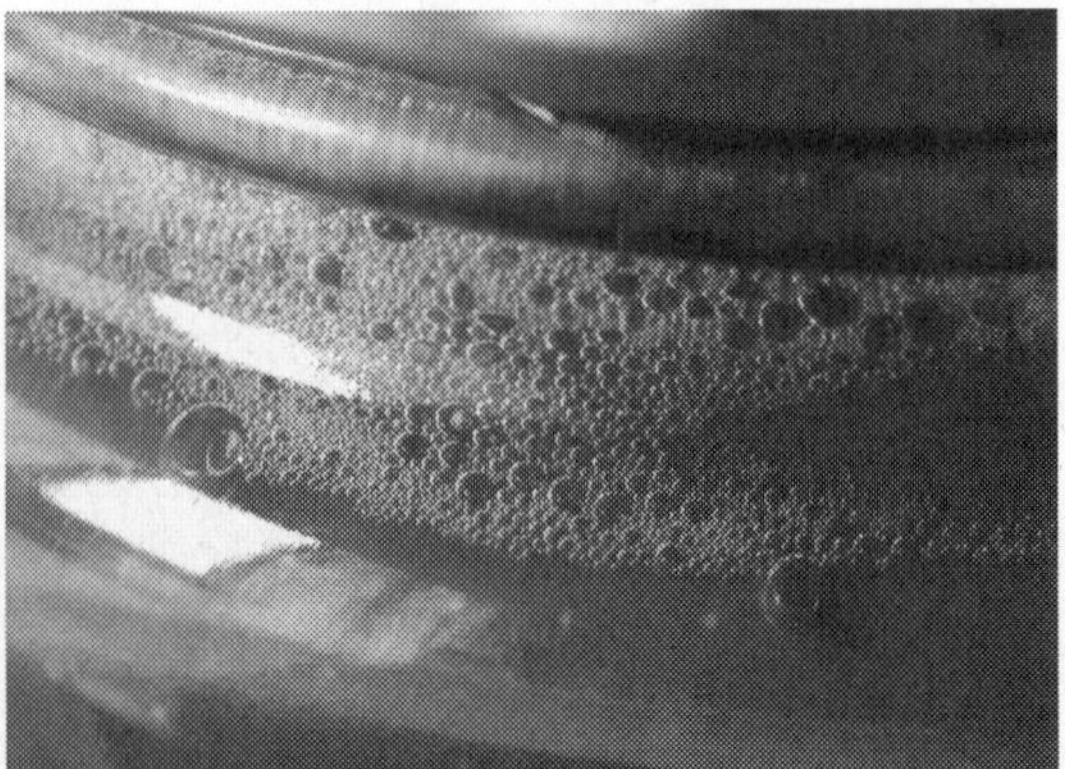

りんご酵母

酵母のふやし方

1）ジャムなどの空きびんを用意、煮沸消毒（雑菌の繁殖を防ぐため）。
2）水、素材、蜂蜜などの糖分(大さじ1程度)を加えて密封。素材はたっぷり、水もびんいっぱいに詰める。素材はなるべく無農薬のものを利用。
3）冷蔵庫の中で3日間寝かせる（びんの中で乳酸菌が優位となり、雑菌の力を弱める）。
4）びんを常温に戻すと酵母が活性化。アルコールと炭酸ガスを出す。
5）蓋を開けて元気な音を立てると使いどき（約1週間後）。漉して液だけを使う。

※悪臭がしたら、必ず捨ててください。また、利用時の体調などの個人差があるため、育てた酵母は自己責任でご利用ください。

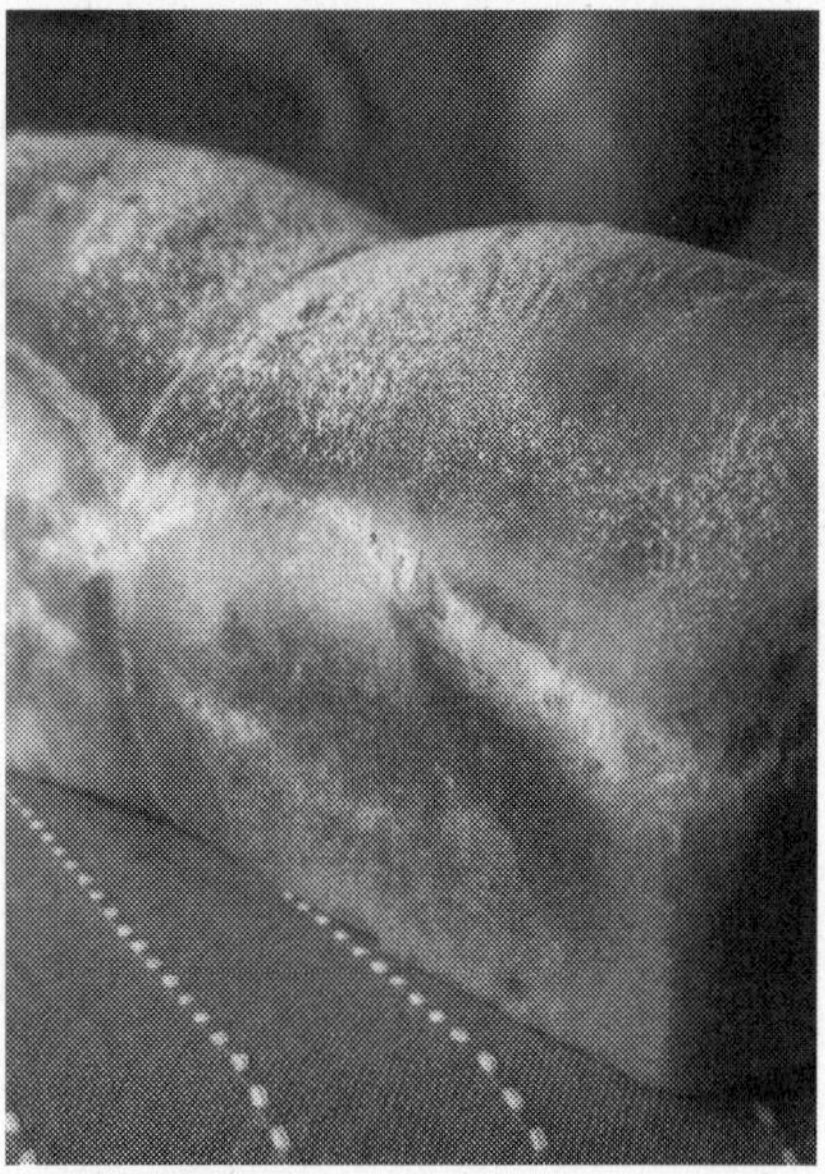
りんご酵母のパン

度を保つため、冬場はボウルを抱いて布団に入ることも…。オーブンに入れて熱を加えると、表情豊かなパンの完成。時間がかかる分、対面したときの感動もひとしおです。

料理の隠し味に

料理への使い道もさまざまです。たとえば、にんじん、じゃがいも、セロリなどの角切り野菜をりんご酵母液でことことと煮て、自然塩のみで調味します。たったそれだけで、驚くほどに野菜のうま味や甘みが引き出されたスープが完成するのです。そのほか、魚にふりかけておくと臭みが消えたり、肉にもみこんでしばらく置いておくと、繊維がほぐれて軟らかくなったり。発酵の力をまざまざと見せつけられます。

そのまま飲む

もう一つのお楽しみは、柿やりんごなどの果物酵母液を、「そのまま飲む」こと。炭酸ガスが溶け込んだ天然のアルコール風飲料で、その味わいはとにかくフルーティーです。甘みのなかに感じるさわやかな酸味、舌の上で弾ける泡、鼻を抜けていく香りも豊かです。

思い通りにならないから愛おしい

酵母は、じつに自由気まま。思い通りにならないから気にかかるし、だからこそ愛しい。まさにそんな存在なのです。パン生地を仕込んで時間がたっても、うまく発酵しないときもあります。でも、そんなときも落胆しません。あまりふくらむ必要のないピザにすれば良いのですから。トマト酵母で作ったピザ生地に、トマトソースをたっぷりと塗ったピザ。とびきりのごちそうになります。

思いどおりにならない酵母だからこそ、酵母の楽しみ方の幅はどんどん広がっていくのです。柔軟に、大らかに、でも、雑菌にだけは気を配って。それが、酵母とうまくおつきあいしていくための秘訣なのだと思います。酵母との暮らしは、自分の五感が喜ぶ暮らし。

（ライター）

二〇〇六年十二月号　季節の果物・野菜で殖やそう
楽しい天然酵母生活　・

酵母をおこすポイント

相田百合子

酵母を活動させるためには、ガラスびんに材料を入れ、ひたひたまで水を入れ密封します。酵母は、酸素がある状態では呼吸によりエネルギーを得ていますが、酸素が少なくなるとアルコール発酵を盛んに行い、糖をアルコールと二酸化炭素に分解してエネルギーを得ます。びんの中の酵母は、呼吸をしたりアルコール発酵をしながら増殖していき、有機酸など味や香りにかかわる成分も生み出していきます。

材料は、どんなものでも大丈夫ですが、酵母が発酵するためには糖分が必要です。りんごや梨など糖分のあるもののほうがおこしやすいと思います。ローズマリーやタイム、バジル、ミント、フェンネルなどのハーブ類は糖分がないので、そのままでは酵母がおきにくい素材です。糖分としてきび砂糖を小さじ一程度加えてあげましょう。また、花、果実、ハーブでも洗わないで使ったほうが早く酵母がおきます。

素材によっては、酵母がおきてもパンにならないものもあります。生のパイナップルから、パンをつくってもふくらまず、ワッフルどまり。たんぱく質分解酵素が含まれているので、グルテンをうまく形成できません。パイナップルなどは一度加熱してから、空気中の酵母をつかまえて育てるのがいいようです。キウイ、パパイヤ、メロンも同様です。

酵母がおきやすい素材として、レーズンやプルーンなどのドライフルーツもあげられます。オイルコーティングしたものは発酵しないので、必ずオイルコーティングしていないものを使います。

使用するガラスびんやスプーンは清潔なものを使いましょう。大切なのは、一日に一回はふたをあけて清潔なスプーンで混ぜるか、びんを振ってしばらくしてからふたをあけること。ふたをあけないでいるとカビが生えたり、炭酸ガスがたまりすぎてびんが破裂することもありますから注意してください。

水面にプツプツと泡が出てきたら、アルコール発酵をはじめた証拠。酵母がいちばん増殖する温度は三〇℃ですが、三〇℃以上で二四時間密封状態にあると酵母は死んでしまいます。夏場は保冷剤、冬はコップに四〇℃のお湯を入れたコップを、発泡スチロール箱に入れて二五℃を保ちます。ふたをあけたときさわやかな香り、シュワシュワと元気な泡が出てくるのがベストな状態です。なめてみると軽いお酒のようです。腐敗したり変なにおいがしたら捨ててください。

液種をつくるのに四日、元種づくりに三日かかります。自家製酵母は元種を数回つながないとボリュームのあるパンができないのですが、元種をつなぐ中種法なら、力強い種をつくることができます。

しかし、中種法はストレート法に比べると素材の香りは少なくなります。ストレート法とは液種と粉、砂糖、塩などをはじめから混ぜてつくるやり方で、パンの水分はすべて液種を使うなんとも贅沢なパンになります。いちごの酵母でつくるなら、こねている間も、発酵中も、焼成中もいちごの香りが続き、焼いたパンもいちご味ではないものの香りが満載です。元種づくりの三日間を短縮でき、素材の香りそのもののパンを焼くことができます。

同じ自家製酵母の液種を使って、素材の香りや風味を楽しむのならストレート法、パンづくりのプロセスを楽しむなら中種法と使い分けることができるのです。

相田百合子著『自家製酵母でパンを焼く』(農文協)より

レーズン種のおこし方

木のひげ　東京都八王子市

日本で栽培された小麦をつかって、安心して食べられるパンを届けたい…そんな思いをこめて牟田口嘉典さんが、夫婦で始めた小さなパン屋。それがパン屋「木のひげ」だ。

使う小麦は国産低農薬小麦を自家製粉した全粒粉、岩手県産南部小麦、北海道と長野県産小麦粉などを組み合わせている。牟田口さんに、レーズンから元種をおこす方法を教えていただいた。

パンにぶどうを利用する方法は、ヨーロッパに古くからある伝統的な方法である。古代ローマでは、ぶどうを発酵させた液（ワイン）に、ふすまを混ぜてパン種にしていたという。レーズン種もフランスでは古くから利用されてきた。フランスやドイツなどヨーロッパの小麦は、グルテン含量が少ないので、固い感じのパンに焼きあがる。国産小麦は、ヨーロッパの小麦のグルテン度に近く、レーズン種は、国産小麦粉パンによくあうという。

一年中入手できる果実はあまりないが、レーズンなら、通年で入手できるのもよい。パンを製造、販売するうえでは、季節によって、パンの味や風味が変わるのは、都合がわるいからだ。

つくり方の手順は図のとおり。レーズンを絞ったエキスは、冷蔵庫で二～三週間保存できる。一回目の培養は、発酵エキス一〇〇㏄と全粒粉一二五gを混ぜ合わせて、よくこねる（一〇分）。丸くして容器に入れ、二倍ぐらいになるまで発酵させる（六～八時間）。二回目の培養は、全粒粉二〇〇g、水一五〇ccを加えて、よくこねる。もう一度容器で二倍ぐらいに培養する（六～八時間）。

（編集部）

木のひげ　東京都八王子市下柚木一二一―六八
一九八六年七月号　パン酵母を自分でつくる

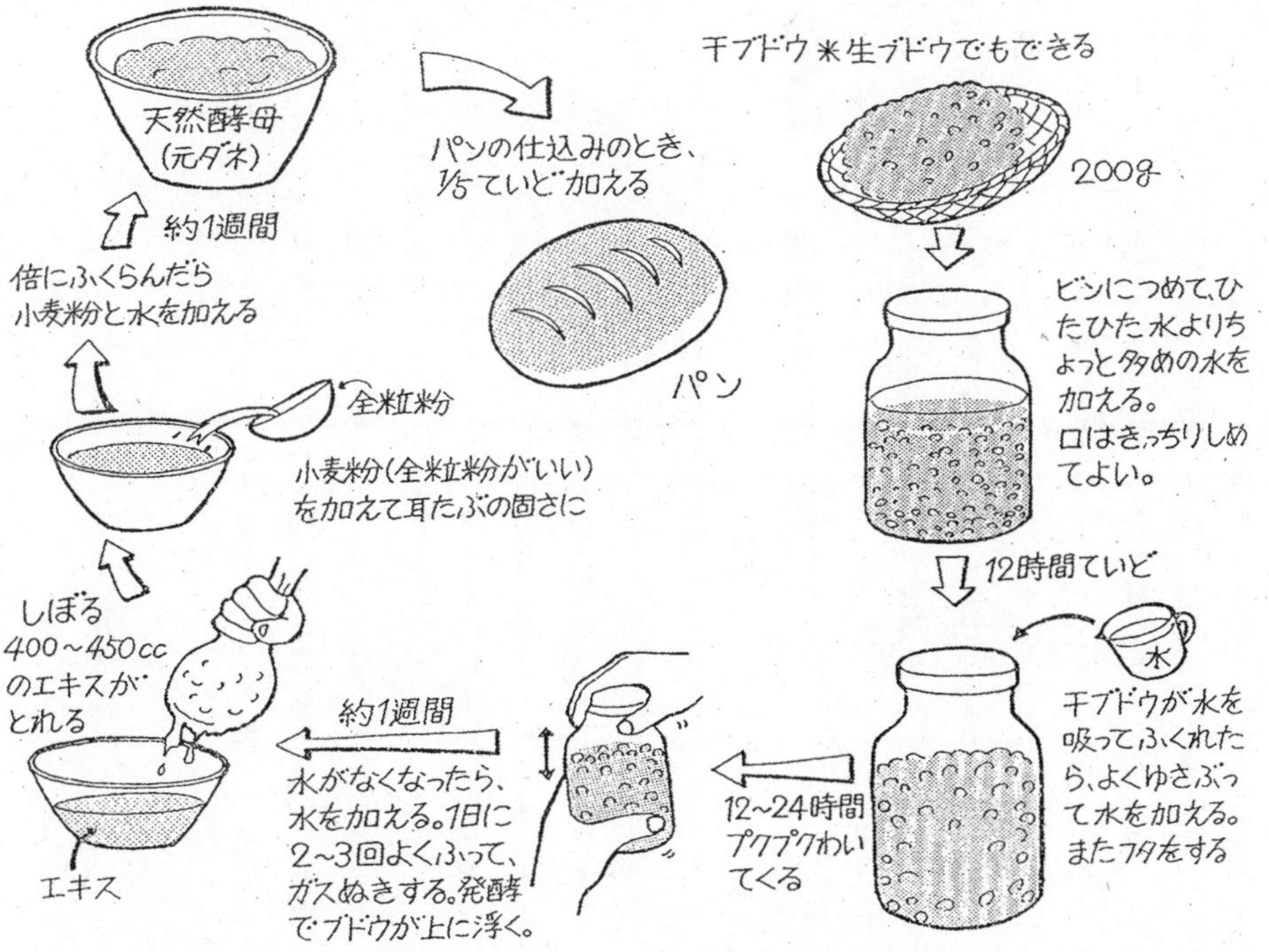

野生酵母の培養法

穂積忠彦

培養液をつくる

まず酵母が、さかんに増殖してくれる栄養豊かな培養液を用意する。

麹《こうじ》エキス　電気炊飯器に米麹三〇〇ｇを入れ六〇℃前後のお湯一ℓを加え、保温状態にセットする。一晩置くとさらりとした甘酒状の液となる。その間、数回きれいなしゃもじで底からよくかきまわす。

この中にレモン二個分のしぼり汁を加えてかくはん後、清潔なさらしの白布でしぼり、このしぼり汁をコーヒーの濾紙で濾過したのち、沸騰するまで加熱する。熱いうちにネジキャップ付きのびん（熱湯で栓、びんを殺菌したもの）に詰めて、直ちに栓をしっかりしめて冷蔵庫に保存する。

麹エキスのつくり方

米麹
300g
湯
1ℓ
保温状態で
1晩置く。
数回かきまぜる。
1晩で甘酒状の
液ができる。
レモン2個分の
しぼり汁を加えて
かくはん。
さらしの布で
しぼる
さらに
コーヒーフィルターで
こす
沸騰するまで加熱
びんに詰め、冷蔵庫に保存する。

スポーツドリンク培養液

麹エキスの代わりに、缶入りのスポーツドリンクと蜂蜜とレモンのしぼり汁で培養液をつくることができる。スポーツで汗を流し、ミネラルを失ったときのミネラル補給の飲み物がスポーツドリンクで、必要なミネラルが配合されている。これを酵母の培養にも活用しよう。スポーツドリンクの糖分不足はこれまたミネラル分ゆたかな蜂蜜で補い、有害菌の繁殖を防ぐのに有効な酸味の足りないところはレモンのしぼり汁で補う。

スポーツドリンク一ℓに蜂蜜一〇〇ｇとレモン二個分のしぼり汁を加え、沸騰するまで加熱し第一番目の麹エキスと同じようにあらかじめ熱湯殺菌したネジキャップびんに詰め、ただちに栓をしっかりして冷蔵保管しておく。

酵母の採取と培養

冷蔵保管してある培養液を五〇㎖ほど、必要な本数だけ小びん（牛乳びんが使いやすい）に取り、コップをかぶせて蒸器に入れ、三〇分ほど蒸気殺菌をして、完全にさまし、静かなところに置く。花の雌しべの部分、稲や麦の種実、果実の表皮の小片、耳かき1杯ほどの蜂蜜など、酵母を採取しようとするものを用意する。コップのふたをとって、これらを素早くそれぞれのびんに入れて、熱湯殺菌し

酵母の培養法

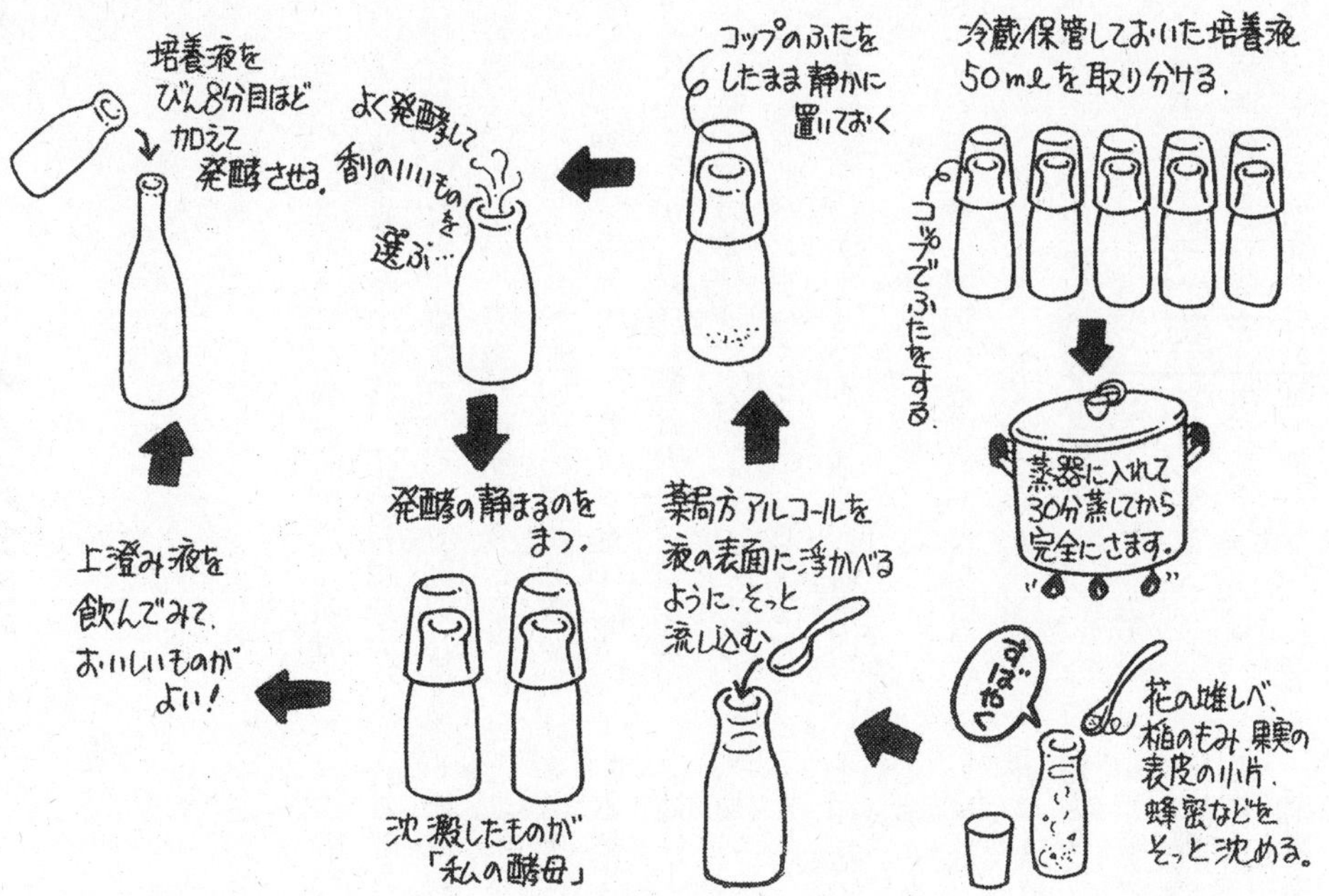
冷蔵保管しておいた培養液
50mlを取り分ける。
コップでふたをする。
蒸器に入れて
30分蒸してから
完全にさます。
すばやく
花の雄しべ、
稲のもみ、果実の
表皮の小片、
蜂蜜などを
そっと沈める。
薬局方アルコールを
液の表面に浮かべる
ように、そっと
流し込む
コップのふたを
したまま静かに
置いておく
よく発酵して
香りのいいものを
選ぶ…
発酵の静まるのを
まつ。
沈澱したものが
「私の酵母」
培養液を
びん8分目ほど
加えて
発酵させる。
上澄み液を
飲んでみて、
おいしいものが
よい!

た小さじでそっと沈める。最後に茶さじ一杯ほどの薬局方アルコールを液面に浮かべるようにそっと注いで、再びコップのふたをかぶせて、じっと発酵して泡立ってくるのを待つ。

さかんに泡立つものが出てきたらコップの横からにおいをかいで、いい香りがするものを選ぼう。選抜したものは花、果実などの切れはしを熱湯殺菌した小さじで取り除き発酵のしずまるのを待つ。

沈澱物が酵母である。最終選抜には、上澄み液を飲んでみて美味しいことが基準となる。沈澱物だけを残し、そこへもう一度、冷蔵保管してある培養成をあらためて、八分目ほど加えて発酵させたあと、底に沈んだどろどろした部分を酒つくりに使う。早く使えばよいが、そうでない場合にはネジキャップの小びんに移して冷蔵保管する。

プロが使う優良酵母

近年、火入れ（加熱処理）など一切やらずに、酵母が生きている「にごりワイン」や「にごり清酒」を売りだす酒造家が現われてきた。このような酒類ではびんの底に優良酵母が沈澱している。上澄みは飲んでしまい、沈澱の部分に棲息している酵母をもとにして増やしてみよう。やってみて発酵してこなければ酵母が生きていない証拠となる。

本来なら、酒粕には酵母がいっぱいなのだが、やってもだめな酒粕がじつに多い。それはアルコール添加清酒などでは、高いアルコール分のため酵母が死んでしまっているからだ。

また、日本のビールは完全に酵母を取り除いているから駄目だが、最近、人気上昇中のベルギービールの中には、びん内発酵を行なって、酵母がそのまま生きているものもある。

穂積忠彦（一九二六～一九九七）東京大学農学部卒、東京国税局鑑定官、国税庁醸造研究所、酒類製造会社等を経て酒類評論を行なう。『酒つくり自由化宣言』『酒学入門』『焼酎学入門』『日本酒のすべてがわかる本』『地ビール讃歌』など著書多数。

穂積忠彦著『酒つくり自由化宣言』（農文協）より

ホシノ天然酵母

星野益男　有限会社ホシノ天然酵母パン種

ホシノ天然酵母パン種の創設者である星野昌は、第二次世界大戦中に酒、醬油の醸造会社を経営していたが、原料の米不足で廃業した。終戦後、大量の小麦粉が援助物資としてアメリカから輸入され、米国流の製パン法が普及した。製パン業者にとってはつくれば売れる時代がきたが、製パン業者の中には、「戦前の酒種菓子パンのほうがおいしかった。なんとか同じ酒種パンをつくりたい。酒種をつくれる人はいないか」との声も強く、研究開発を望んでいた。

そんなことから、醸造の経験のある星野昌のところに、酒種づくりの依頼がきた。当時酒造用酵母は入手不可能な状態だったので、野生酵母を使い、「山廃づくり」(生酛)の方法で、雑菌など不要な菌の発育をおさえて、製パン用酒種をつくり売り出したのである。一九五一年に天然酵母パン種が発売され、そのとき星野昌により「天然酵母」という名前がつけられた。

この種に使われた野生酵母は、米についている酵母であったが、米には、酵母だけでなく無数の微生物が付着しており、必要な酵母と乳酸菌だけを薬品などの添加物を使わず取り出すことはきわめて困難で、長い研究期間を必要とした。さらに米の産地、種類、収穫時期によって能力や特徴が異なるという問題もあった。

また、せっかく良い酵母がとれても、それを保存する技術がない。一定量つくると、また新しい酵母を採取し直さなければならない。ちょっと油断すればすぐ酢酸菌にやられ、酸っぱいパンになってしまう。酒税法上の問題もあり、原料を小麦粉にしたが、小麦粉の中にも多数の微生物がいて、酸味が出やすく、パン種に仕上げるのは容易なことではなかった。

創業以来二〇年以上経過し、品質も安定してきていた一九七四年に新聞紙上で紹介され、世間に認知されるようになった。

一九九〇年に家庭製パンの研究家、矢野さき子先生が『天然酵母で国産小麦パン』(農文協)を執筆された。その後多数の先生方に、著書で取り上げられるようになった。

各種天然酵母の開発とその特徴

現在では、新しい酵母を発見して、いろいろな嗜好の人に合わせたものを開発している。

ホシノ天然酵母パン種　ホシノのパン種の中でも、もっとも歴史が長い。創業者の星野昌が長年の歳月を費やして開発した。米についている酵母菌、乳酸菌を麹菌とともに、米、小麦粉を原料にして培養し、乾燥粉末にしたものである。この種でつくると、パンにうま味を出す遊離アミノ酸はインスタント・ドライ・イーストのパンと比較して二倍になる(日本食品分析センター分析値)。油脂類などの添加物を入れなくても小麦粉と砂糖と塩だけのシンプルな配合でおいしいパンが焼ける。パン生地にも独特のもちもち感がある。

ホシノ天然酵母フランスパン種　通常のホシノ天然酵母は、焼色がきれいに出て軟らかくなる。味もしっかり出る。しかしフランスパンは、二二〇～二三〇℃の高温で焼くため、焼き色が出すぎてはいけないし、クラスト（パンの皮）が軟らかくては困る。そこで、配合する麹の種類を変えることで、焼き色が出すぎずクラストがパリッとして味があっさりしたフランスパンができるパン種になった。フランス料理のシェフは、パンの味は料理に勝ってはいけないという。だからひかえ目な味になっている。

ホシノ丹沢酵母パン種　神奈川県丹沢山塊の清流のほとりの森の中で採集した酵母の一つで、大変香りのよい野生酵母である。ホシノのあらゆるパン種の中で一番の発酵力をもっている。同じ温度、二〇℃くらいなら、生地の一次発酵はホシノ天然酵母パン種と比較して二時間くらい短くなる。また、生種の発酵熟成も高い温度帯に対応できる。味はホシノ天然酵母パン種によく似ている。窯伸びがよいので、プロのパン屋さんで利用が増えている。ホームベーカリーに使用しても、一番ボリュームが出るのはこのパン種である。

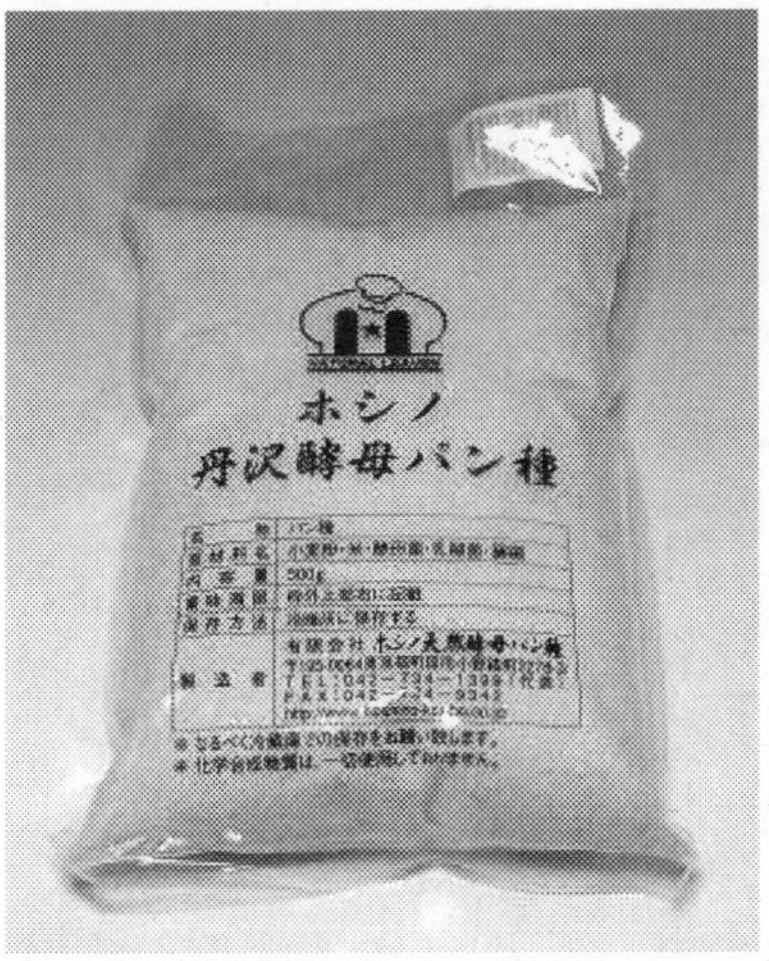

ホシノ丹沢酵母パン種（500g）

ホシノ丹沢酵母フランスパン種　フランスパン用麹を使っている。このパン種がホシノのラインナップの中では一番強力なものである。フランスパンにして、パン屋さんの間で評価が高いのも、このパン種である。味はあっさりとして、香りがよく、フランスパンには最適である。焼きたてパンの大型石窯工房が千葉県、埼玉県に開店し大繁盛だが、これらの大部分の店ではこのパン種を使っている。

ホシノビール酵母パン種　このパン種は、たくさんのビール酵母を試した中から、もっとも優秀なものを選んでつくった。ビール酵母パン種は、遊離アミノ酸の発生がホシノ天然酵母パン種の六〇％程度である。したがって、食パンならフレッシュバターを六％程度配合してやったほうがよい。

ビール酵母パン種にはいろいろな特徴がある。この酵母は乳酸菌との相性がよく、他のパン種とは比較にならない大量の乳酸菌が発生する。これがパン生地を、ソフトでキメの細かいクラム（パンの内相）にする。翌日になっても軟らかいので、サンドイッチに最適である。食パンの耳もうすく軟らかになる。軟らかなばかりでなく、乳酸菌の多いライ麦粉や全粒粉との相性も抜群によい。だから、ライ麦、全粒粉を入れた硬焼きパンにもあう。菓子パンにすると、イーストに負けない軟らかなあんパンができる。ヨーグルトを入れるとパン生地の発酵が遅れるのが普通だが、ビール酵母は三〇％くらいまでヨーグルトを水の代わりに入れても発酵が遅れない。しかも軟らかで弾力のあるパンができるのである。

乳酸菌にはいろいろな健康効果があることは広く知られているが、焼成のときの熱で死んでしまった菌でも、なお八〇％の効果があるということがプロバイオテクスの最新の研究で明らかになってきた。パン屋さんでの採用が急速に増えている。将来性があって楽しみなパン種である。

ホシノ天然酵母菓子パン種　日本酒醸造用の酵母と麹を使い、原料の米の割合を増やして、酒種にもっとも近いパン種をつくった。酒種の特徴は、菓子パンの色が赤くきれいになり、皮が薄く軟らかくなることで

生種づくりの関連機器

ホシノ天然酵母パン種恒温培養器
業務用。生種をつくる機器。温度設定および表示はデジタルで、高い精度で温度コントロールができ、操作はきわめて簡単である。

ホウロウ容器
恒温培養器用・生種づくり用。

ホシノ天然酵母パン種自動発酵器
家庭用。生種をつくる機器で、一度に小麦粉約9kg分を処理できる生種（600g）がつくれる。26℃±1℃を保つように設定されている。

フレッシュコンテナ
一次発酵用。生地を入れる断熱性の高い箱で、抜群の保温・保冷性能をもつ。四季を通じて外気温に左右されず、生地のこね上げ温度で一次発酵の時間（フロアータイム）が決められる。

ある。酒の香りそのものは、パンは高温で焼くためとんでしまって残らない。どうしても酒の香りを出したいなら、パン生地に吟醸酒の酒粕を入れるなどする。

ホシノ天然酵母ぶどう種　ぶどうについている酵母を麹菌とあわせ、小麦粉で培養してパン種にしたものである。果実酵母は麹菌と合わせても、遊離アミノ酸の発生は少なく、ホシノのパン種の中でもっともあっさりした味わいのパンになる。小麦粉本来の味を楽しむためにはこのパン種がよい。ぶどう種は自家製酵母のほとんどを占めているようである。それなら、安定して簡単につくれるぶどう種を用意してあげようということでつくったパン種である。原料に米は使っていない。

生種のつくり方

①ホウロウ容器に、パン種（粉末）に対して二倍のぬるま湯（三〇℃）を入れる。その後、ホイッパーでぬるま湯をかき混ぜながら、パン種（粉末）をホウロウ容器に注ぎ入れる。混ぜ終わったら、ふたをして、二八℃で三〇時間熟成させる。

②一二時間を過ぎると、表面に大きな気泡がたくさんでき、二四時間を過ぎると、小さな気泡がたくさん出てくる。生種に甘味がなくなり、ピリッとした渋く苦い味がすれば酵母が十分に増えた状態といえる。

③ホシノ天然酵母恒温培養器やホシノ天然酵母自動発酵器のような、温度を一定に保つ容器があれば、一年を通して、安定した品質の生種をつくることができる。生種の熟成の目安としては、二〇℃のとき四八時間、二五℃のとき三〇時間、三〇℃のとき二四時間となる。二〇℃以下では時間がかかりすぎ、三〇℃以上だと雑菌が繁殖しやすくなり、よくない。

④熟成した生種は冷蔵庫（四℃）で二週間保存できるが、一週間で使い切るようにする。

生種づくりでの注意点―酢酸菌対策

容器を清潔にする　ホウロウ容器・ホイッパー・ホシノ天然酵母恒温培養器・ホシノ天然酵母自動発酵器・冷蔵庫などの生種をつくる容器を清潔にしておく。不衛生にしておくと雑菌の繁殖につながる。容器は使用のつど、食器用洗剤を使って、スポンジたわしでこすって洗う。蛇口から出る高圧の水を当ててすすぐくらいでは、目ではよく見えない透明な粘液を落とせないと考えるべきである。

温度管理　生種熟成の段階で、二〇～三〇℃の温度帯の中に保つことができない場合（温度が低すぎる・高すぎるなど）は、酵母が弱くて発酵力が劣る。

他菌の混入　他の菌などが混入した場合には酸味が出る。サワー種などと同じ場所に保管すると、菌類（酵母を含む）は空気中を浮遊して付着するため酸味発生につながる。空気中にはいたる所に酢酸菌が浮遊しており、パン生地は酢酸菌の大好物である。残ったパン生地が付着している所にもすぐに着床してしまう。酢酸菌が増えるには一二時間くらいかかるが、それはちょうど天然酵母パン生地のオーバーナイト発酵と同じ時間である。そのため製パンのときは次の点に注意する。

①ミキサーのボールやフック、パン生地の一次発酵に使ったバンジュウ（ふた付き容器）やフレッシュコンテナは、食器用洗剤を入れた水でよく洗う。これは必ず日課にすること。付着した残り生地には、必ず酢酸菌が付いている。イーストで製パンしているときはバンジュウを一度も洗わなかったのに、どうして

酢酸菌の性質

酒やワインなどを空気にさらしておくと酢酸菌類が繁殖し、酢酸が生成されて酸っぱくなる。酢酸菌はアルコール（エタノール）をO_2で酸化してエネルギーを得ているので、空気がないところでは活動できない。

$$C_2H_5OH + O_2 \rightarrow CH_3COOH + H_2O$$

日本の伝統的な食酢の製法である「静置発酵法」では、発酵槽に入れたもろみの表面に酢酸菌の膜（菌膜）をつくらせる。酢酸菌がもっともよく働く温度は、30～35℃である。

（編集部）

だと思われるかもしれないが、イーストの一次発酵は長くて二時間くらいで、酢酸菌が増殖する時間がないだけなのである。

②理由があるにせよ、残り生地を当日仕込みの生地に混ぜてミキシングするようなことはしない。冷蔵・冷凍した残り生地でも、酢酸菌が付着している。これをもう一度新しい生地に入れて長時間発酵すれば、酸味発生につながるのである。

③万一酢酸菌がはびこってしまったときの対策について記しておく。酸味の出たパンを繰り返し焼いてしまうと、仕事場・店内・製パン機（特にホイロ）なども酢酸菌に汚染されてしまう。この状態で生種をつくれば、いくら容器を洗っても、酸っぱいパンしかできない。こうなったら、容器やホイロのエタノール消毒では不十分である。次亜塩素酸ナトリウムの消毒液（ブリーチ、ピューラックス、キッチンハイターなど）で、よく拭き掃除をしなければ酸味を止めることはできない。普段から整理・整頓・清潔・清掃・躾という仕事の基本をきちんと守ることが大切である。

山形食パンのつくり方
オーバーナイトストレート法

この製パン方法は、前の日に直接一度にミキシングして一晩ねかせるので、朝一番で分割でき、作業性がよく、リテイルベーカリー（店内に厨房をもち製造・販売する店）に適している。香り・味・食感ともにバランスがとれている。時間と温度を管理することによって、焼き時間の調整が可能である。表1に原材料の配合を示す。

①ミキシング　L（低速）二分、M（中速）五分（L＝一一〇回／分、M＝一八五回／分）。

塩・砂糖を水の半分量でよく溶かす。その後、残りの水で生種をよく溶かし、最後に小麦粉を入れる。水の温度を三〇℃以上にするときは、小麦粉を入れた後に生種を入れるようにする。これは温度が高いところに酵母を入れると酵母が弱ってしまうためである。長時間発酵によってグルテンが形成されるため、ミキシングは短時間でよい。

長時間発酵でグルテンが溶け出し緩むため、生地の硬さは、耳たぶより気持ち硬めがよい。

②こね上げ温度　二二℃。こね上げ温度は、室温と小麦粉の品温と水の温度に影響される。この三つの温度の合計から三〇℃を差し引いた温度をこね上げ温度として設定する。したがって、三つの温度の合計が五二℃なら、

表1　山形食パンの原材料配合　（単位　%）

原材料	配合
強力粉	100
ホシノ天然酵母パン種（丹沢酵母）生種	6
塩	1.5
砂糖	6
水	60

表2　こね上げ温度と室温・小麦粉・水の相互関係　（単位℃）

室温・小麦粉・水の温度	希望捏上げ温度
60	30
52	22
48	18

表3　一次発酵の温度と時間の目安

温度（℃）	時間（時）
17	18
19	15
21	12

表4　ベンチタイムの温度と時間の目安

温度（℃）	時間（時）
35	30～60
25	60
20	90

二次発酵前

二次発酵後

こね上げ温度は二二℃になる。簡便にするには、室温と小麦粉の温度を一定にし、水の温度で調節するようにする（表2）。

室温と小麦粉と水の温度の合計が高くなりすぎる場合は、氷を入れる。氷を入れる場合は、総水量に対して何パーセントの氷を入れれば希望するこね上げ温度になるのか、データをとって記録しておく。生地の表面をいためず滑らかになるように丸めて、バンジュウに入れる。

③**一次発酵**　一九℃、一五時間。生地が四倍量にふくらめば、一次発酵が完了する。一次発酵の見極め方が、良い商品になるかならないかの一番重要なポイントになる。未発酵

山形食パン

でも過発酵でも、良い商品にはならない（表3）。

④**分割**　四〇〇gに分割する。分割時の長時間発酵でグルテンが溶け出し緩むため、生地の軟らかさが耳たぶくらいになればよい。生地の表面をいためず滑らかになるように丸め、生地に張りをもたせる。

⑤**ベンチタイム**　三五℃、湿度八〇％、一時間。緊張した生地を休ませて、再び伸展性を回復させればよいので、耳たぶよりも気持ち軟らかくなっていれば、成形してもよい（表4）。

⑥**成形**　食パン型入れ（比容積三・八）。十分にガスを抜いて均一にのばし、生地の表面をいためないようにして滑らかになるように成形する。

⑦**二次発酵**　三五℃、湿度八〇％、一時間四〇分。ホイロで八割発酵させて、焼成時に二割のオーブンキック（窯伸び）が得られる。

⑧**焼成**　上火一九〇℃、下火二二〇℃、四〇分。オーブンに入れる前に炉内温度を一六〇℃まで下げ、焼き始めてから四〇分後に一九〇℃まで上がるようにする。

なお、酵母の種類によってその配合と発酵設定時間が違ってくる。ホシノ天然酵母パン種（従来酵母）生種の場合は、生種八％・水五八％、一次発酵二〇℃、一五時間に設定するとよい。ホシノ天然酵母ぶどう種・ホシノビール酵母パン種生種の場合は、生種六％・水六〇％、一次発酵二一℃、一五時間に設定する。また、国産小麦使用の場合は、水を五二％に設定する。

問合わせ先　有限会社ホシノ天然酵母パン種、〒一九五―〇〇六四、東京都町田市小野路町二二七八―三、TEL〇四二―七三四―一三九九

食品加工総覧第四巻　パン　二〇〇四年記

楽健寺酵母

山内宥厳　磐余山東光寺・楽健法本部

　東大阪市にある名峰山楽健寺の天然酵母パンは、一九七四年四月の楽健寺パン工房設立とともに市販が始まった。楽健寺の天然酵母パンは、膨らますことを発酵だと思い違いしている市販のほとんどのインスタントパンに対して、微生物学的、発酵学的な意味での純粋な発酵食品としてのパンのあり方を追求して、文明批判として製法を確立し、それを公開した天然酵母パンである。

　手間はかかるが、経費があまりかからない楽健寺の天然酵母パンをつくる人が全国にでてきた。私たち夫婦は高齢にさしかかっているが、贅沢でグルメの極地にあるパンだと自負し、週一回だが今もつくっている。

「膨らます」から「発酵する」へ

　一九七二年ごろに、野菜や果物を使った天然酵母パンの試作と勉強を始めた。発酵についての十分な知識をもたない素人が、家庭で自分でパン種を一からこしらえてパンをつくるということは、なかなか難しかった。試行錯誤を繰り返しているうちにだんだんおいしいパンがつくれるようになってきた。自分で天然酵母パンをつくるようになってから、ドライイーストや生イーストでこしらえた市販のパンと、味も香りもまったく違う楽健寺の天然酵母パンは、どこが、なにが違うのだろうか、という疑問を抱くのは自然の成り行きだった。

　まったくの素人だが、食品微生物学の専門書などをたよりに、顕微鏡も購入して培養したり観察したりの実験を繰り返しながら、発酵についていろいろ調べてみた。

　ケミカルイーストと自分が培養している天然酵母パン種を、顕微鏡で見比べたときの驚きは忘れられない。ケミカルイーストはパチンコ玉でも見るように粒揃いだったが、自分のパン種は不揃いの泡ばかりに見えた。

　ドライイーストがどういう経緯を経てつくられるようになったかということなど、いろいろ調べているうちに、普段何気なく食べているパンの世界にも、二十世紀初頭からケミカルイーストが使われるようになったことで、あたかも在来農法としての有機農法が、農薬を多用する現代農法にかわっていったと同じような状況が起きていたということに気づいた。見かけは同じように見えても、質が昔のものとはまったく違うものになってきているということであり、パンの世界でもそれはかわらないということである。

　食品にカビが生えてきたら食べられないのは常識だが、天然酵母パンを試行錯誤しながらつくりだしてはじめに不思議に思ったのは、なぜ市販のパンはカビが早く発生し、自分がつくる天然酵母パンは日持ちがいいかということだった。現在、天然酵母パンとして市販されているパンにも、かびやすいものがたくさんあるが、それはどうしてだろうか。楽健寺の天然酵母パンはけっしてかびやすい食品ではなく、保存状態にもよるが、冷暗所におけば日持ちがいいのが特徴で、夏場でも一週間ぐらいはカビがやってこない。

現代のケミカルイーストでつくられたパンは、防腐剤を使っていても、あまり日持ちしない。もちろん防腐剤の使用量を増やせば、カビが生えないようにできるが、防腐剤は生き物を殺す目的でつくられた毒性のつよい薬で、食品添加物としての許容量は厳しく法律で決められている。

膨らませるためにパンに使うイーストは、インスタントイーストとも呼ばれるように、短時間で、小麦粉のグルテンにガスを放出して生地を膨らませるのが目的だ。イーストのない時代には天然酵母でパンを焼くしかなかったので、ふっくらと膨らんだパンをつくるのには時間と手間がかかり簡単な作業ではなかった。ところがケミカルイーストはだれがやっても確実に生地が膨らみ見かけが立派なパンがつくれる、工業的に生産が可能な便利な酵母である。

パンは一般に発酵パンと無発酵パンに分かれると解説されることが多く、パンを発酵させるということが、膨らむことだと思い込んでいる人が多いが、これは間違いである。ドライイーストや生イースト、天然酵母パンイーストとして市販されているものを使ってつくったパンは発酵させているのではなくて、膨らませているにすぎない。だからインスタントイーストと呼ばれるのである。

発酵食品というのは、使った材料が微生物の働きによってまったく別の化合物に変化することをいうのである。パンについて考えるうえで、このことはきちんと押さえておきたいものである。

ケミカルイーストを使って添加物なしでパンをこねると、四五分で膨らんでくるが、これは発酵したのではなく、使用した酵母菌がガスを発生して小麦粉を膨らませたにすぎない。使った材料が別の化合物に変化しているのではないのである。

酵母もカビも同じ養分によって育つ。楽健寺の天然酵母パンのやり方では、一次発酵で二時間、二次発酵で二時間と酵母を育てていくにつれて、パン生地は発酵食品として別の化合物へと変化する。こうして熟成させた天然酵母パンは、カビもなかなかつかないし、酵母がつくりだす必須アミノ酸が多く、フレーバー（香り）もインスタントパンとはまったくちがって、いいにおいになるのである。

パン種の素材と分量

楽健寺でつくるパン種はりんご、山の芋、にんじん、玄米ごはん、砂糖、塩、小麦粉、水、

楽健寺酵母の原料

パン種素材の分量

山の芋	100g
にんじん	100g
りんご	100g
ご飯	100g
三温糖	大さじ2
自然塩	少々
元種	150g
小麦粉	適量

※ご飯は残りものでよい。元種は楽健寺で販売している。

原料と小麦粉を混ぜ合わせる

でこれらの材料をジュース状にして味噌よりやや軟らかく調製し、十数時間（一晩）発酵させる。

発酵のスターターはいつも前回のパン種を一定量残して次回に加えていくのである。

いちばん最初はどうするのか、とよく聞かれるが、たとえばサワードゥ法のやり方で、小麦粉は「水一、粉一」の割合で粗く混ぜて三〇℃で一夜以上（三〇時間）保温すると発酵してくる。発酵してきたものを上記の材料にスターターとして入れて発酵させる。こういう手順を数回以上繰り返すことで、次第に発酵力のつよいパン種に育てていくのである。こうして三〇年にわたって生き続けてきたのが楽健寺の天然酵母パンである。

パン種づくりの手順

①山の芋、にんじん、りんごをすりおろす（ミキサーでもよい）。山の芋、にんじん、りんごは皮付きのまますりおろす。りんごの芯は取る。ミキサーを使うときにはご飯も一緒に入れる。下ろし金を使うときはご飯をそのまま加える。水はミキサーのときのみ使う。

パン種が2倍以上に膨らんでから、パン種として使う。残りは冷蔵庫に保管する

②ご飯、三温糖、塩、元種を加えて混ぜる。最後に小麦粉を加え、ねばらない程度に軽く混ぜる。小麦粉は必ずふるいにかけておくこと。味噌よりも軟らかくどろりとなる程度まで小麦粉を加える。

③室温で一晩ねかせる。朝からパン種をつくるときには、材料の仕込み方は前夜に仕込む場合と同じであるが、仕込んだものを三二℃のホイロに入れ、加温して短時間で発酵させる。三二℃なので約二時間でできる。盛んに泡を出して膨らみ、それがおさまった段階まで待つ。

一次発酵　32℃2時間。2倍くらいに膨らむ

パン元種の保管

一度パン種をつくってしまえば、それをスターターとして、繰り返しつくることができる。毎週一回ずつパンを焼くのであれば、残してあるパン用種は、冷蔵庫の中で保管できる。

使い終わったパン種に培養基として、減った量の三分の二のご飯、三分の一の小麦粉を加え水を足して、パン種づくりのときよりやや硬めに練る。塩を少しふり、冷蔵庫に入れて一日一回必ずかき混ぜる。酵母の力が弱くパンの膨らみが弱くなるようなら、すりおろしたリンゴや片栗粉を加えるとよい。

食パンづくりの手順

①混ぜる　塩、砂糖をまず混ぜる。次にパン種を入れ、水を加える。そして小麦粉を入れる。あまったパン種は次回の元種にする。マーガリンはこねはじめて少し粘りが出てきたところで入れるとよい。

②こねる　はじめは小麦粉半量を加えしゃ

食パンの原料と分量

小麦粉	500g
三温糖	15g
パン種	250g
マーガリン	7～8g
自然塩	9g
水	175cc

もじでこねながら増やしていく。粘りが出てきたら手で体重をかけてこねる。両手で生地を大きくすくい上げては落とす作業を繰り返す。耳たぶほどの硬さ、少しつやのある生地になれば仕上がりである。

③一次発酵　生地を形よくまるめてボールに入れて発酵させる。三二℃で二時間が目安。二倍くらいに膨らんだらガス抜きをする（パンチ）。ガス抜きは握りこぶしでぐいと押し込んでガスを抜き静置する。生地が元のように膨らんで、指でついて、凹んでも戻らなければ成形に移る。

④分割・成形　軽く打ち粉した台に生地を移す。べとついているようなら、しばらくそのままにしておくと水分が取れて扱いやすくなる。最初はつなぎパンがいい。七〇gずつ量り、数分間休めてから成形するとやりやすい。食パンは一個三〇〇gずつ丸めて入れる。

分割・丸め　70gずつ量って分割し手で丸める

⑤二次発酵　成形したらホイロに入れる。三〇℃で二時間。発酵の終わる一五分ほど前にオーブンに火を入れ、温度を一〇〇℃くらいに上げておく。膨らんだパンに霧吹きし、オーブンの中にも霧吹きしてパンを入れる。

二次発酵　30℃で2時間

⑥焼成　低温で焼き始め、徐々に温度を上げながら時間をかけて焼くのがおいしいパンづくりのこつ。いきなり高温で焼くと膨らまず酸っぱいパンになる。食パンの場合は電気オーブンなら下火だけを、ガスなら弱火で焼き始め、途中でパンを回したり、上下入れ替えたりして火の回りを均一にする。パンがのびて大きくなったら上火を入れ、二〇〇℃まで上げていき、計三十数分で焼き上げるようにする。オーブンにはそれぞれ違いがあるので、使っているオーブンのくせを知って工夫していくことが大切だ。

焼き上がり

磐余山東光寺・楽健法本部　奈良県桜井市大字谷三八一―一

パン種の注文先　楽健寺　〒五七七―〇〇三八　東大阪市御厨北の町二丁目四―三二　TEL／FAX〇六―六七八八―六四七八　月曜電話のみ〇六―六七八一―七〇〇三（パン工房）

食品加工総覧第四巻　パン　二〇〇四年記

白神こだま酵母

遠山広　ロワンモンターニュ

白神こだま酵母との出合い

二〇〇一年当時、特徴あるパンづくりを考えていたところ、秋田県で「白神こだま酵母」という新しい酵母が発見されたと聞き、ぜひ使ってみたいと思った。実際に手にしてまず驚いたのは、今までの生イーストと同じく圧搾酵母の形状であることだった。形状が似ているために、イーストと同じ操作をして未発酵のパンになってしまったなどの失敗例も多いようだ。

さっそくたんぱく質含量八・八％の麺用の国産小麦で、実験的に食パンの仕込みをしてみた。立ち上がりはすこしゆっくり（いわゆる吹き出しのおそい酵母）だが、酵母の発酵力が強いため、発酵は順調に推移した。今までの天然酵母を使ったときのような長時間発酵とはようすも異なり、短時間での発酵で熟成が可能だとわかった。ガスの発生量も多いため、焼成時にボリュームが出る、いわゆる窯伸びがよいパンになる。焼き上がりも、甘く香ばしい香り、ソフトで非常にコシのあるクラム（パンの内相、ふっくらした部分）、酵母により生成されたトレハロース（少糖類の一つ）の効果でしっとりしたパンに仕上がっている。ちなみに白神こだま酵母のトレハロース生成能力はイーストの約五倍あるといい、そのため自然の甘味が出てしっとりとした製品となるようだ。果実種の酵母のように酸味があるものと異なり、マイルドで食べやすく老化もおそい。

これは、いままでの天然酵母のパンの食感の重さ、ぱさつき感、酸味などがなく、毎日の食卓にのるパンに仕上げられる酵母だと思った。また、パンに不向きな低たんぱく質の国産小麦でも、十分なボリュームのあるパンに仕上げることができる。通常のイーストでは、まずこのボリュームある形状に仕上げることはできない。

このような製パン上の特徴に加えて、それ以上に注目したのは、その冷凍耐性である。今までの天然酵母のパンは冷凍という技術を一般的には使用できなかった。ところが、白神こだま酵母は、マイナス八〇℃で一年間保存しても死滅菌はゼロという驚異的な生命力をもっている。そのため国産小麦でもイーストフードなしの冷凍生地製造が可能である。

白神こだま酵母は、パンを製造する者の理想を満たしてくれる非常に実力のある酵母である。

イギリス伝統の山形食パン

白神こだま酵母を使った場合の特徴として、たんぱく質含量が低い国産小麦でもふっくらしたパンにできるということがある。ここでは、しっとりとしたこしのある食感、甘く華やかな香りをもったパンとして、イギリスの伝統的な山形食パンのつくり方を紹介する。

イギリス伝統食パンの配合

北海道産小麦（品種：春よ恋）	100%
花見糖	3%
海洋深層水塩	2.2%
白神こだま酵母	3%
酵母溶解水	3%
バター	4%
地卵（全卵）	4%
低温殺菌牛乳	14%
水	36%

原材料の配合　右の表の花見糖以下は、ベーカーズパーセント（原料の小麦粉を一〇〇としたときの割合）である。花見糖は、この砂糖をつくるためだけに、さとうきびを使用しており、精製度が低くより自然に近いため、その栄養を丸ごと取り入れることができる。ちなみに、三温糖などは、さとうきびから上白糖やグラニュー糖を精製した残りかす（カラメル化したシロップ）である。風味も、黒砂糖のようにくせが強くなく、メープルシロップのような香りをもち、後味もグラニュー糖などのようにすっきりしている。パンにした場合には、香りが邪魔にならないのもよい。

海洋深層水塩は、命の源である海の、それも深海のミネラルと豊富な栄養分を含んでおり、現代人に不足しがちな微量栄養素を、補うのに最適だと考えている。また、一般的な卵は、元気がなく味わいが薄いため、地卵（全卵）を使用している。地卵はしっかりした卵白、味わいのある黄身で、味わい深いパンに仕上げるために使用している。低温殺菌牛乳は本来の味、香りをそこなうことなく処理してあり、風味豊かなパンに仕上げるために使う。

イギリス伝統食パン

ミキシング　縦型ミキサーを使用し、L（低速）三分、M（中速）二分、バター投入後M（中速）六分、H（高速）三分とする。

こね上げ温度　生地温度については一般に、イースト使用の場合の考え方が基準となっている。イーストは、発酵初期段階からガスがすみやかに発生し、発酵開始後九〇分程度までにガスの発生力が最大になるように菌の段階で調整されている。こね上げ温度は二八℃が理想的とされ、各々の菌の特性および製造するパンの種類により調整される。たとえばデニッシュペストリーは、後の作業工程との関係から低温（二四℃）に設定するという具合である。白神こだま酵母を使ったパンの製法では、こね上げ温度は、通常のイーストを利用する場合よりも四℃高い、三二℃に設定することが重要になる。

イーストと比較した場合、白神こだま酵母には、立ち上がりはゆっくりであるが、イーストのガス発生力の低下が始まる発酵開始後九〇分を過ぎてからも、ガス発生力が持続するという特性がある。こね上げ温度を二八℃に設定すると、発酵初期のガス発生力が足りず、また、発酵開始後九〇分以降になって発生力が高くなるので、発酵完了までに長時間が必要になる。三二℃に設定することで、酵母の活性化が非常によく、生地の状態も理想的になる。ただし、生地温度を極端に高くすることには問題がある。生地温度が二〇～三五℃までは、小麦粉のグルテンの性質に大きな影響は及ぼさないが、三五℃以上のミキシングドウでは、グルテン自体の性質が変化

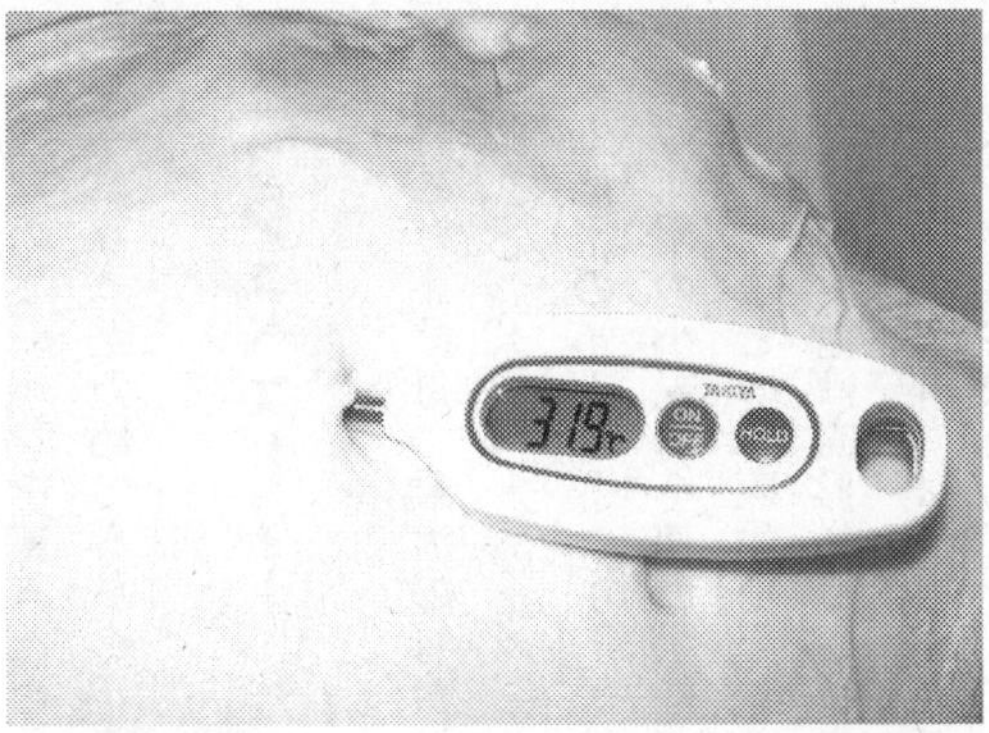

こね上げ時32℃

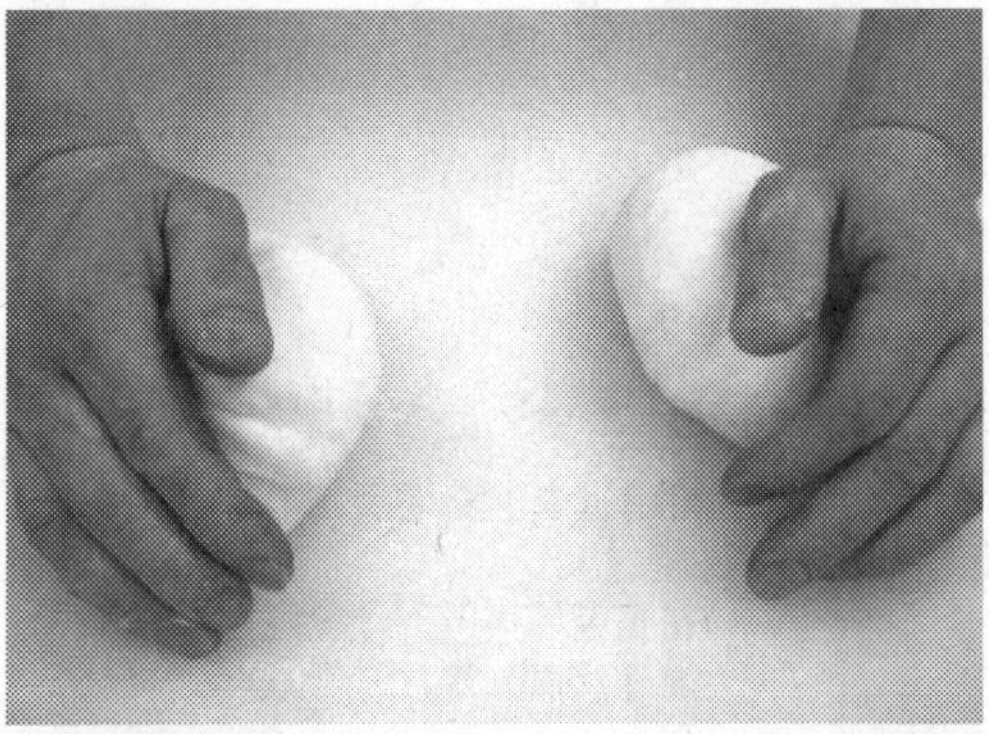

分割、成形

型詰め。ここまで室温は約28℃をキープ

し、長時間発酵には耐えられない。したがって、三二℃以上の温度設定は避けたほうが無難である。

発酵　一次発酵は、三二℃で六〇分行なう。六〇分というのは、一次発酵の時間としては長くはない。このレシピは伝統的なレシピを白神こだま酵母用にアレンジしている。白神こだま酵母を使う前の従来の製法（天然酵母使用）では、一次発酵に一〇〇分とっていたが、六〇分で十分味が出るため短くした。これは白神こだま酵母の特色でもある発酵力の強さにより、早い段階で味が出るからである。一次発酵完了後、ガス抜き（パンチ）し、一五分ねかせた後、仕上げ工程にすすむ。

仕上げ　生地は二〇〇gに分割し、一五分ほどベンチタイムをとり、一斤型に手成形して丸めてから焼き型に二個ずつ入れる。分割は、仕込み時の粉の量によるが、一〇kg程度の場合五分くらいで行なう。分割から、丸め、ベンチタイム、成形、型詰めまでの仕上げ工程での室温は、約二八℃をキープする。湿度にも気を遣うが、とりわけ加湿の設備がない場合には、生地が乾かないようにすみやかに処理する。手粉の量は、製パンでは当然だが、必要最小限にする。もっとも、しっかりした生地なのでほとんど手粉は必要ない。

熟成度との関わりで注意することは、ベンチタイム時に生地を冷さぬよう、温度と湿度を維持することである。室温二八℃、湿度六五～七〇％が理想的である。丸めは無理をせず、また、優しく生地表面を切らぬように成形する。

ホイロ　三三℃、湿度八〇％の発酵室にて、約六〇分発酵をとる。イーストの場合、ホイロ温度は三六～三八℃に設定されることが多いが、それよりも低いホイロ温度で十分である。三二℃でもよいが、作業中の扉の開閉による温度ロスを考えると三三℃設定がよいと思われる。

焼成　焼成は、上火一八〇℃、下火一九〇℃にて約三〇分焼成する。窯入れ後、軽くスチームをかける。焼成温度は各社の窯のくせなどがあり、設定温度については、あくまでも参考数字として見ていただきたい。焼成時間は一斤型を使用しているので、生地重量も少なく、三〇分程度となっている。天板は使用していない。窯一段当たり約二四本焼成すると、粉が約六kgの仕込み量となる。白神こだま酵母は発酵力が強いので、窯の温度調整テクニックによる窯のびの助長は必要ない。現在の窯の性能アップで、一定温度でも十分のびのよいパンを焼き上げることができるようになったためでもある。

デニッシュペストリー

白神こだま酵母の最大の特徴は、冷凍耐性をもつことである。この特徴を利用すれば、冷凍生地用のイーストフード、冷凍用イーストや冷凍用の小麦粉を使わずに、国産小麦でデニッシュなどの冷凍生地をつくることができる。この生地は成形して冷凍すれば一週間程度の保存は可能である。通常のイーストでイーストフードなどを使わずに国産小麦でつくった場合、成形して冷凍しても二日目ですでに冷凍障害の症状がみられることからすれば、冷凍耐性をもつ白神こだま酵母の力をいかんなく発揮したものといえる。原材料の配合を下表に示す。つくり方は以下のとおりである。

①ミキシングタイムは、縦型ミキサーL（低速）二分、バター投入後L（低速）二分、M（中速）三分とする

②こね上げ温度は、二四℃とする。生地はこね上げ後一七〇〇gに分割し、丸めて四〇分フロアータイムをとる。

③パイローラーで厚さおよそ一㎝まで圧延し、マイナス二〇℃のフリーザーで約一時間冷却する。

④生地と同程度の硬さまで戻した折込み用バターを、生地で包み込んで三つ折りにし、二回連続して折り込む。生地と同じ程度の硬さを判断するには、バターを指で軽くつぶしその感触で判断する。

⑤約一時間ほど冷却し、三回目の三つ折り作業をする。

⑥二時間ほど冷却し、つぎに成形の作業となる。

⑦厚さ二・五㎜になるまで圧延し、一〇㎝角の大きさにカットする。

⑧二つ折りし、両サイドに切込みを入れ、互いに折り返す。

デニッシュペストリーの配合

北海道産小麦（品種：春よ恋、ホクシン）	各50%
花見糖	12%
海洋深層水塩	1.6%
バター	12%
生クリーム	12%
白神こだま酵母	4%
酵母溶解水	4%
水	25%
折込み用バター	50%（粉に対し）

①生地にバターを包み込んで三つ折りに

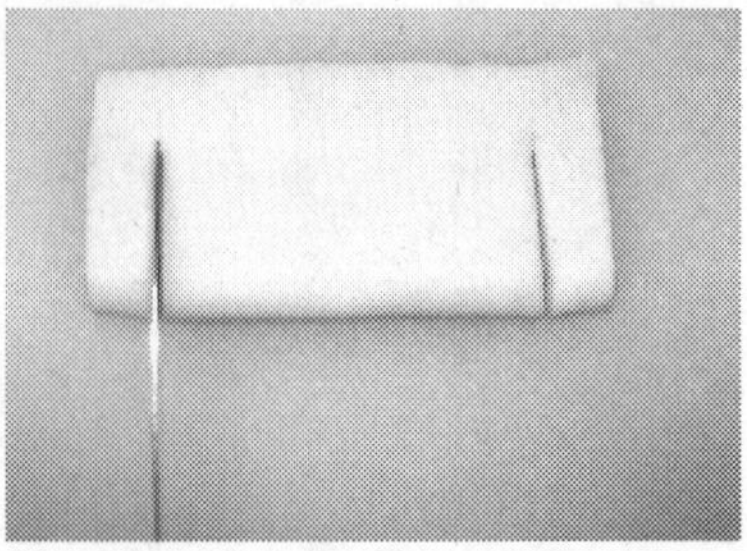
②二つ折りにして両サイドに切込みを入れ折り返す

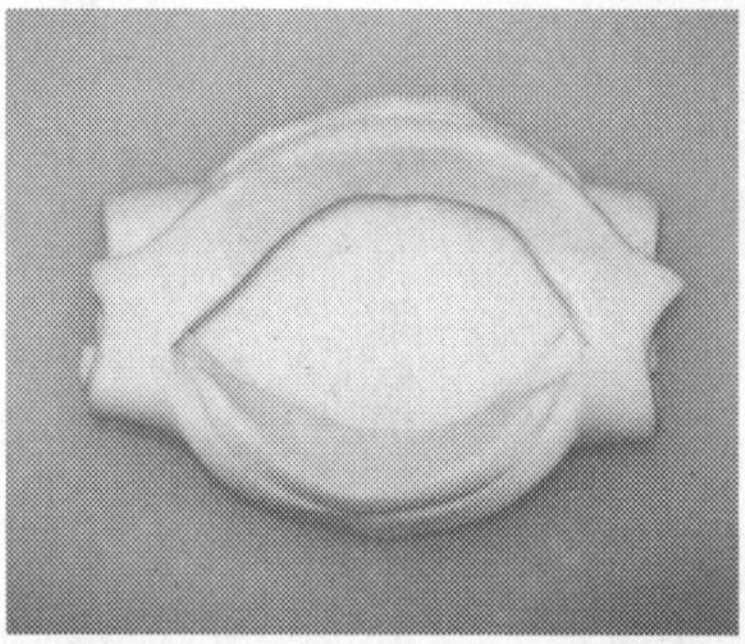
③成形

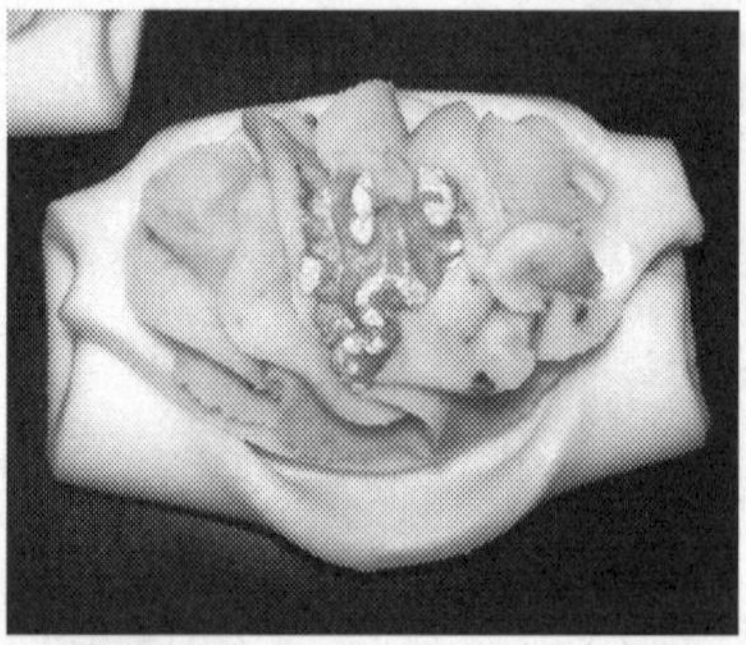
④発酵後にトッピング

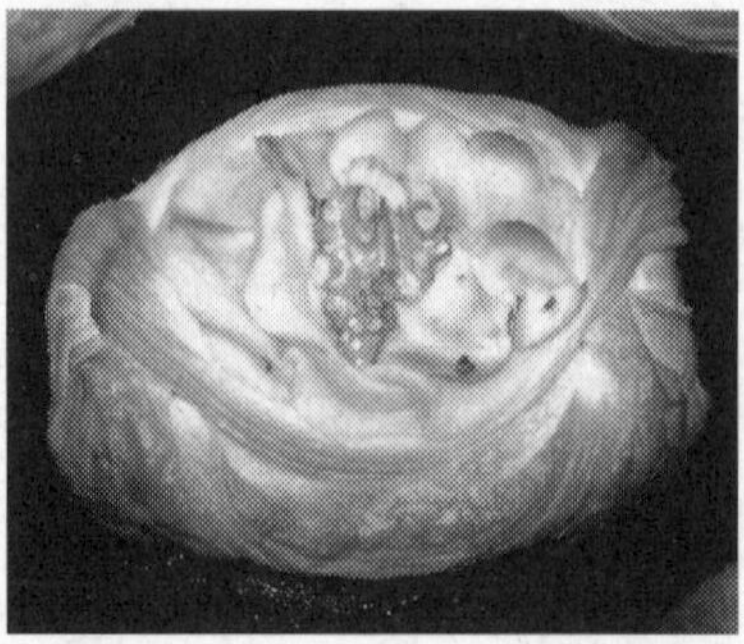
⑤焼成

⑨成形後マイナス二〇℃で、乾燥しないように冷凍保管する。

⑩ドウコンディショナーを使用し、三〇℃、湿度七五％に設定し、発酵させてからトッピングした後、上火二〇五℃、下火一九五℃で一五分間焼成する。ドウコンディショナーを使用しない場合は、室温で十分解凍し、上記温度のホイロに入れる。

フィグアンドクランベリー

ドライフルーツの豊富なミネラルを生かしていちじくとクルミ、クランベリーをリッチに配合したパンを紹介する。白神こだま酵母の発酵力によるソフトな膨らみを生かしたパンである。これだけたくさんのフルーツ類を入れても、食べ口が重くならずに生地が軽く上がるのは、白神こだま酵母の発酵力の強さの賜物である。つくり方は以下のとおり。

①ミキシングタイムは、縦型ミキサーL（低速）三分、M（中速）八分、H（高速）三分、ドライフルーツを投入してL（低速）三分とする。

②こね上げ温度三二℃とする。

③一次発酵六〇分、ガス抜きせず（ノーパンチ）に、五〇〇gに分割する。丸めた後二〇分ベンチタイムをとり、グランドクッペ形に成形する。

④三三℃、湿度八〇％に設定したホイロで、約七〇分二次発酵をとる。

フィグアンドクランベリーの配合

北海道産小麦（品種：春よ恋）	100%
花見糖	4%
海洋深層水塩	1.6%
白神こだま酵母	3%
酵母溶解水	3%
水	54%
白イチジク(ドライ)	40%
ローストしたクルミ	20%
クランベリー(ドライ)	20%

フィグアンドクランベリーの焼成

⑤中央に一本クープ（切れ目）を入れ、上火一八三℃、下火一七四℃で約三〇分焼成する。釜入れ後、スチームを多めにかけるとよい。

パン・コンプレー老麺法

白神こだま酵母の発酵力を生かして、北海道産石臼挽きの全粒粉を使用した、ビタミンおよび繊維質を豊富に含んだパンである。通常、全粒粉のパンは製造がむずかしく、なかなかボリュームのあるパンに仕上がりにくいが、白神こだま酵母の発酵力を生かし老麺法を使えば、簡単にボリュームのあるパンに仕上げることができる。

老麺法というのは、総生地量の一〇％くらいを前日にパン種としてつくっておく方法で、香りを特徴づけるため生地を添加するという程度のものと考えてよい。中種法は、同じく五〇～七〇％を二～四時間くらい発酵させてパン種とする方法である。パン種となるルバン生地の原材料の配合を次頁に示す。ルバン生地のつくり方は以下のとおりである。

①ミキシングタイムは、縦型ミキサーL（低速）三分、M（中速）六分、こね上げ温度は三二℃とする。

②二時間発酵後、五℃の冷蔵庫で二〇時間

ルバン生地の配合

北海道産小麦（品種：ホクシン）	100%
海洋深層水塩	2%
白神こだま酵母	2%
酵母溶解水	2%
水	53%

パン・コンプレの配合

北海道産小麦（品種：春よ恋）	50%
北海道産石臼挽き全粒粉（品種：ホクシン）	50%
海洋深層水塩	1.8%
白神こだま酵母	3%
酵母溶解水	3%
ルバン生地	30%
水	52%

熟成させてから使用する。

ルバン生地を利用したパン・コンプレの原材料の配合を右に示す。パン・コンプレのつくり方は以下のとおりである。

①ミキシングタイムは、縦型ミキサーL（低速）三分、ルバン生地（老麺）投入後M（中速）八分とする。

②こね上げ温度は三二℃、一次発酵六〇分とする。

③ガス抜きしない（ノーパンチ）で、四〇〇gに分割し丸め。二〇分ほどベンチタイムをとり、グランドクッペ形に成形する。

④三三℃、湿度八〇％のホイロにて約六〇分発酵後、中央に一本クープを入れ、スチームを入れた釜にて上火二〇五℃、下火一九八℃で三〇分焼成する。

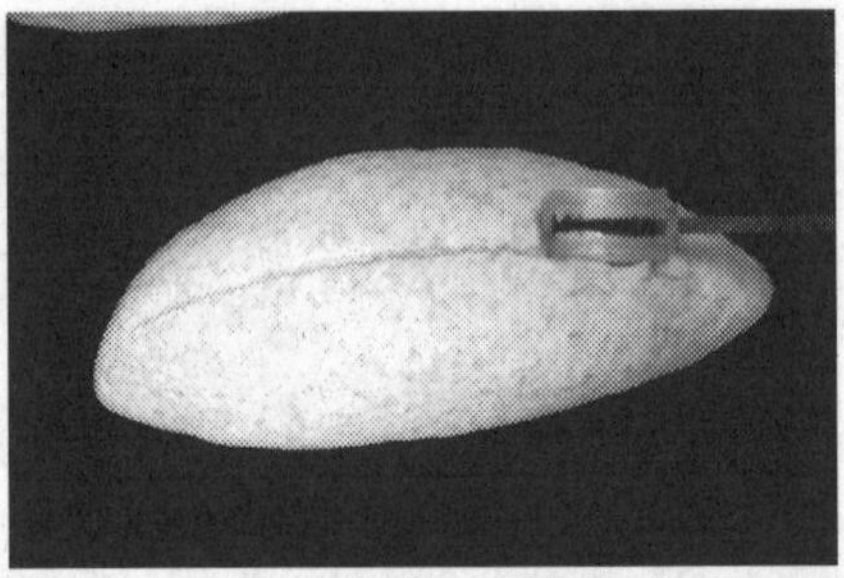

グランクッペ形に成形し発酵したものにクープナイフで1本クープを入れる

パン・コンプレ。スチームを入れた窯で30分焼成したもの

そのほかのパンへの利用

白神こだま酵母をつかったパンは、翌日のパンがぱさつかずにしっかりとコシが出て、しこしことした食感になるから、サンドイッチにするとおいしく食べられる。また、カレーパンなど揚げ物に使用すると、油吸いの少ないあっさりとした製品に仕上がる。

冷凍耐性についても触れておきたい。冷凍生地を製造するにあたり、イーストフード、冷凍専用イーストなどは、全く必要とせず、ノンフードで長期冷凍に耐えることができる。クロワッサン、デニッシュは当然のこと、バラエティブレッドの成形冷凍にも使用できる。まだ長期間のテストは試みていないが、いまのところ成形冷凍して五日程度の実績がある。冷凍障害の典型である表皮の梨肌はほとんど見られないため、バラエティブレッドなども冷凍でオペレーションしていくつもりである。

最後にロワンモンターニュのパンづくりの理念を紹介させていただきたい。「大地の麦、天からの水、海からの塩、白神の森より与えられし酵母、大いなる自然の贈りもの、それがパンなり」。この言葉をもとにパンをつくらせていただいている。

ロワンモンターニュ　東京都北区王子本町一―一五―二〇高木ビル一F

食品加工総覧第四巻　パン　二〇〇四年記

小麦は、石臼のような「原始的」な道具でも容易に粉に挽くことができ、ふすまもふるいで簡単に分けられる。小麦粉は風味や品質の劣化が早いが、玄麦なら長期の保存がきく。逆に、収穫したばかりの小麦よりも、一定期間貯蔵した小麦のほうが風味がよい。

パンづくりをする人なら、一度は自分で挽いた粉でパンを焼いてみたいと思ったことがあるに違いない。自家製粉するには、玄麦と石臼があればいいのだが、じつは現代日本では、この二つを用意することは、それほど容易なことではない。

アグリフォーラム2000（岩手）にて

自家製粉で自在にパンづくり

栃木県大田原市　矢部千春さん

文・大井真知子

分量なんて適当でいい

クリスマスや家族のお誕生日など「イベント曜日」になると、私は突然、ケーキやパンを焼きたくなります。そのたびにお菓子の本を買ってきて、気合いを入れてつくり始めるわけですが、レシピのとおりにつくろうとすると、次第に肩が凝ってきて、できあがる頃には疲れ切ってしまうのが常です。お菓子やパンを焼く＝疲れる。こんなふうに思っているのは私だけでしょうか？

畑でとれた小麦を電動石臼で製粉、その小麦粉でお菓子やパンを焼いているという矢部千春さんは、こんな私の偏見を払拭してくれそうな達人です。千春さんによると、材料の分量なんて、「適当」「好み」「気にしない」のが一番だそうで、誰でも手軽につくることができると言います。大ざっぱな私にとっては、ありがたいお言葉。

パン屋から農業へ

広島県出身の千春さんは、名古屋の大学を卒業後、「パンが大好きだったので」パン屋さんに就職。二年半の間、製造や販売に携わった後、何の知識も経験もないまま、岐阜県の無農薬野菜のセット販売をしている農家に住み込み、農業を始めました。

「パンをつくって売るには、やっぱり体によくないものも入れなくてはならないんです。小麦粉もポストハーベスト処理している外麦ですし。子供たちがそういったパンを買っていくのを見ていると、自分が他人の体を蝕んでいるような気がして、突然、辞めたくなったんです。それで、自分が楽しく働けて、かつ他人のためにもなる仕事は何だろう、と考えて思いついたのが農業。頭の中に、すかーっと青空が広がったような気分でした」

一見、ぽよ〜んとした雰囲気の千春さんですが、行動は大胆。東京の、国産小麦を使って焼いているパン屋さんに出稼ぎ中、だんな様と知り合い結婚。独立した当初は、農業で得た収入が月に二〜三万円だったこともありましたが「貧乏も楽しかった」と、笑い飛ばします。

栃木に越してからは、なるたけ自給自足の生活がしたいと米や小麦、大豆もつくり始めました（牛や鶏や羊も飼っている）。小麦は最初、製粉所に製粉してもらっていましたが、お金がかかるので電動石臼（フランス製、ホンビック株式会社）を購入。まさに自家製のパンや菓子が焼けるようになったのです。

小麦粉は、挽いてから二〜三日寝かす

「適当」という言葉の裏には、職人として体得した感覚があったのかと思ったのですが、「そんなことない。誰でもできる」とのこと。千春さんは、おもむろに小麦を石臼製粉機にかけ、一〇分くらいして挽いた小麦粉をパッパッとふるいにかけ、大まかにふすまを取り除きました（取り除いたふすまは家畜

のえさにします）。小麦粉は製粉してすぐに使うのではなく、二〜三日おいて使ったほうがいいそうです。この日は、そのまま使ってしまったため、こねる時にいささかねちねちしていました。

また、全粒粉だけでパンを焼くと、どうしてもボソボソになりがちです。もちろん好みですが、千春さんは軟らかいパンが好きなので、市販の白い強力粉を同量入れました（目下、小麦のふすまを削る機械を探している）。この日の小麦粉の分量は、両方でおよそ一kgでした。

フランス、SAMAP社の電動石臼製粉機　F50

パンづくりの秘訣は本を見ないこと

以下、簡単に手順を説明します。

①人肌くらいのぬるま湯（計っていませんが茶碗一杯分くらいでした）の中に塩少々、そして、「甘いパンが好き？そう。じゃっ、蜂蜜入れようか（と、ドボドボ）。まだちょっとお湯が熱いから牛乳入れて冷まそう（と、ドボドボ）。まだ冷めないな〜。そうだ、卵も入れちゃえ（と、卵を一個落とす）。しまった、ぬるくなりすぎちゃったから、バターが溶けない。じゃ、油を入れよう」と、こんな調子。冷蔵庫に野菜が残っていたら、さつまいもでもかぼちゃでも何でも入れていいし、野菜いための残りをそのまま使うこともあるとか。今回は、干しぶどうとくるみを入れました。

これに、イーストを三gくらい入れます（いつもは天然酵母を使っているが、急いでいたので）。千春さんが言うには、「イーストは、本に書いてある分量の半分くらいで十分」だそうです。

②小麦粉と①をまぜてこねます。水分と粉の分量がちょうどよかったらべとべとすぎず固すぎず、きれいにまとまってきます。先ほども説明したように、挽きたての小麦粉を使ったせいか、ややベトベト気味のため、さらに小麦粉をまぶすことにしました。

③これにビニールをかけ、一次発酵させるために一時間。こたつの中に入れておいてもいいし、ビニールハウスがあれば、その中で可。千春さんは、オーブンの熱を利用していました。

④二次発酵させる前にガス抜きして整形します。二次発酵は約四〇分。

⑤生地の表面にはけで卵を塗り、一八〇℃で三〇分ほど焼けば、できあがり。小麦粉を挽いてから焼き上がるまでは、およそ三時間でした。

「大切なのは①お湯の温度と②水分と粉の割合です。それと③発酵させる時間かな。長すぎても生地がだれますから。これらを間違わなければ、誰だってできるはず。あと、絶対に本を見ながらつくらないこと。あれやってると疲れます」

失敗しても、めげずに挑戦していれば、次第に感覚はわかってくるというわけです。千春さんも、ラベンダーやビールでつくった酵母でパンを焼いたりと、研究に余念がありません（ちなみにどちらも失敗に終わりました）。

甘くて香ばしいパンの味が忘れられなくて、私も翌々日、さっそくつくってみました。見よう見真似で分量も適当です。味は劣ったけど（小麦粉が違いますからね）とりあえず形にはなりました。皆さんもお試しあれ。

一九九三年一〇月号　パンは「適当」「好み」でつくればいいんだよ

挽きたての小麦で地粉パン

能美の郷　佐賀県鹿島市

地粉パンの直売所をつくろう

中山間地活性化事業の助成金があるという話を聞いた、農協の生活担当・田中久子さんは、鹿島市の能古見《のごみ》地区で何か始められないかと考えていた。

やっぱり加工を核にした直売所がいい。でも、農家の女性がつくる漬物や味噌ならあちこちにある。熟練した人がいっぱいいるから、新参者はかなわないだろう。もっと目新しいもの、若い人や子どもだって寄れるような直売所…。そう考えて浮かんだのがパンづくりだった。

佐賀県鹿島市は、佐賀平野の西の端にある。隣はもう長崎県だ。訪れた五月中旬は、小麦がちょうど色づき始めた季節。佐賀空港に降りる飛行機の窓からは、黄色が混じり始めた畑とまだ濃い緑色の畑のまだら模様が見えた。空港からのバスや電車に揺られるあいだも、窓の外はずっと麦畑。それくらいあたりまえに小麦があるところなのだが、田中さんは正直なところ、パンの原料をすべて地元の小麦粉でまかなうことまでは頭になかったという。パンづくりに向くとされているのは強力粉。地元の小麦・チクゴイズミは中力で、うどしかならないとされているからだ。

だが、一九九八年九月、大分県三光村のパン工房「サンパルファクトリー」に出かけて、鹿島でもパンをつくれることを実感する。パンづくりを始めるにあたって、総勢二〇人ほどで、「先進地」の視察に出かけたのだ。

サンパルファクトリーの代表・渡辺賢一さんはもともと米麦専業農家だったが、平成元年から三年続いた小麦の収穫期の天候不順をきっかけに、等外麦を引き取ってパン屋を始めた。自ら製粉機を購入して、夜なべ仕事で小麦を挽いた。パンを焼くのは、奥さんや近所のお母さんたちだ。田中さんは話の内容にも感心したが、初対面の自分たちに渡辺さんがパンのつくり方まで事細かに教えてくれたのにはもっと感激した。

地粉パンを麦畑の中で持っていただきました。
左が宮崎慶子さん、右は迎和子さん

　田中さん以上に驚いていたのは、いっしょに行った男性たちだ。能古見地区あげての取り組みだったので、市役所や農協の課長さんたちもたくさんいた。初めはあまり乗り気でなかった人たちが、目をぱちくりさせながら渡辺さんの話に聞き入っている。帰りのバスの中で、地区会長の松本行男さんが声を上げた。「よし、これでいこう」。

　田中さんがパンの加工販売を提案したとき、周囲では「農協が米の消費拡大だっていってるときに、なんでパンなの？」と疑問をいう人もいた。だが、鹿島でとれるのは米だけじゃない。小麦だってあるのだ。田中さんはますますパンの直売所をつくりたくなった。

地粉でパンを焼くために約200万円で購入した中島式製粉機。製粉機が設置されたおかげで、うどんや天ぷらに地粉を利用する人が増えた

自前の製粉機で挽きたての地粉

　サンパルファクトリーへの視察からほぼ一年後。九九年七月、地元産小麦でつくったパンを看板商品に、能古見地区農産加工直売所「能美《のみ》の郷《さと》」がオープンした。パン部門の責任者は、オープン当初から宮崎慶子さんが務めている。宮崎さんはスーパーで商品管理の仕事をしていたことがあるうえ、お菓子をつくるのが好き。田中さんは安心して現場を任せることができた。他のメンバーは、入れ替わりはあるが、だいたい五人でパンづくりを続けている。

　敷地は農協支所の一角で、直売所の建物や加工施設は、もとは農協の倉庫だったところを利用した。パンを焼くには、ガスや水まわりを整えるのはもちろん、オーブンがいる。生地を練るためのミキサーや冷凍庫、冷蔵庫も必要だ。それに製粉機も購入した。

　資金は、中山間地活性化の助成金、県や市からの補助金、農協からの借入金のほか、地元住民から一口一万円で協賛金を約三〇〇万円集めた。それでも足りない製粉機代や施設の工事代金などは、農協が負担して、能美の郷にリース（賃貸）する形になっている。

　佐賀平野では昔から小麦がつくられてきたから、以前は小麦の製粉も引き受ける小さな精米所が方々にあったものだった。でも今では、そんな小さな製粉所はもちろん、小麦を粉に挽いてくれるところは、鹿島市内には一軒もない。少し離れた大きな製粉工場では数t単位でなければ引き受けてくれないだろうし、仮に製粉してもらっても、使う前にどんどん酸化が進んでしまう。それに製粉代は、小麦一kg当たり一〇〇～一五〇円ときわめて高価で、コストの面でもおおきな負担になる。地元の麦を地元で加工するには製粉機がぜひとも必要なのだ。これもサンパルファクトリーの視察で学んだことだった。

一年以上貯蔵した小麦に水分を含ませる

　こうして備えた製粉機で、能美の郷では一回に小麦三〇kgずつを、一日おきに粉にする。

製粉担当の岩下美枝子さん。岩下さん自身は、自分で挽いた粉で饅頭をつくって能美の郷で販売

今まで製粉機なんて扱ったことのなかった女性二人が、製粉機メーカーの人に習って操作を習得した。「まだまだ勉強中」という岩下美枝子さんはその一人。粉に挽くのは収穫から一年以上たった小麦で、前の晩に小麦三〇kgに対して二〇〇ccの水分を含ませておくのがうまく挽くこつ、と教えてくれた。米と反対で「新麦」は美味しくない。青臭いにおいがついてしまうのだという。

地粉のパンは三〇種類

能美の郷の休みは盆と正月だけ。宮崎さんたちは交代で週に二日ずつ休みをとりながら毎日パンを焼く。朝は六時半から作業開始。パン生地は、前日の午後のうちにミキシングして、冷蔵庫の中で一晩かけて低温発酵（一次発酵）、熟成させておく。これを朝から成形し二次発酵させて、次々に焼いていくのだ。

それぞれ家庭の仕事もあるから無理はしない。一次発酵に一晩かけるのは、朝四時とか五時とかから仕事を始めなくてすむようにするためだ。だがこれは同時に、グルテンが少ないチクゴイズミ一〇〇％の粉で、できるだけふっくらしたパンをつくる工夫でもある。それでもオープン当初は「パサパサしている」というお客さんが多く、パンの評判は今ひとつだった。

オープンして二年近くたった頃、福岡市の鳥越製粉から、原田さんという技術者が指導に来てくれた。原田さんから細かい温度管理を教わったり、グルテンを三％ほど加えることを勧められて実行するようになってから、パンの出来は劇的に変わった。パンの種類も増えた。つい最近も、それまで牛のえさとして引き取ってもらっていたふすまを加えたパンや、フランスパンが新商品として加わったばかりだ。フランスパンはチクゴイズミに向いているらしく、自信作となった。

最近は、一日にフランスパンを五個、食パン五斤、いろいろな菓子パンを一五〇個くらい焼くのがふつう。パンの種類は全部で三〇種類くらいある。

パンも野菜も売る「移動販売車」も持った

チクゴイズミでつくるパンは、市販のパンに比べればふわふわ感ではかなわないし、翌日になるとどうしても硬くなりやすい。でも、小麦自体がもつ味なのだろうか、噛みしめたときの甘みは市販のパンより勝っていると宮崎さんたちは思っている。

美味しさが口コミで広まってか、この半年くらいでとくに売り上げが伸びてきた。佐賀市や長崎県の諫早市・大村市など、遠くからわざわざ買いに来てくれるお客さんも増えている。

それに、待っているだけではない。宮崎さんたちは積極的に外販にも出かける。農協からゆずってもらった廃車同然の車が、能美の郷の「移動販売車」になった。パンづくりが一段落する午前十時、メンバーのうちの二人が、パンや野菜を積んで売りに出かけるのだ。

能美の郷の地粉パン。あんパンやクリームパン、メロンパンは100円、ニンジンパン（左奥）は200円、フランスパン（右）は300円

地粉パンがあれば直売所の売り上げはもっと伸びる！右から2人目が農協の生活担当・田中久子さん

ルートは毎日変えて、それぞれの場所を週に一度ずつ巡回する。縫製工場や農協の集荷場など人が集まる場所のほか、鹿島市の中心部もまわる。食品を売る店が郊外にできるスーパーにどんどん移っているので、町の中心部では、車を運転できない年配の人が野菜などを買えなくて困っているからだという。

また、近くの幼稚園には一週間に一回、おやつとしてパンを届けるようになった。その他、市町村の運動会や農業祭など、市内外のあらゆるイベントに出かけてパンを売る。「地元の小麦でつくったパンですよ」「自家製粉の粉ですよ」「山の清水を使ったこだわりパンですよ」と、宣伝文句には事欠かない。

地粉パンはもっと売れる

能美の郷がオープンして半年ほどたったころだろうか。佐賀市のほうで「学校給食のパンに地元の小麦を使わんでどうする」という声が上がり始めた。鹿島市でも今年になって、学校給食パンを地元の小麦でつくる計画が持ち上がっている。

いまでこそ「地産地消」ブームだが、自分たちは一歩先を行ったという自負が農協の田中さんにはある。能古見で進んだ小麦の地産地消はパンだけではない。饅頭にもうどんにも、天ぷらにも地元のチクゴイズミが新たに使われるようになった。製粉機を備えたことが、地元での小麦の消費を確実に増やしたのだ。

能美の郷で、この一年に製粉された小麦は一五八袋（一袋三〇kg）。このうち半分がパン用だ。残り半分は、直売所の他のメンバーによって饅頭に加工されたり、粉のまま店頭で売れたりした。なにしろ挽きたての小麦粉は味がいい。「昔の小麦の味だ」と喜ぶ人が多いという。天ぷらに使っても揚げたてのときの味が違うのだそうだ。

外販分も合わせて、直売所全体の売り上げは一日六万円まで伸びてきた。その半分をパンが占めている。年間にすれば直売所全体では二〇〇〇万円、パンだけでは一〇〇〇万円にもう少し、というところまできた。農協からの借入金や加工施設や製粉機のリース代も、毎月一〇万円ずつちゃんと返せている。

直売所があちこちに増えて、売り上げが伸び悩んできたという話も周辺の直売所からは聞こえてくる。でも、パンにはまだまだ研究と販売の余地があると、宮崎さんや田中さんは思っている。パンに向くという新しい品種、ニシノカオリの栽培も小麦をつくる農家に頼んである。この粉で焼いたパンが能美の郷に並ぶ日もそう遠くない。

（編集部）

二〇〇三年七月号　製粉機を設置、挽きたての小麦で地粉パン

国産有機小麦
玄麦の販売を始めました

井村辰二郎　農産工房「金沢大地」

脱サラして農業の道へ

私は、金沢市郊外に広がる河北潟干拓地で、稲、大豆、小麦、大麦などを栽培しています。大学を卒業後、八年間ほど会社勤めをしていましたが、一九九七年に退職し、父のもとで農業の仕事に就きました。

私自身と二人の子どもがアレルギー体質であることもあり、食べものの品質や安全性については、以前から関心がありました。また、昔から、父は土づくりに力を入れ、毎年のように圃場に堆肥を入れていました。父が長い間続けてきた取り組みを受け継ぎ、私は有機農業を始めました。二〇〇一年に、有機認証を取得し、殺虫剤、殺菌剤、化学肥料をまったく使わない農業を行なっています。

有機農業ではまず土づくりが大切です。植えた苗に肥料を与えるのではなく、土を肥やしてその土が植物を育てるという考え方です。だから堆肥の質はとても大切で、無添加飼料による鶏糞や米ぬか、おからなど安心できる原料で、自分でつくっています。

農家なのに自給率五〇%

農産工房「金沢大地」では、米はもちろん、豆腐や納豆、味噌もつくっています。以前子どもたちと一緒に、わが家の自給自足率をカロリーベースで計算してみたことがあります。結果は五〇パーセントを超えるのがやっとでした。考えてみると、妻も子どもたちもパンが大好きで、ラーメンもうどんも食べる。「あぁ、これはもう小麦が日本の主食になりつつあるのかな」と感じました。大麦は昔から栽培していましたが、やはり小麦をつくろう。そこで、九年ほど前から、パンづくりに向く小麦の栽培も始めました。

家庭で製粉できないか

今年収穫したばかりのシロガネコムギ

小麦栽培を始めて、収穫までは順調でした。が、問題は最後の製粉です。有機認証の製粉所は簡単には見つからず、大型製粉所では少ロットに対応してくれません。ようやく探しあてたのは、南部小麦の歴史がある岩手県の製粉所でした。

有機小麦粉の販売を始めたころ、パンをたくさん焼くお客様からは、「五kgとか一〇kg単位で、もっと低価格の小麦粉を販売してくれませんか？」と言う声がかなりありました。しかし、製粉の加工賃がネックとなり、なかなか要望に答えることができません。いっそ、消費者自身に、家庭で玄麦を挽いてもらったらどうだろうか。パンづくりの歴史が長いヨーロッパでは、コンパクトで性能の良い電動石臼が市販されており、自家製粉と自家製パンが、食生活の中に浸透しています。

また、自家製粉は、私自身の夢でもありました。九年前に小麦栽培を決めたときに、業務用の石臼の購入を検討したのですが、何百万もするために挫折した経緯があるのです。今年の四月に、長年の夢であった、家庭用の電動石臼（オーストリア製）を購入しました。自分で栽培した小麦を自分で挽いてみて、自家製粉の楽しさ、すばらしさをあらためて実感しました。

玄麦の品種	価格（1kg当たり）
有機シロガネコムギ（薄力粉）	280円
有機農林61号（中力粉）	280円
有機南部小麦（準強力粉）	300円
有機ゆきちから（強力粉）	300円

2007年7月23日より発売開始

ドイツ製 電動石臼 Fidibus 21

玄麦を販売、電動石臼もレンタルします

日本では、国内産麦のほとんどは、製粉業者の組合による入札によって流通しています。そのため、一般の消費者には、玄麦の入手がきわめて困難です。私のような農家が販売する分には自由なのですが、価格的に引き合わないので小売する農家はほとんどいません。私のところでは、有機米や有機大豆を直接消費者に販売してきたので、玄麦についても直接販売することができます（品種、価格は表のとおり）。

また、ドイツの家庭用石臼製粉機のメーカー（ＫｏＭｏ社）から、電動製粉機を輸入しました。より手軽に自家製粉を体験していただけるよう、製粉機のレンタルも行なっています（一か月間の無料お試し期間あり。購入希望の方は、販売もいたしますので、ご相談ください）。

電動石臼で、製粉できる穀物は、小麦、大麦、ライ麦、蕎麦です。十分に乾燥した穀物を使用してください。また、家庭用の製品ですので、業務用など長時間の連続使用はできません。連続で二kgくらい、それ以上挽くときは五分ほど時間を置いてください。

玄麦はかなり長期間、貯蔵することができますが、できるだけ湿度の低い冷暗所で保管してください。また、虫が付きやすいので、夏場は冷蔵庫での保管をおすすめします。結露によりトラブルの原因になることがあるので、挽く前に常温に戻してください。

製粉した小麦粉は、全粒粉のまま利用すれば、食物繊維やミネラルたっぷりのパンが焼けます。ふすまを分けたいときは、家庭用のふるいで簡単に分離できます。ふるいの網目の大きさは、用途やお好みで選んでください。

申し込み先

株式会社　金沢大地　〒九二〇—三一〇四
石川県金沢市八田町東九番地
ＴＥＬ〇七六—二五七—八八一八
ＦＡＸ〇七六—二五七—八八一七
E-mail:home@k-daichi.com
ホームページからも注文できます。
http://k-daichi.com/

地元の麦で個性的なパンを

青木義篤　青木技術士事務所

国産小麦の代表的な銘柄である農林六一号の粉を使って、特別面倒な手間をかけなくても個性のある美味しいパンが作れることを確認した。むしろ、外麦にない持ち味を引き出して、あらためて「日本のパン」と呼んでもよいほどの十分な市場性を備えた品質のパンができるのである。以下、平成十二年度に食糧庁が募集した「国内産麦　新技術等研究開発事業」に応募し採用された一連の研究内容を中心に、群馬県産小麦の新品種の動きなども加えて紹介してみたい。

国産小麦はヨーロッパ風のパンにあう

第二次大戦後、国産小麦は外麦によって駆逐され、現在では国内消費の一割にも満たないまでに減少している。その危機感がこの研究の出発点である。また筆者が住む群馬県は、昔から小麦栽培に気候風土が適した小麦王国であったことからも、国産小麦の需要拡大に、ひいては自給率の改善につながることを願って、情報発信の役割を果したいと考えた。

このところ「地産地消」という言葉をよく耳にするが、小麦の地産地消をめざすには、ヨーロッパでの小麦の利用のしかたが参考になる。ヨーロッパ各地では大型の石臼が稼働し、地元の小麦やライ麦を原料に、それぞれの地域で美味しい個性のある自分たちのパンを創り出す文化が育まれている。

これをヒントに、製粉法は石臼挽きとして国産小麦の特徴を引き出し、たんぱく含量が少ないという特性を補うために、製パン方法として湯ごね法（マッシュ法）などを取り入れて比較することにした。国産小麦に適したパンの種類と製法の組み合わせを見極めることが目的である。原料麦の品種は、全国的にも一般的で、群馬県産小麦の七五％を占める農林六一号を選んだ。

そもそも国産小麦がパンに向かないという評価が定着したのは、量産工場の機械生産に耐えられる、つまりたんぱく含有量の多い北米大陸産の粉が基準におかれるようになったからである。パンの評価も、高たんぱくの原料を前提としているといってよい。だが、消費者の志向に目を向ければ、これからはヨーロッパ風穀物系のパンも視野に入れたほうがよい。評価の土俵を「高たんぱく」に限る必要はないのである。

農林六一号をパン用粉としてとらえて、たんぱくや灰分の単純な要素について世界の主

図1　世界のパン用粉の類別（ロール式製粉）

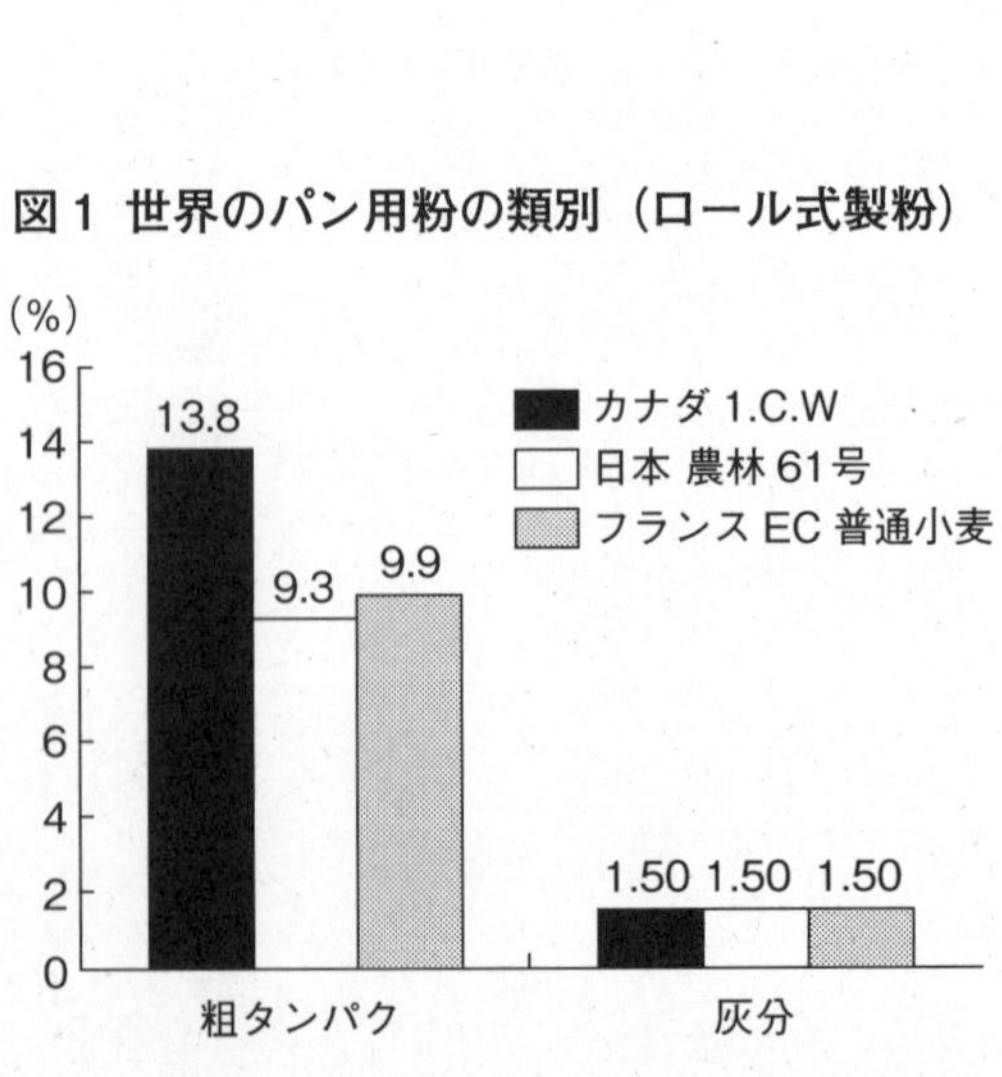

図2　石臼粉の挽砕方法

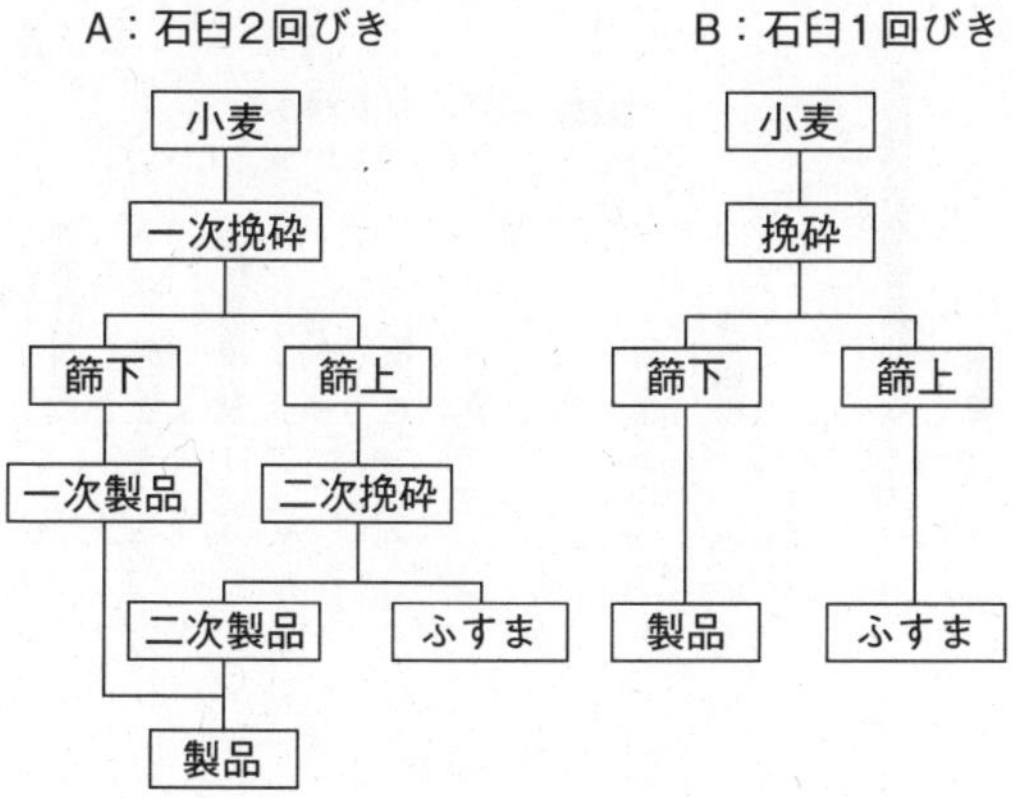

※Aの2回挽きは、石臼の上臼と下臼の隙間を大きくして（石臼圧を下げ）、1回の歩留まりを下げて行なう（石臼の回転数はA・Bとも同じ）。これはどんな石臼でもできるわけではない

図3　マルトース価の比較
――数値が小さいほどデンプンの損傷度合いが低い

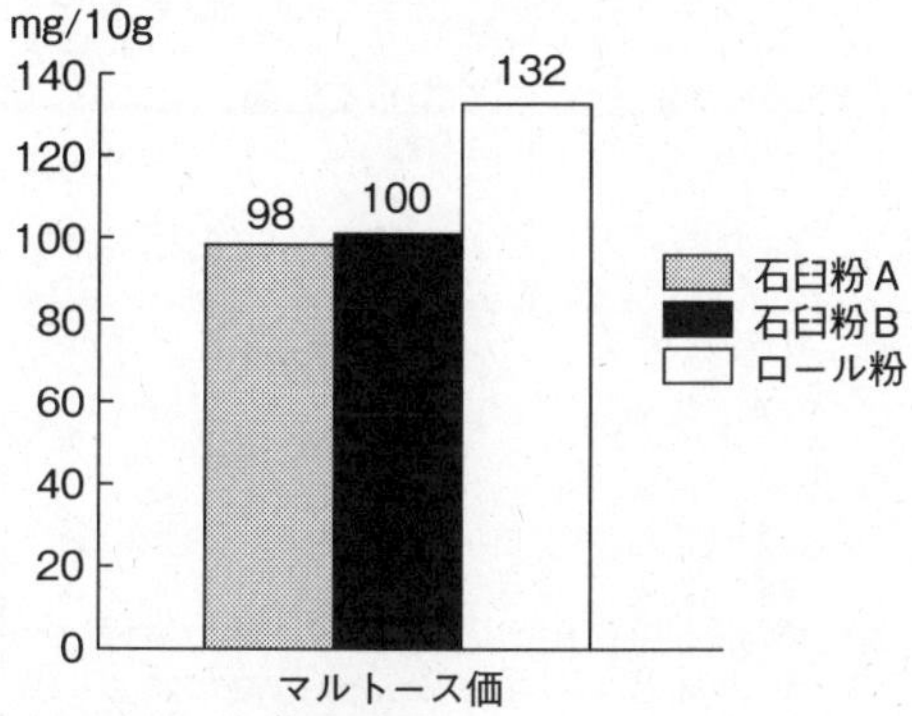

図4　灰分の比較

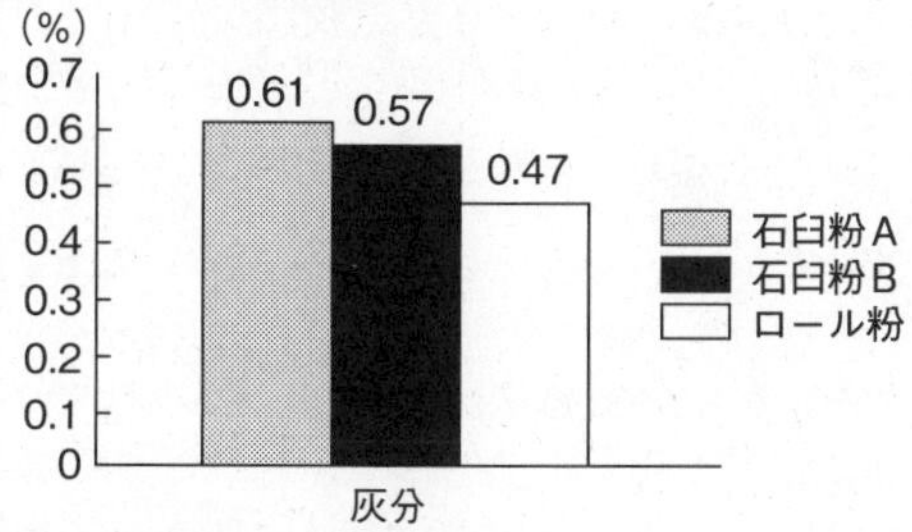

図5　遊離アミノ酸の比較

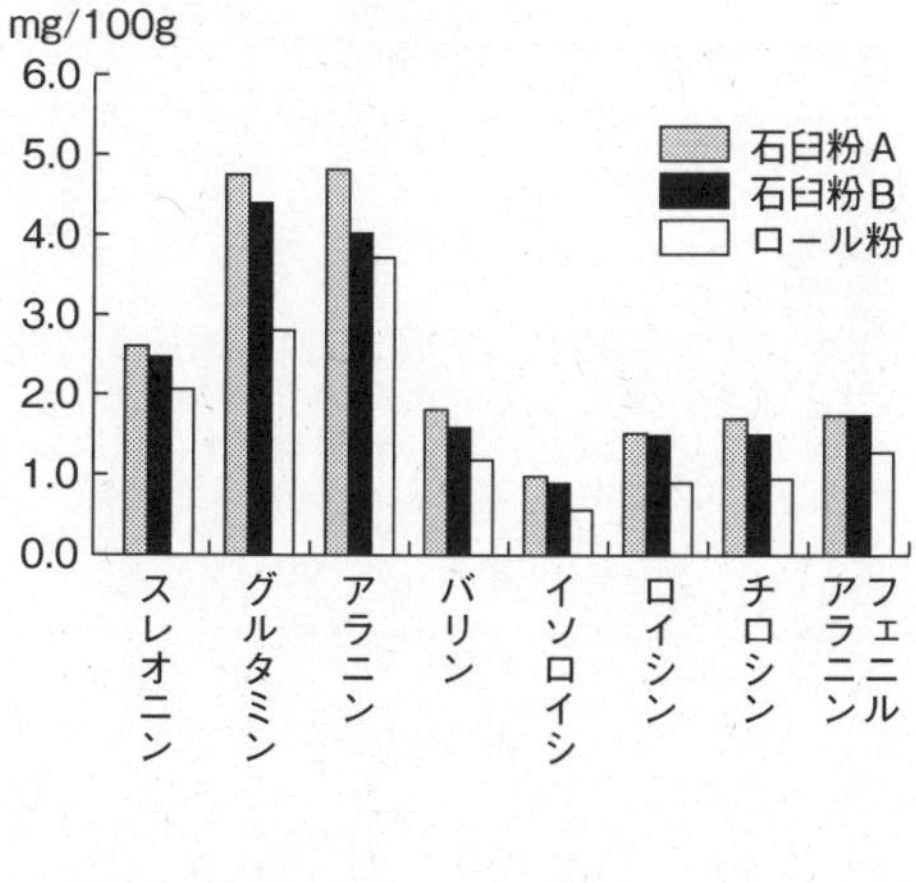

要な粉と比較してみると、ヨーロッパのパン用粉に近いことがわかる（図1）。このことからも、国産小麦によるパン作りは、北米大陸産のような万能型の粉とパンを求めるのでなく、石臼粉に適したパンの種類と製法の組み合わせをさぐることに力点をおいたほうがいいことが明らかだろう。

こうしてできた製品について、パン技術者の経験による判断と、学校給食関係者や技術情報交換会出席者による試食結果などを参考に、市場性の有無を評価した。

アミノ酸が多い特徴を石臼製粉で生かす

今回の試験に用いた石臼製粉機は、石臼直径が五〇cm、挽砕能力は一時間当たり六〇kgの生産機兼実験機で、下臼が回転する方式のものである（図2）。この石臼は、上臼と下臼の隙間の大きさを調整することで歩留まりを変えられるので、挽砕時の発熱をいっそう低く抑えられる二回挽きも行なってみた。歩留まり目標をいずれも七〇％に設定し、一回挽きのBと二回挽きのA、それに一般ロール挽き製粉の三者について、物性や成分を比べると次のような結果となった。

①デンプンの損傷度合いの指標となるマルトース価（MV）は、石臼粉が明らかに低い。中でも二回挽きのAが、挽砕時に発熱の多いBよりも僅差であるが低い値を示した。石臼二回挽きAの粉はデンプンの損傷がもっとも少ないと考えられ、パンになってからの日持ちが良くなる効果が見込まれる（図3）。

②石臼粉（とくにA）は、灰分（図4）のほか粗たんぱくや遊離アミノ酸（図5）も多い。アミノ酸群の中でも、グルタミン酸やア

ラニンなどのうま味性・甘味性のものが他に比べてとくに豊富。MVの低さや工程の安定性とともに、パンの味を良くする効果が期待される。

ちなみに遊離アミノ酸については、パン専用粉とされているカナダの1CWよりも農林六一号のほうが多量に含まれており（図6）、国産小麦は「粉自体の味がよい」と従来からいわれてきたことを裏付けている。これは、国産小麦の長所・特徴としてもっと強くアピールすべきである。

国産小麦に向く製パン法は

製パンは、①湯ごね法、②発酵種＋オートリーズ法、③長時間発酵＋オートリーズ法の三方法を選択した。それぞれの方法で六種（山型食パン、バケット、バタール、ベーグル、テーブルロール、リュステック）のパンをつくりながら、組み合わせによる相性をさぐった。これに用いた粉は、湯ごね法については石臼一回挽き・石臼二回挽き・ロール製粉の三種類だが、それ以外の製パンでは二回挽きの石臼粉を用いた。

図6　内麦粉と外麦粉の遊離アミノ酸の比較（ロール式製粉）

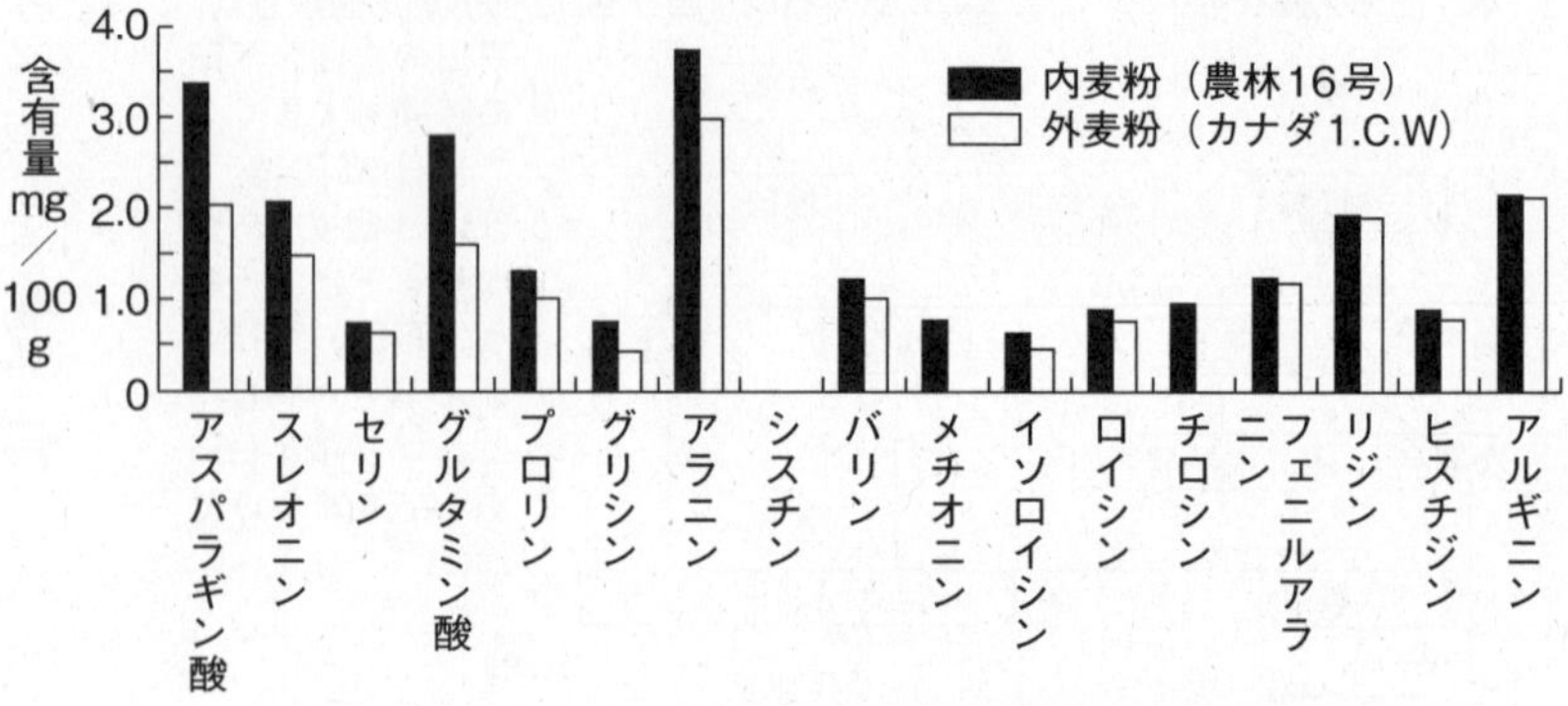

表1　湯ごね法による山型食パンのレシピ

①中種原料	石臼粉A：30%、塩：0.3%、熱湯（85℃以上）：30%
②ミキシング	スパイラルミキサー：L＝3分、M＝5分
③ねかし	1時間平らに延ばして荒熱をとる、ビニールに包み17〜18時間冷蔵
④ミキシング（前半）	本ごね原料　石臼粉A：70%、上白糖：5%、塩：1.7%、全粉乳：2%、生イースト：2%、水：43%、ナチュラルR：3%、マックスルーラル：1% 操作　スパイラルミキサー：L＝3分、M＝4分、H＝1分 前処理して冷やした中種生地に、油脂以外の材料を加えて混ぜこねを始め、グルテンの性質が十分に出たところ（ただし生地は外麦粉の場合より柔らかく弾力性が乏しい）で油脂を入れ、こね上げる。
⑤ミキシング（後半）	本ごね原料　マーガリン：2% 操作　スパイラルミキサー：L＝2分、M＝5分 こね上げ温度：目標27℃（実際は25.5℃）
⑥フロアタイム（1次発酵）	60分
⑦分割	240 g×2（比容積＝3.9）
⑧ベンチタイム	20分
⑨成形	二つ山
⑩ホイロ（2次発酵）	34℃、湿度80%で80分 型に入れ、釜伸びしにくい生地なので十分なホイロをとる
⑪焼成	クラストをパリッとさせるためにスチーム使用。 温度は上火190℃、下火250℃で35分。 デンプンが糊化しているため、パン生地に含まれているデンプン分解酵素に作用されやすく、焼成中にクラストが色づきやすい、とくに山の部分が色づきやすいので上火の使い方に要注意。

※原料の量は、粉類の合計量を100としたときの配合割合（ベーカーズパーセント）。表3も同じ

湯ごね法

中種《なかだね》に相当する、原料小麦粉の三〇～五〇％のものに熱湯を加えて前処理しておくのが湯ごね法である。これによって、主成分のデンプンがアルファ化（糊化）され、あらかじめ膨潤な状態にしておくことができる。「生そば」を打つときに、粘着性を出してつなぎ効果をもたせるのに行なう方法と共通の技法といえる。グルテンの作用を利用しない製パン法ともいえ、グルテンの少ない国産小麦を意識して用いた製法である。

通常の生地だと、デンプンは焼成時にグルテンの水を吸水し糊化することになるが、すでに糊化したデンプンが混在しているため、必要とする水が少なくてすむ。ぱさつかず、しっとりと焼き上がる。ただ、グルテンの網目構造の形成でなくデンプンの膜構造を利用する方法のため、いわゆる「引き」というものがないが、その代わりサクサクした食感が味わえる。

湯ごね法で作った山型食パン

オートリーズ法

一方、オーバーミキシングによる酸化で香気成分を失わないための方法がオートリーズ（自己消化）法である。ミキシング途中で生地を休ませることによって生地形成を進行させ、ミキシング時間を総体的に短縮させることを狙っている。直ごね法、発酵種法、長時間発酵法などにも適用できる。

湯ごね法による山型食パンと、長時間発酵＋オートリーズ法によるリュステックについて、レシピを表1、2に示した。

市場性も十分

試作・試食の結果、ほとんどのパンは、表3のような製法で十分に市場性のある品質のものがつくれることが確認できた。また、次のようなことが共通していえる。

①製パンの際、国産小麦に含まれる成分の特徴を生かすには、石臼製粉の粉のほうがロール製粉の粉より優れている。

②石臼製粉する際は、可能なら二回挽き方式のほうがデンプンの損傷が少なく、製品の日持ちが良くなると考えられる。

表2　長時間発酵＋オートリーズ法によるリュステックのレシピ

①本ごね原料：	（石臼粉Ａ：100％、食塩：2％、インスタント・ドライ・イースト：0.5％、モルト：0.2％、水：72％）
②ミキシング：	Ｌ＝2（粉：粉温 18℃、モルト、水：水温 25℃）20 分、〈オートリーズ〉Ｌ＝5 分（イースト・塩）…室温 22℃、こね上げ温度は 24℃
③フロアタイム：	30 分、パンチ 90 分、パンチ 30 分
④分割：	フリーデバイダーVS で 200 ｇ／厚さ 30mm に
⑤ベンチタイム：	なし
⑥成形：	口型（VS でのカット、同時成形）
⑦ホイロ：	28℃、湿度 75％で 50 分
⑧焼成：	35 分（WIWE：上火 230℃、下火 240℃／スチーム使用）

③石臼挽きの粉、中でも二回挽き粉でつくるパンは、たとえば湯ごね法で山型食パンをつくった場合などは、含まれる成分以上のうま味・甘味が発現した。

④長時間発酵法を用いた場合は、熟成することによりフレーバー・食感・味が整う。とりわけプレーンなタイプのリュステックでの香気成分・うま味成分・食感のバランスのとれた品質は、外麦にない独自の風格を備えたものとして評価された。

⑤リュステック・バケットなど一部のパンでは、食品機械メーカーの協力を得て、新方式の生地自動定量分割機（フリーデバイダーＶＳ）での試験を行なうこともできた。国産小麦でも機械生産が十分可能であることを立証できた。

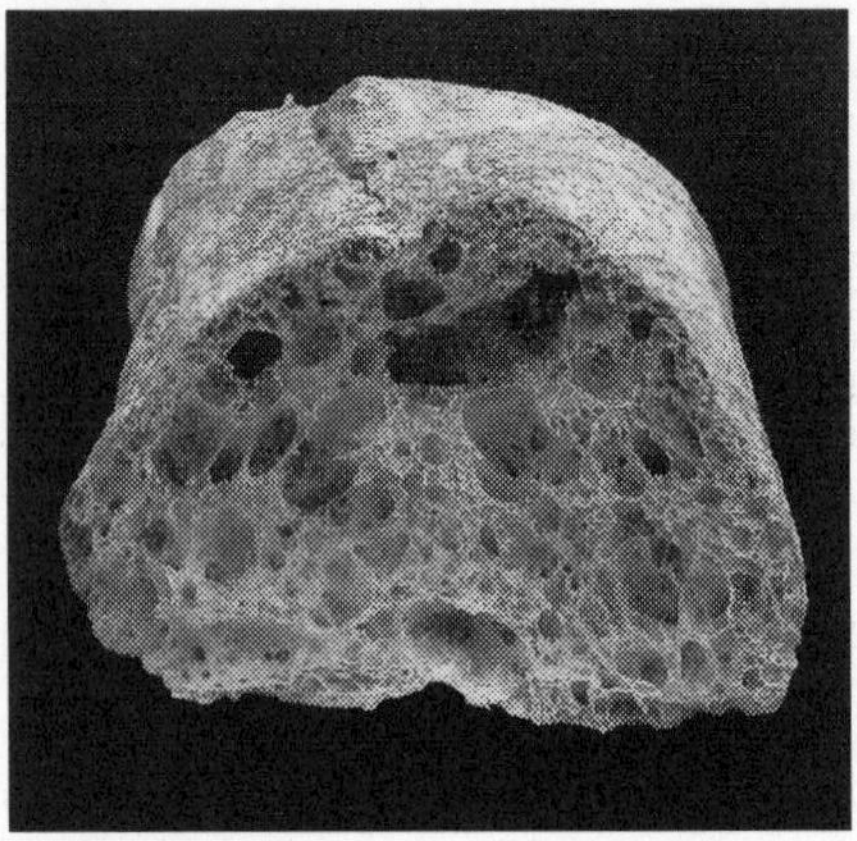

長時間発酵＋オートリーズ法で作ったパン・オ・リュステック

新品種も誕生、消費者も国産小麦パンを求めている

ところで群馬県では、県農業試験場が一九八九年から育種を進めてきた「群馬W八号」という新しい品種の本作化も始まっている。これは［ハルヒカリ×シラネコムギ］を母に、シラネコムギを父として交配された品種で、今年初めて加工試験が開始された。高たんぱく硬質系であることが最大の特徴で、醤油や中華麺のほかにパン用としても期待されている。粗たんぱく含量は原麦で一二・七％（農林六一号は九・五％）もあり、通常の製法でも十分に汎用性のある製パンが可能となる。試作したワンルーフなどは文句のつけようのない出来上がりで、色相においても外麦に遜色ないものとなっている。現在評価試験が継続実施されている。

また、かつて「小麦王国」といわれた群馬の地で製粉業を興した曽我製粉では、すでに十数年前から、「地産地消」の視点で国産小麦を主原料としてベーカリー事業と製麺事業を展開している。地元の食文化を守るという理念に消費者の応援の声も強まっている。

日々食べる食品は健康の問題と直結している。消費者が安全と安心とを求める傾向はますます強まっており、県産の小麦粉でパンやうどんを作る業者が増えてきた。目の前で栽培される素性の知れた農産物としての国産小麦が、実需者や消費者に再認識され、ふたたび日本に「麦秋」の景観が戻る日が来ることを期待したい。

青木技術士事務所　群馬県前橋市嶺町五四

二〇〇二年七月号　石臼びき粉で作ろう　新しい「日本のパン」

表3 パンの種類と適当な製法

	山型食パン	バケット	バタール	ベーグル	テーブルロール	リュステック
湯ごね法	○			○	○	
発酵種＋オートリーズ法	○	○	○			
長時間発酵＋オートリーズ法		○	○			○

石臼　古代の精密機械

石臼で麦を挽く　愛媛県越智郡玉川町（撮影 千葉寛　『聞き書　愛媛の食事』）

三輪茂雄　同志社大学名誉教授（臼類資料室）

文明は粉づくりからはじまった

木をこすりあわせて火を起こすことは五万年前の発明という。洞穴に住み、油であかりを灯し、洞穴絵画を書いていた。食べ物はどこにでもあるのどかな時代だった。このときの絵の具は石を叩きつけるか、こすり合わせて作っていた（図1）。

この石製の二種類の粉づくりの道具が人類を飢餓から救う切り札になるときがきた。採集狩猟生活で自然の食べ物を食べ尽くし、深刻な食糧危機におちいった、約一万年ほど前のことだ。その危機を克服したのは、小鳥しかたべないような草の実を食う発見だった。草の実も粉にすれば食べ物の素材になる。草を栽培する。それを文明の開化という。

図1　すり臼（左）とつき臼

図2　エジプト時代

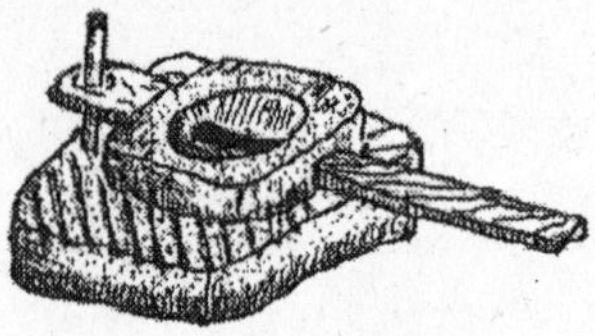

図3　ギリシャ時代

ロータリーカーンの出現

これらのちっぽけな石臼を大型化してゆく過程は、人類文明のもっとも基本的な食糧加工手段の発達過程だった。エジプト文明はサドルカーンと呼ばれる臼（図2）で粉をつくった。それは往復運動であった。ギリシャのレバーミル（図3）を経て、それを回転して使う道具にしたのは、紀元前数世紀に出現したロータリーカーンだった。小麦のようなかたい種皮に覆われた穀物を選んだ西洋では石臼は次第に巨大化し、ついに直径一メートルを越えた。工場へ、そして工業文明を発達させた。

中国では貴族のための特別な食べ物として小麦があったが、唐の時代をピークにして石臼の発達はなかった。東洋の石臼は豆腐のような水挽きが主体になって、家庭用にとどまった。

日本では粉づくりはもっぱら杵と臼で行なわれていた。粉にする必要のない米を主食とし、豊かな自然、山の幸、川の幸、海の幸に恵まれた日本では苦労して粉をつくる必要に迫られなかったのだろう。日本書紀に出ているように、すでに六一〇年に高句麗から直径一メートルを越す巨大な石臼が輸入されたが、誰もその意味を理解できずに放置された。

日本の石臼は火薬の製造で普及

鎌倉時代ころに中国に留学した僧侶たちによって、はじめて抹茶をつくる茶磨（ちゃうす）と、粉挽き臼がもたらされた。すりばちもこのころだった。しかし米やそば、小麦などを挽く石臼が、庶民に普及したのは、それよりさらに何百年もあとの江戸時代初期のことである。なぜこの時期に急速に普及したのか。当時の戦いの遺跡から、前述の茶磨と粉挽きの破片がたくさん発見されている。

実はそれは当時の新兵器だった鉄砲に使う火薬の製造に使われたようだ。火薬は硝石と硫黄と炭の粉の混合物である。硝石と硫黄は粉にするのが容易だが、炭の粉づくりはたいへん難しい。石臼なしには火薬は存在しない。当時築城に動員された石工たちは、同時に石臼の技術を学んだ。築城の仕事がない時には石臼をつくったという記録がある。

農民を飢饉から救った石臼

そして泰平の世になると、この石臼は当時の水呑み百姓たちにとって思いがけない用途があった。農民は米を食うべからず。米は年貢で残らずとりたてられる。残るのはくず米とそば、稗《ひえ》、粟《あわ》などの雑穀だけ。これを粉にした。晴れの日には豆腐もつくった。豆腐は水挽きの粉からつくる。

飢饉の言い伝えに「粉にすれば何でも食べられる」というのがある。弥生時代以来の杵と搗き臼よりも粉にする能率がはるかによく、粉の状態での保存も楽だった。石臼の出現は、飢饉の耐久力を高めて徳川幕藩体制を支える重要な役割を果たしたといえそうだ。このように日本の石臼の歴史は、西洋や中国とはまったく違う経過をたどったのである。

安政六年の開港とともにアメリカから輸入されたメリケン粉はロール製粉による真っ白な粉だった。粉といえば小麦粉を思い出すのは日本人である。大正、昭和にかけて食品加工の工業化がすすむにつれて、石臼は衰退していったが、第二次大戦末期の食糧難時代に、再びかつての飢饉の記憶がよみがえり、代用食を挽く風景が見られた。現在各地の民俗館などで見る石臼はほとんどが当時のものだ。

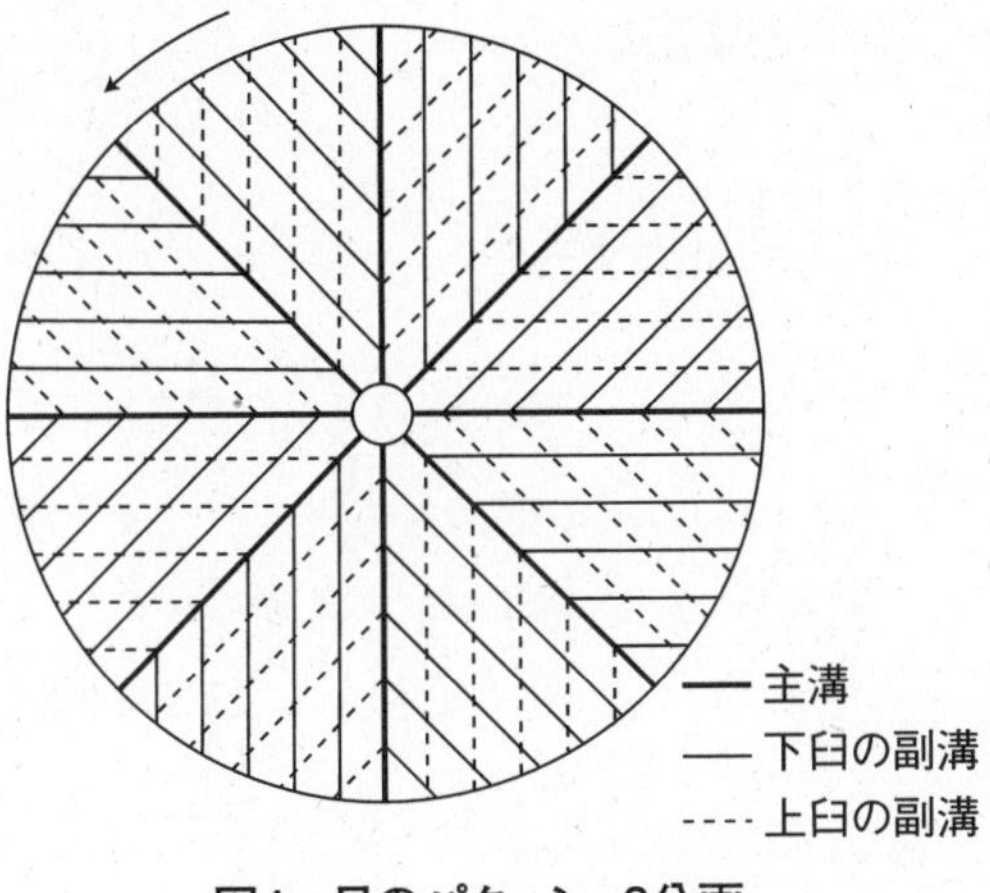

図4　目のパターン　8分画

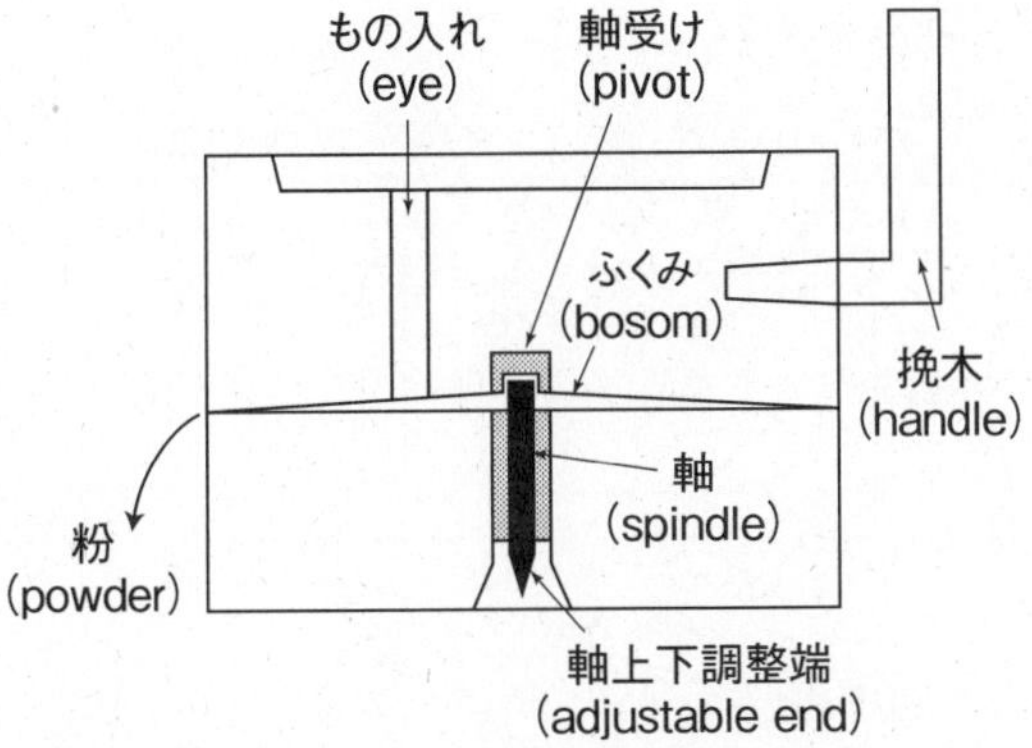

図5　石臼の構造

粗末な外見　精密機械に匹敵する精度

日本の石臼は、目のパターンや形に地方性がみられる。石材もそれぞれの地方にある石臼に適する花こう岩、安山岩、砂岩、溶結凝灰岩などの石を使っている。黒丸は八分画、白丸は六分画といって、目のパターンが違う。上臼を反時計方向に回転すると、上臼と下臼の目の交叉点は外方向へ移動する（図4）。これは粉を送りだす働きをしている。粉砕しながら送り出すもうひとつの仕組みに、上下石の合わせ面の微妙な間隙がある。これを「ふくみ」と呼び、中心部から外周方向へ向かって次第に狭くなっている（図5）。したがって、上下の円い石は周縁部分だけに重みがかかっている。この粉をする部分の幅が広いか狭いかにより、粉の性質は微妙に変化するから、この調整が、いわゆる「目立て職人」のもっとも重要視する技術であった。

この密着部は完全なすり合わせ加工面で、これらの調整作業は相当の熟練を要し、昔は臼師と称する専門職人の仕事だった。上臼と下臼とは巧妙に粉をはさんで浮き、衝突しないのが原則である。「ふくみ」と呼ばれるくさび状隙間のつくり方は、挽くものの粒の大きさによって変化させる必要があり、このあたりに秘伝があった。

熟練した目氏が出す加工精度は、現在の機械加工の精度に匹敵するものであった。石臼は、外見の粗末さからは想像もつかない、精密機械だ。

本物は高価だが長持ち

最近、石臼がほしいという人が増えている。しかしちゃんとした石臼は、上下一組の石材だけで、一〇万円はする。目立ては手仕事なので大量生産できない。家で漬物石になっている臼も、大切にしよう。昔も石臼を買うことは大事業だったが、耐用年数は百年も二百年もあり、その点では現代の工業製品とは比べものにならない。

現代人は石臼を挽くような肉体労働は好まない。電動式にすると四〇〇Wほどの動力でまわせる。ジューサーや電動コーヒーミルのように、手軽なものはないかという問い合わせもあるが、簡単にしようとすると高速粉砕になってしまう。石臼のようにゆっくり回転するモーターがないので、減速装置がどうしてもかさばる。本格的な電動石臼粉砕機は安くても二〇万~三〇万円というのが相場だ。

手もちの古い臼を再生して、手挽きで考える人が多いであろう。農家なら、小麦、大豆、米、そばなどを自家製粉して食べることができる。これはもしかしたら現代最高の贅沢だし、お客様には最高のもてなしになることであろう。

石臼診断法

①上臼と下臼がそろっているかどうか調べる。重ね合わせて、上臼をゆっくり両手でまわしてみて、ひどくがたつかなければ一応合格。

②心棒金具は重要。心棒には大きな力がかかるから、完全な金具を固く取り付ける。図6は一例であるが、心棒金具は有り合わせのものでなく、鍛冶屋で作ってもらう必要がある。現存の古い石臼は大部分が錆びついたり、ボルト、ナットを利用したり、木製のものがあるが、不可である。

上下調整端は絶対必要である。支持木も完全にとりつける。上下調整端で上臼がわずか浮くように調整する。そうしないと、石臼面が互

図6　心棒金具

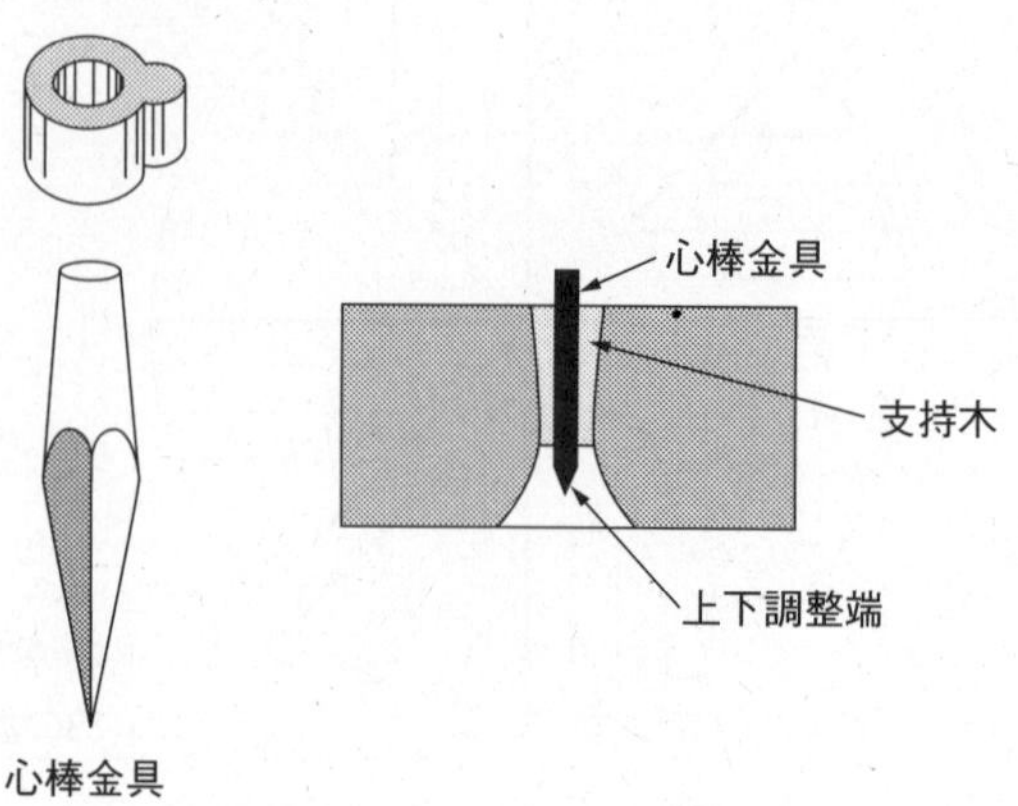

図7　ふくみ

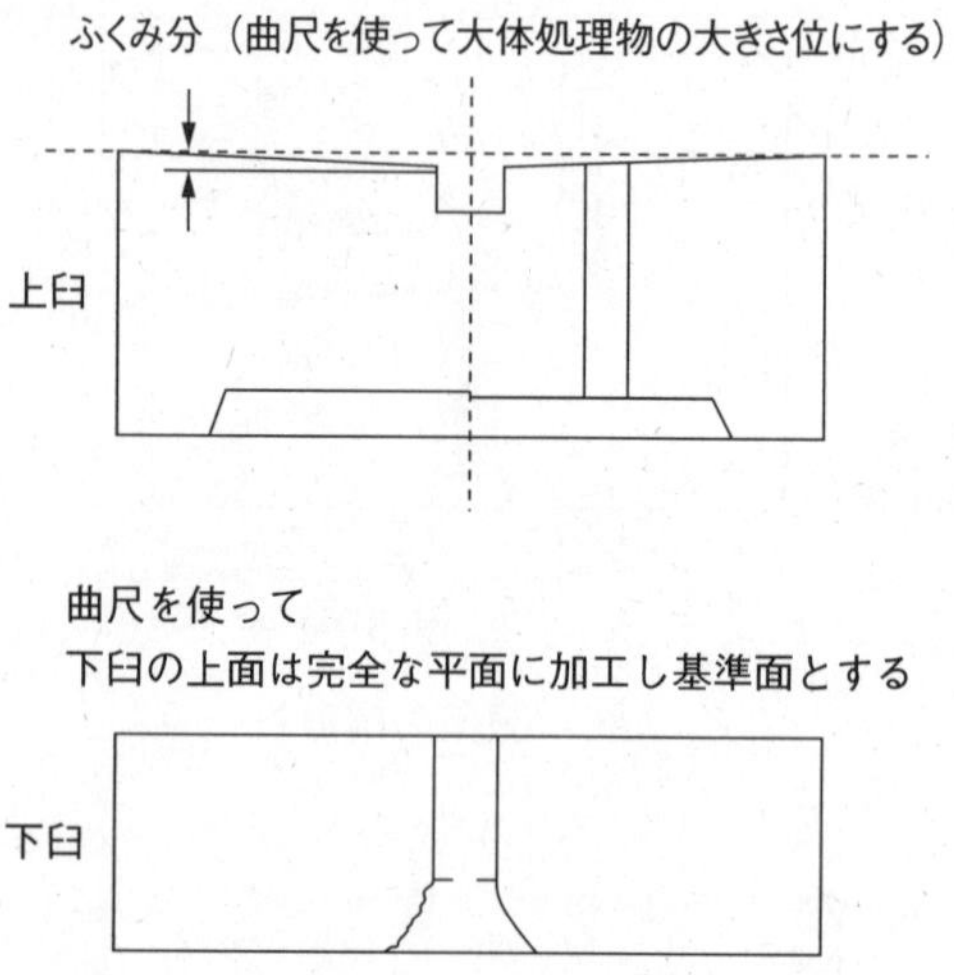

図8　目立ての方法　少し斜めの方向に、力を入れずたたきの重さを利用して、リズムよく落下させる

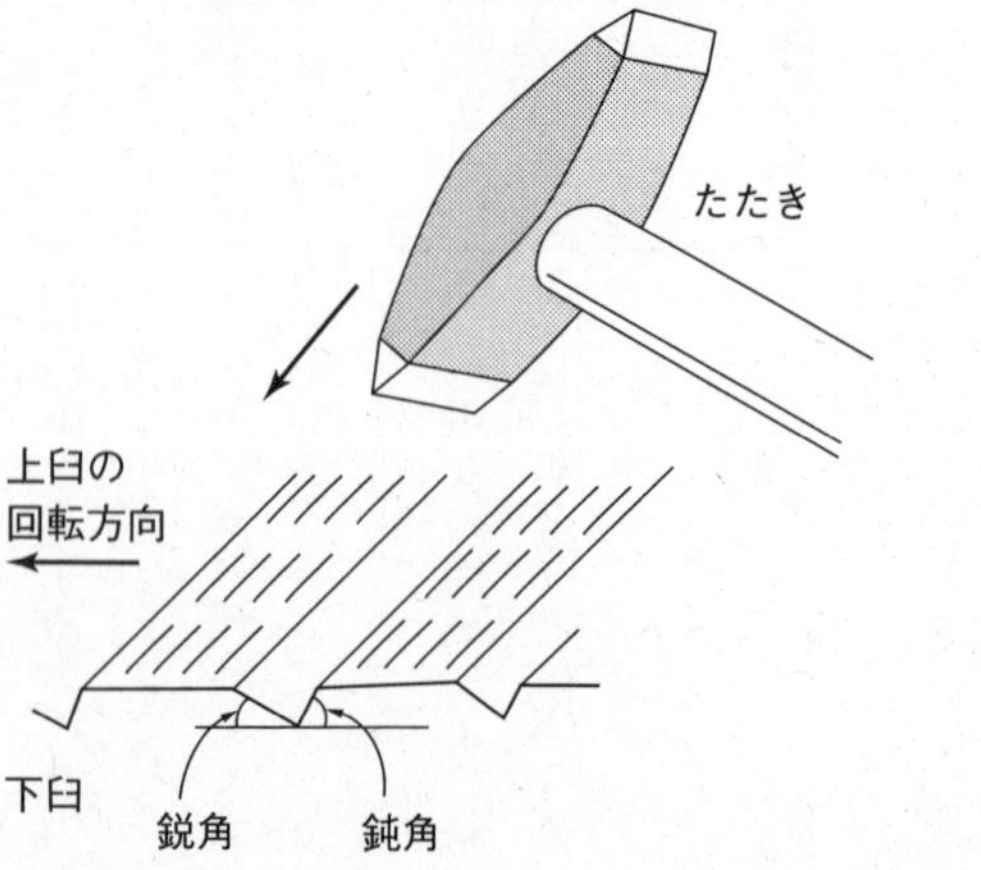

いにこすれあって、石の粉が入る。心受金具は上臼に固く接着する。最近はよい接着剤があるので利用する。

③竹のたがついた石臼がある地方では、たがをとりかえる必要があるが、針金で代用してもよい。十分頑丈に作る。

④組み立てて上臼をまわしてみる。穀粒を入れずに、空まわしする。しばらくまわしてから、上臼を外して下臼面を調べる。石の粉が周辺部にだけ均等についておればＯＫ。ひどくむらがあったら、目立てをする必要がある。

⑤初めて粉を挽くときは、下臼の上に粒を少量まいて、上臼を重ねる。そしてゆっくりまわす。絶対に空臼（穀粒を入れずに挽くこと）を挽かないようにする。空臼を挽くと、せっかく目立てした臼面をいためてしまう。

⑥上からみて反時計方向に、一分間に二〇～四〇回転でまわす。穀粒を入れすぎると臼が浮き、荒い粉になる。

目立ての方法

関東以東の石臼では、下臼の中央部が高く、凸面になっているものが多い。凸面に傾斜をつけて流すつもりらしいが邪道だ。曲尺を使って、下臼は完全な平面にし、これを基準にして上臼のふくみを決める。

診断の④で石の粉のつき方にむらがあり、臼ががたつくときは、目を調整する。これには道具（たたき）が必要である。たたきで石の粉がとくに付着している部分をたたく。たたいたところは低くなるので、むらやがたつきがなくなるまで調整する。これは一般に機械のすりあわせ加工である。

「目とり」とか「目立て」というと、目の溝を彫ることだと思っている人が多いが、そうではなく、目の山のところをたたいて、新しい石の破面をつくることだ。英語ではドレッシング（dressing ＝化粧）という。上臼も下臼も、山の部分がすり減ってつるつるになっていたら、このドレッシングを全面にわたって行なう。これを繰り返し、くず米など入れて試験挽きしながら作業する。

『食農教育』二一号　一九九八年十一月号　石臼ブームの文明史

図9　ヨーロッパの製粉用石臼は直径1.2mあまりで、10分画にカットされる。1区画の溝の形からハーブ・パターンと呼ばれ、起源はローマ時代にさかのぼる。

図10　上臼は非常にわずかだが凹面になっている。上臼と下臼はわずかに浮いて、周辺部でも接してはいない。回転数は毎分100～150回。

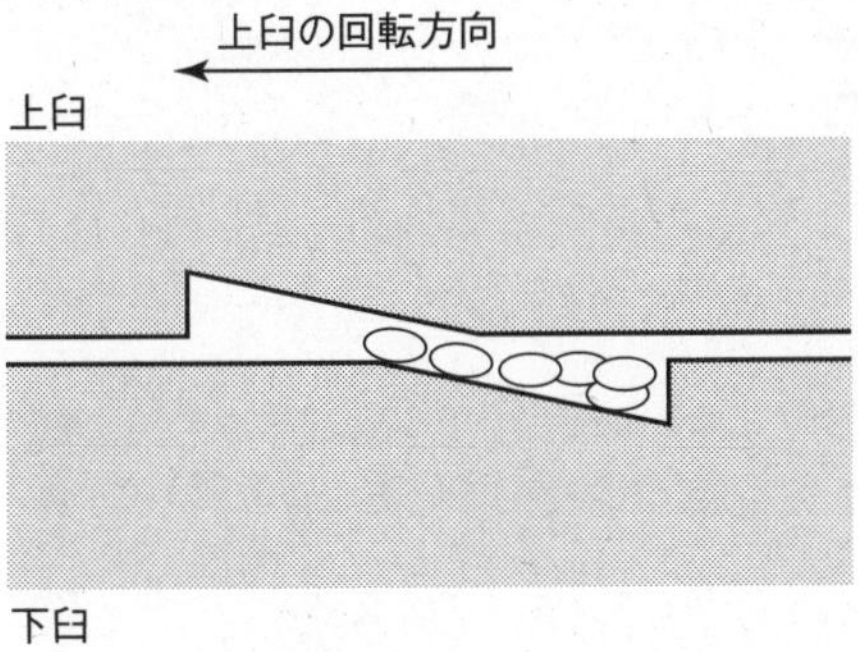

図11　ヨーロッパの目立て（dressing）道具

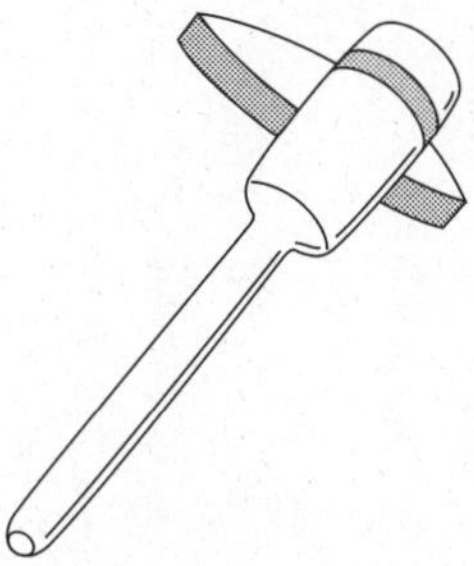

古い石臼を再生する方法

清家定義　愛媛県吉田町

倉の片隅の石臼に昔がよみがえる

昔食べていたそばが食べたい、と思うようになったのは、倉の片隅に眠っていた石臼をみつけた時でした。昭和十年代から終戦にかけて、この石臼は私達家族の食生活を支えた大切なものでしたが、今では漬け物の石にしかならず、中には石臼を何かの踏み台にしている不届き者もいるようです。

戦争に出かけてばかりいた父のかわりに、母はみかんや米づくりに精をだし、そばを挽くのは主に祖母の仕事でした。私は祖母の手伝いとして、よくこの石臼を使ってそば粉を挽いていたものです。当時は、米以外にも、そば、あわ、きび、とうきび、大豆などが自家用の代用食として栽培され、これらを石臼で挽いては、そばがき、きびもち、あわもちなどを作っていたものです。そしてその味は、子供心にも風味があって非常においしかったのを覚えています。

粉を挽くには石臼に限る

もう一度あの挽きたてのそばがきが食べたい、と思っている方は結構いるようなのですが、ただ市販のもので一〇〇%純粋なそば粉というのは、なかなか手に入りにくいものです。

とくに、そば粉というのは、従来の製粉機で挽くと、どうしても高速で挽いてしまうのでそば粉が熱を持ってしまい、肝心の風味が損なわれてしまうという欠点があります。その点、石臼は生産量としては少量ですが、ゆっくりと時間をかけて粉を挽きますから、熱の発生が少なく、そばそのものの美味しさが逃げないというメリットがあります。

そこで、この石臼にモーターを取り付け、自動化すればおいしいそばがきが食べられるぞと、思ったのが製作のきっかけでした。

素朴な味わいが家族に好評

そばと言えば、年越しそば。大晦日には家族で食べる。そして、新しい年を迎えた時に、挽きたてのそば粉でそばがきをつくり、家族でおいしく食べています。

そば殻をつけたままなら、冷暗所で二年ぐらいはおいしいままに貯蔵がきくので、好きな時に食べられます。息子夫婦や孫たちにとって、挽きたて、しかも純粋なそば粉の状態で食べるというのは、現在ではほとんど無理。それだけに、非常に珍しがるし、素朴な味わいは好評です。また、都会にすむ私と同年代の親類たちが帰ってきたときは、とても喜んで、挽きたてのそば粉をもって帰っていきます。

今のところ、そばしか挽いていませんが、お茶の葉、大豆、とうもろこし、麦などを挽くことで、いろいろな自然加工品が楽しめると思います。今後、いろいろな食材の加工に、この石臼を使っていきたいと思っています。

(愛媛県北宇和郡吉田町大字沖一〇七八―二)

一九九九年四月号　使わなくなった石臼を全自動化してそばがきを楽しむ

修理と改造のポイント

石臼を駆動するために、外径に合わせたプーリーを組み込む。石臼に丁度合う中古のプーリーがないため、鉄工所に特注した。石臼を載せる台と柱は、写真の引伸機を代用。

上臼のプーリーに、刷毛を永久磁石で取り付ける。刷毛が回転して、受け皿の出口から粉を落とす。

50：1の減速比をもつ特殊なモーター。知り合いの電器屋から安く購入。

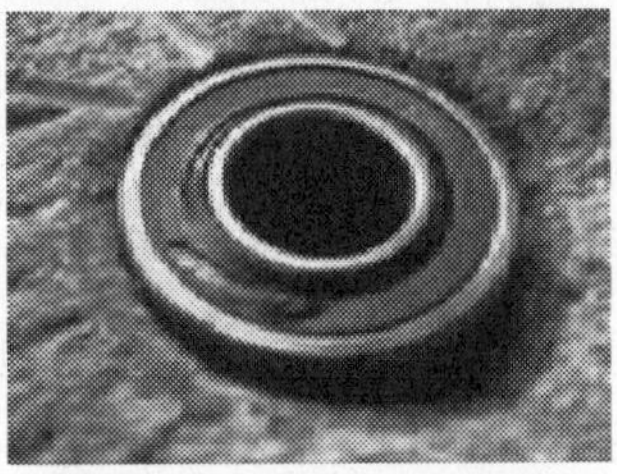

上臼の心受金具。石臼の中心をドリルで削り、ローラーベアリングがちょうど入るようにした。

上臼の修理。表面に差し金を当て、ふくみや表面の歪みを確認する。上臼を下臼にのせ、ゆっくり回してみる。強くこすれたところは、石の粉が白く見えるので、その部分をサンダーで少しずつ削る。この作業を、上下の臼の周辺部分が均等に接触するようになるまで繰り返す。その後、目立てを行なう（122頁参照）。

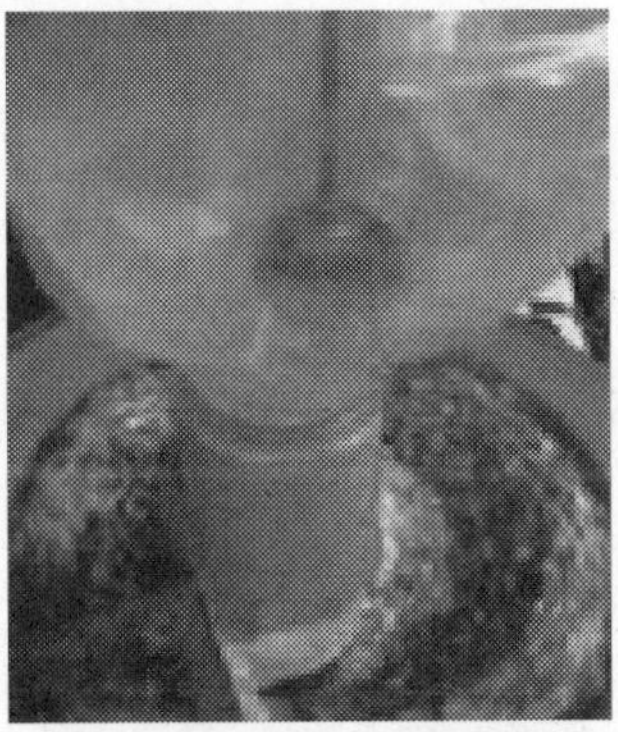

うまくそばを挽くためには、適量のそばを安定して供給する必要がある。タンク内の2か所に供給弁を取り付け、石臼へ落ちるソバの量を調節できるようにした。

下臼の心棒金具を新しいものに交換。

下臼の修理。差し金を下臼の表面に当て、平面になっているか確認する。出ているところがあれば、サンダーで平らに削る。また溝も浅くなっていたので、グラインダーで削った。粉の受け皿として、中古ポンプのカバーを加工し、石臼の大きさに合った受け皿を製作した。

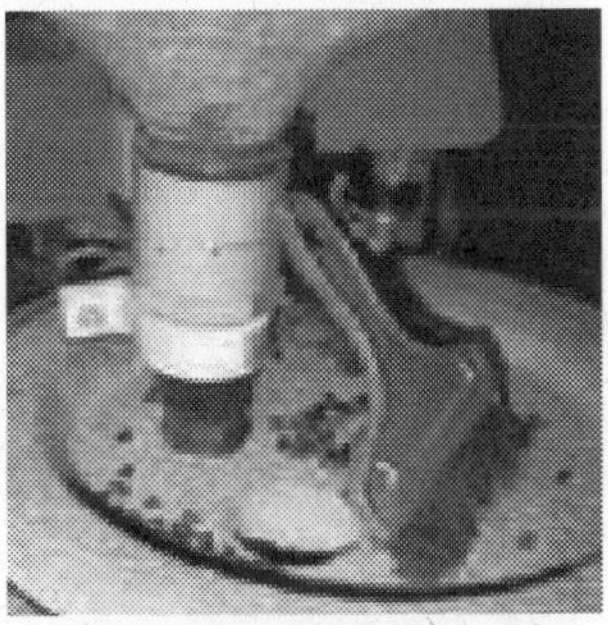

そばが石臼の上部にたまらないように、刷毛で掃き落とすようにした。

オーストリア製 石臼製粉機

田中智一朗　（株）田中三次郎商店

十八世紀にロール製粉がヨーロッパで開発され、穀物の中身を純粋分離した白い小麦粉を大量生産することが可能になりました。現在ではこのロール製粉が主流ではありますが、ヨーロッパの国々では石臼は今でも第一線で活躍しています。

デンマークの製粉工場で、話を聞く機会がありました。工場の責任者によると、石臼粉の需要は毎年増えているとのこと。従来の石臼は、花崗岩を材料にしたものが使われてきましたが、ヨーロッパではファインセラミックスによる石臼が主流になりつつあります。ファインセラミックスによる石臼では、メンテナンスの間隔が延び（二〇倍以上）、大きな径の石臼（直径一・六m）の製作が可能になって、時間当たり生産量が飛躍的に増加しました。

弊社が扱っているのは、ヨーロッパ最大の石臼メーカー・オスティーローラ社（オーストリア）によって製造された最新式の石臼製粉機です。この製粉機を扱ってから六年ほどですが、すでに大小合わせて五八〇台あまりを納入しました。年を追うごとに引き合いが増えています。

オスティーローラ社製の石臼製粉機の特徴は、①耐久性が高いのでメンテナンスの頻度が少なくてすむ。石臼部分は、ゼクステン花崗岩の超硬質砂と磁器石を高温で焼き固めた自然混合石でできている。超硬質で磨耗しないため、石臼表面のキメの粗さが一定に保たれる。②粉砕した穀粉の品質のばらつきが少ない。③石臼の直径は、小さいものは九cmから大きいものは一・六mまである。穀粉の時間当たり生産量は一時間当たり三〜四〇〇kg。

石臼で挽いた小麦は、香りや味の優れたフランスパンやドイツパンなど、ヨーロッパ風のパンづくりに最適です。また、ソバや焙煎大豆の製粉にも多く使われており、近年、米製粉についての問い合わせも急増しています。

（株）田中三次郎商店　福岡県小郡市小郡一五六二　TEL〇九四二—七三—一一一一
http://www.tanaka-sanjiro.com/stonemill/

二〇〇二年七月号　国産小麦の美味しさと健康成分を引き出す石臼製粉機

A400
（石臼径40cm、1,170,000円）

A130 Super-J 100Vインバータ付
（石臼径13cm、310,000円）

ラ・パルラ
（石臼径9cm、96,000円）

小麦の製粉

大楠秀樹　日本製粉(株)中央研究所

小麦は、外皮が強靭で、胚乳が軟らかいため、粉砕により内部の胚乳部を外皮から分離可能であること、さらに、小麦粒の中心には窪んだ粒溝（クリーズ）があるため外皮から削っても完全には外皮を除けない、この二つの理由から、砕きながら粉をとる製粉が昔から行なわれてきた。

精選　原料小麦の中には、砕けた小麦、被害粒、小麦以外の穀物粒、雑草の種、茎、圃場の土などのさまざまなものが混入している。そのため、製粉する前にこれらを完全に除去する。比重、形状、大きさ、マグネット、研磨など各種の精選機を組み合わせて分離する。

次に原料小麦に水を加え、外皮を強靭にして粉状になりにくくし、一方、胚乳部を軟らかく粉砕されやすくし、胚乳を多くきれいに外皮から分離できるようにする。この工程が調質（テンパリング）であり、小麦の最終水分が一四～一六%となるよう、二～三段階に分けて徐々に水を加え、タンクで一定時間放置する。調質が適切でないと、外皮の混入が多く灰分の高い小麦粉となったり、でんぷんの損傷が多い小麦粉になったりする。

精選と調質が終わった小麦は、パン用、めん用などの用途に適した小麦粉となるよう、さまざまな割合でブレンド配合され、製粉工程に送られる。

製粉　ロール機で破砕、ふるい機（シフター）でふるい分け、ピュリファイヤーで純化、の基本工程が繰り返される。これはできるだけ外皮を粉砕しないで胚乳部だけを粉として段階的にとり分けるためである。

破砕　まず、小麦はブレーキ・ロールと呼ばれる表面に溝を切ったロールで小麦粒を大きく開くように破砕する。破砕片は、ふるい機で、最も粗い外皮部分、外皮の付着した粗い胚乳、外皮が混入した細かい胚乳、細かい小麦粉（上がり粉）に分別される。外皮部分は、次のブレーキ・ロールに送られ、破砕とふるい分けを段階的に続け、外皮を細かく砕かずに、内部の胚乳を粗い粒子として分離する。最後に、皮部から胚乳を剥ぎとるように分離して、破砕工程は終了し、残りはふすまになる。

純化　破砕工程から得られた胚乳粗粉は粒度別に区分されて、純化機（ピュリファイヤー）の傾斜したふるい上を進む。ピュリファイヤーでは、ふるい下から風を送り込み、軽い外皮片は浮遊し、重い胚乳片はふるいを抜ける。この比重分離で、外皮混入の少ない純化されたセモリナが得られる。

粉砕　純化された胚乳だけのセモリナは、スムース・ロールという粗面加工したロールで細かく粉砕され、ふるい機で分別される。ふるい上に残った部分は、次のスムース・ロールに送られ、粉砕とふるい分けが繰り返されて、ふるい抜けた小麦粉（上がり粉）をできる限り多くとれるようにする。粉砕の初めにとれる粉は胚乳中心部分に由来しており、灰分が低く良質なため、中華めん用粉などに使われる。粉砕後段になるほど、外皮の混入も多くなり、灰分が高く色も悪くなる。

とり分けと仕上げ　各工程のふるい機から得られた上がり粉は、それぞれの色、灰分、たんぱく質含量、グルテン性状、粒度などが異なるので、目的とする小麦粉の品質となるようにそれらを組み合わせて、二～四種類の小麦粉をとり分け調合する。

製造直後の小麦粉は二次加工適性、とくに製パン性がよくない。小麦粉はしばらく放置すると、空気中の酸素の酸化作用をうけ、加工適性が安定する。これが粉の熟成（エージング）であり、その期間は気温などにより異なる。

農業技術大系作物編第四巻ムギ　小麦の品質と一次加工より

（まとめ　本田進一郎・本誌）

個人の消費者には対応不可能である。そこで、個人消費用の需要については、上限を定めたり購入者を特定できれば（会員制など）、農協や農家が交付金対象の玄麦を販売できるよう、より柔軟に制度が運用されることが望まれる。「米消費拡大」に宣伝費を費やすくらいなら、一般の消費者が国内産の玄麦を手軽に入手できるようにして、需要拡大するほうが、よほど簡単で効果的だ（ごはんを食べる量を増やすことはほとんど無理）。

中世のヨーロッパでは、製粉はきわめて重要な産業であった。そのため、領主や教会が製粉工場を占有して利益を独占し、農民が石臼を所有することさえ禁じて苦しめたという。もちろん、現代日本とはまったく意味が異なるが、一般の庶民が「自由に自家製粉できない」という、中世ヨーロッパ的状況から早く脱したいものである。

		円 /60kg	円 /1kg
パン 中華めん用	春よ恋　北海道	3,775	63
	ダブル８号　群馬	2,786	46
	キタノカオリ　北海道	2,740	46
	タクネコムギ　北海道	2,635	44
	ニシノカオリ　佐賀	2,264	38
	１ＣＷ（参考）	3,068	51
めん用	さぬきの夢2000　香川	3,118	52
	きぬの波　群馬	2,934	49
	あやひかり　群馬	2,477	41
	つるぴかり　群馬	2,468	41
	ホクシン　北海道	2,465	41
	農林61号　福岡	2,454	41
	農林61号　埼玉	2,374	40
	シロガネコムギ　兵庫	2,335	39
	農林61号　群馬	2,251	38
	ナンブコムギ　岩手	2,243	37
	ふくさやか　滋賀	2,190	37
	農林61号　愛知	2,184	36
	チクゴイズミ　福岡	2,160	36
	シロガネコムギ　福岡	2,151	36
	きたもえ　北海道	2,149	36
	農林61号　滋賀	2,138	36
	イワイノダイチ　愛知	2,106	35
	チクゴイズミ　佐賀	2,087	35
	シロガネコムギ　佐賀	2,061	34
	チクゴイズミ　大分	2,046	34
	農林61号　三重	2,024	34
	農林61号　岐阜	2,000	33
	ニシホナミ　福岡	1,975	33
	シラネコムギ　宮城	1,943	32
	農林61号　茨城	1,902	32
	農林61号　栃木	1,878	31
	ＡＳＷ（参考）	2,781	46

19年産民間流通小麦の落札価格　ＡＳＷ（オーストラリアン・スタンダード・ホワイト）と１ＣＷ（カナダ・ウエスタン・レッド・スプリング No.1 等級）は、標準売渡価格。（参考「製粉振興」2007年2月号）

●玄麦の入手先

有限会社 せりた

〒010-0442

秋田県南秋田郡大潟村字東 2-4-30

Tel: 0185-45-2356　　Fax: 0185-45-2877

E-mail: serita@image.ocn.ne.jp　HP: http://www17.ocn.ne.jp/~serita/

品種はハルイブキ（春息吹）、1kg（200円）より販売。送料別で、関東地区では10kgまで715円。

株式会社　金沢大地

〒920-3104　石川県金沢市八田町東９番地　Tel: 076-257-8818　Fax: 076-257-8817

E-mail: home@k-daichi.com　HP: http://www.k-daichi.com

品種や価格については、112頁の記事参照。電動石臼のレンタルあり。

玄麦の入手について

日本では、一般の消費者が玄麦を入手することは、きわめて困難である。現在、国内で生産される小麦のほとんどは、実需者（製粉業者、製パン業者など）による入札と相対取引が行なわれ、播種前に契約して作付けされる。収穫、農協へ集荷、検査を経て実需者に引き渡される。入札価格は外国産小麦なみの価格だが、生産者に対しては生産コストにみあった助成金が交付される（図）。

交付金を受けた玄麦を、農協や実需者が他に転売することは、厳しく禁じられている。国内産麦が先物取引など投機の対象になることや、不正転売された玄麦が、再び出荷されて交付金を詐取するなどの不正を防止するためである。

農家が交付金対象外の玄麦を販売することは自由であるが、外国産麦と国内産麦の生産コストがあまりにも乖離しているため、60kgで１万円前後の「小麦粉」なみの高価格でない限り、農家にとっては玄麦を直接販売するメリットがない。このため、有機栽培農家など、ごく一部の生産者を除いて、玄麦を直接販売する農家はいない。

日本は世界でも、食料自給率がもっとも低い国のひとつであり、多くの国民は食料自給率の向上を望んでいる。近年では、「国産小麦使用」をうたった、うどんやパンが市販されており、かなり大きなマーケットが成立している。現在の民間流通麦制度は、こうした国民の要望を実現させるための方策のひとつであり、つきつめれば、生産者のみならず、消費者の利益を守るための制度である。

しかし、玄麦の売買についてだけをみると、一般の消費者は、たとえ入手できたとしても製粉業者の倍以上の値段でしか購入できず、甚だしい不公平という他はない。現行の制度でも播種前契約すれば、農家が、製粉機を設置している者に交付金玄麦を販売できるが、事務手続きが煩雑すぎて

登熟中の小麦

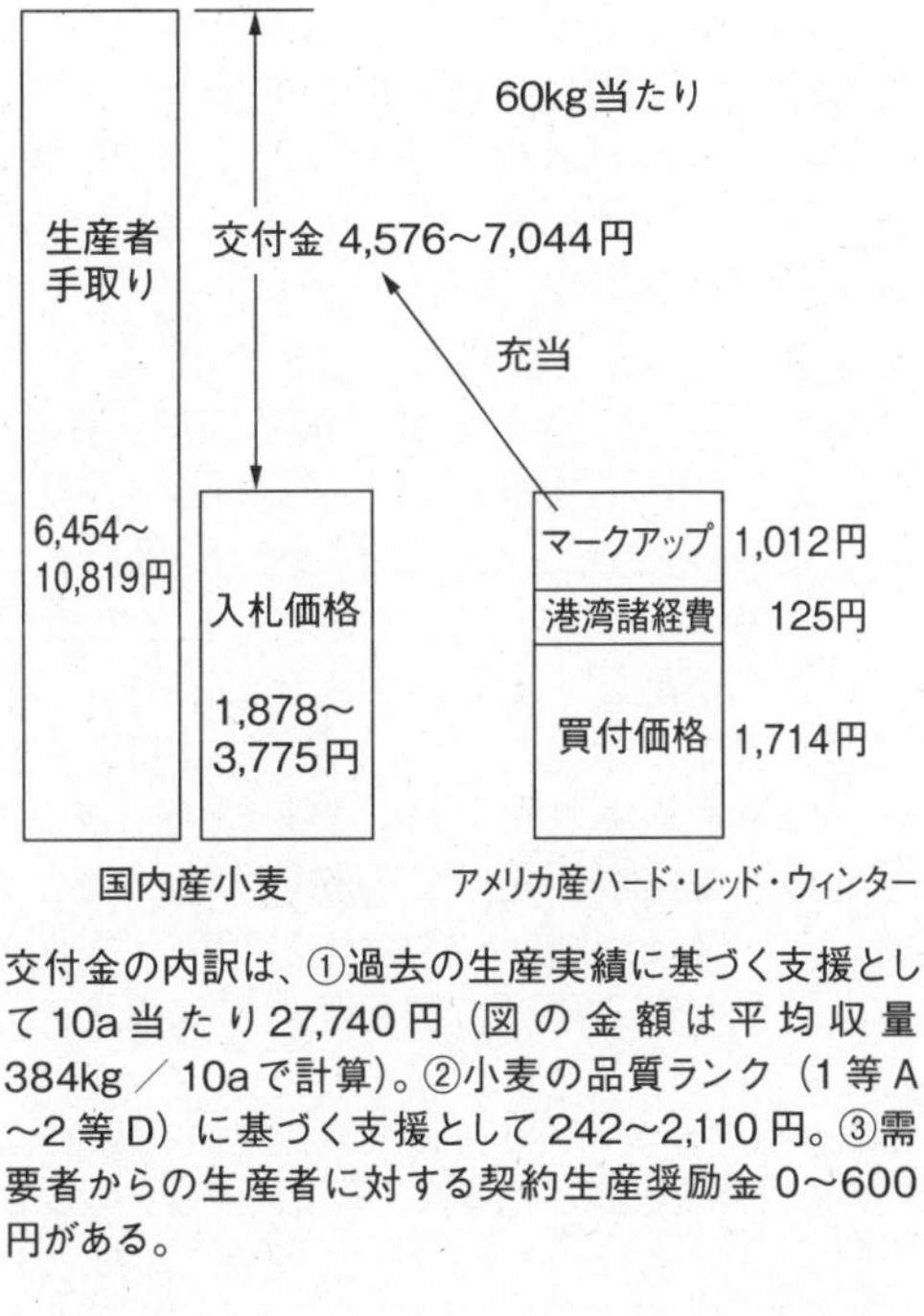

交付金の内訳は、①過去の生産実績に基づく支援として10a当たり27,740円（図の金額は平均収量384kg／10aで計算）。②小麦の品質ランク（1等A〜2等D）に基づく支援として242〜2,110円。③需要者からの生産者に対する契約生産奨励金0〜600円がある。

ロ）など。

Waldner Biotech GmbH（オーストリア）Kärntnerstraße 62 A-9900 Lienz Tel: +43 (0) 4852 70200 Fax: +43 (0) 4852 70200-2　電動石臼 Single（259 ユーロ）など。

SAMAP S.A.（フランス）1, rue du Moulin B.P. 1 68280 ANDOLSHEIM Tel: 03 89 71 46 36 Fax: 03 89 71 48 17　電動石臼 F50（498 ユーロ）、F100（640 ユーロ）など。

●販売店

メーカーが直売しない場合は、販売店を利用する。

TOP-Emma ® Getreidemühlen（ドイツ）Am Roßberg 9 86637 Wertingen Tel: 08272-6362 Fax 08272-6364

Email: info@topemma.de　製粉機専門の販売店。ヨーロッパのほとんどのメーカーの製粉機を扱っており、海外発送も可能。支払いは前払いで、銀行口座への国際送金。

getreidemuehlen.de Regenbogen Naturkost（ドイツ）

Gutenbergplatz 54 59821 Arnsberg Tel.: 02931 - 21455

E-Mail: info@getreidemuehlen.de　製粉機専門の販売店。

●ヨーロッパの製粉機を購入する方法

①日本にある輸入代理店を利用する。品質保証など安心、手軽だが、その分価格は高い。

②直接メーカーか現地の販売店に申し込む。代金支払いはクレジット、国際郵便為替、銀行口座への国際送金などで支払う（送金手数料は¥2,500 ほど）。その他の費用としては、送料（10kg 以内で 52 ユーロ）、関税（19%）が必要。また、輸送時の破損交換時の送料やキャンセル時の送料は自己負担の可能性高い。

③個人輸入の代行業者を利用する方法もある。製品の代金＋送料＋送金手数料＋業者への手数料 20 ～ 25% ＋関税。キャンセル時の送料は自己負担。

●製品の規格についての注意点

手回し式の製粉機では問題はないが、電動式では電圧、周波数の違いを考慮しなければならない。ヨーロッパの多くの国では、一般家庭の電圧、周波数は単相 2 線 230V、周波数 50H z である。日本では単相 3 線 100V（電灯など）と 200V（エアコンなど）で、周波数は西日本 60Hz、東日本 50Hz である（一部に単相 2 線 100V もある）。また、国によってプラグの形状が異なる。

①メーカーに日本仕様（100V、50Hz あるいは 60Hz）があるかたずね、あればそれを注文する（ただし、日本仕様を製造しているメーカーなら、日本の輸入代理店を紹介する可能性が高い）。

②東日本では、日本仕様が無い場合、ヨーロッパ仕様（230V、50Hz）を注文する。自宅の 200V コンセント（エアコンなどで使用）に合うプラグに交換し、200V 電源で使用する。電圧が不足して製粉能力が劣るときは、変圧器で昇圧（200 → 230V）して使用する。

③西日本では、アメリカ仕様（120V、60Hz）がないかたずねる。各社ともアメリカ仕様はかなり販売されている。製粉機のプラグを日本の 100V 用に交換し、100V コンセントで使用する。電圧が不足して製粉能力が劣るときは、変圧器で昇圧（100 → 120V）して使用する。（なお、50Hz 仕様の製粉機を 60H z 電源で使用しても、あるいはその逆のケースでも、回転数が少し変る程度で製粉能力にはほとんど影響ない場合もある。KoMo 社の Fidibus 21 など。）

※これらの作業は、メーカーの指定する規格と異なるので、すべて自己の責任において行なってください。また、配電盤などの電気工事には資格が必要なので、自分で資格をとるか、電気屋さんに相談する。

製粉機の入手先

●日本の家庭用製粉機メーカー

國光社 名古屋市南区星崎1丁目132-1 Tel: 052-822-2658 Fax: 052-811-6365
卓上製粉機￥48,300、ふるい機、石臼など各種。

宝田工業株式会社 京都市右京区西京極南庄境町7-1 Tel: 075-313-6060
手回し製粉機￥19,800、電動製粉機￥39,800など。

㈱フシミ製作所 千葉県長生郡長柄町六地蔵357-12 Tel: 0475-35-0101 Fax: 0475-35-0103
手動型石臼製粉機￥36,000、電動型石臼製粉機 ￥158,000。

●製粉機の輸入代理店

ホンビック株式会社 神奈川県三浦郡葉山町一色869 Tel: 046-876-0986 Fax: 046-876-0983
Kornkraft社（ドイツ）の手回し式石臼、Waldner Biotech社（オーストリア）の電動石臼、SAMAP社（フランス）の電動石臼など。

（株）田中三次郎商店 福岡県小郡市小郡1139-1 Tel: 0942-73-1111 Fax: 0942-72-1911
Osttiroler社（オーストリア）の電動石臼製粉機、ふるいなど。

HIKIKI organic label 合同会社 東京都八王子市狭間町1933-10 Tel/Fax: 042-661-7150
KoMo社（ドイツ）、Osttiroler社の電動石臼。

株式会社 金沢大地 住所は前頁。KoMo社（ドイツ）の電動石臼の販売とレンタル。

●ヨーロッパの家庭用製粉機メーカー

hawos kornmühlen GmbH（ドイツ）Ober-Eschbacher Str. 37 D-61352 Bad Homburg Germany Tel: +49 (0) 61 72 / 401 20-0 Fax: +49 (0) 61 72 / 401 20-19 電動石臼Easy（219ユーロ）など。

KoMo GmbH（ドイツ）Habitzheimer Straße 14 64853 Otzberg-Lengfeld Germany Tel: +49 6162 960351 Fax: +49 6162 960353 電動石臼Fidibus 21-2007（179ユーロ）など。

Kornkraft（ドイツ）Hüttenstrasse 6-7 D-66839 Schmelz Tel: +49 6887 1557 Fax: +49 6887 777724 手回し式石臼Farina（109ユーロ）など。

Schnitzer GmbH & Co. KG（ドイツ）Marlener Straße 9 77656 Offenburg Deutschland Tel: 0781-5047500 Fax: 0781-5047509 電動石臼Pico/Linde（199ユーロ）など。

AGRISAN Naturprodukte GmbH（オーストリア）A-5400 Hallein, Gasteigweg 25 Tel: 0043 6245 832 82 Fax:0043 6245 832 82 77 電動石臼MiniMax（205ユーロ）など。

Osttiroler Getreidemühlen（オーストリア）Heidi Green Stribach 55 A-9900 Dölsach Tel: +43 4852 61061 Fax: +43 4852 61063 電動石臼La Perla（230ユー

ドイツ・KoMo社、Fidibus 21-2007 250W、6kg、179ユーロ。メーカー直売はしていないようなので、輸入代理店か、現地の販売店に申し込む。

ドイツ・Schnitzer社、Pico/Linde 250W、7.5kg、199ユーロ。メーカー直売あり。前払いで送金すれば、海外発送も可。

（土合靖　リニアサーキットデザイン研究所）

ても、まだまだ大量に出回っており選択の幅も広い。

ここでは、入手の容易な複巻トランスを使い、オートトランスと等価な物を安く作る方法を紹介する。ただし、工作が面倒な人や、わずかな材料代の差額より時間の方が貴重な人には、前述の「入力プラグ出力コンセント付き」オートトランスの購入をお勧めする。

また、「100V → 230V」の昇圧の場合は、コスト的なメリットは少ない。「200V 入力」の場合は部品代のコストメリットはあるが、電源の200V コンセントは専用回路（1回路にひとつの負荷）となっており、送り配線（芋蔓式の接続）による増設もできないようになっている。電気工事が必要となる場合もあるので総合的に判断して頂きたい。

まず、昇圧の原理を、「100V → 120V」のケースで具体的に考えよう。オートトランスの説明での記述「入力電源の100V に不足分の20V3A を積み上げれば良い」に注目して欲しい。

図3. 100→120V 昇圧回路

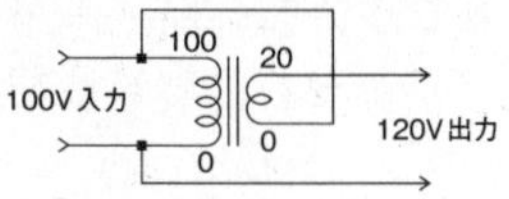

そのためには、2次側が20V3A の複巻トランス（容易に入手可能）を用意し、図3の様に接続すればよい。1次側の100V に2次側の20V が直列接続されて120V が得られる訳で、交流と直流の違いはあるが電池の直列接続と同じことだ。120V を作るつもりで1次側と2次側を直列につないだのだが、得られた電圧が80V しかないという場合がある。その時は接続を図4の様に変更する。電池の直列接続で電池の向きを間違うと予定より低い電圧しか作れないことに相当する。

図4. 減電圧時の処置

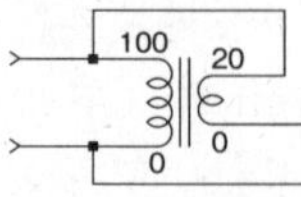

ここまで来れば他のケースも楽勝だ。「100V → 230V」の場合は、2次側が130V の複巻トランス(降圧型ではない。実際は100V 系の絶縁トランスを用意し適当なタップを選ぶ。従って安くはない）を使う。「200V → 230V」の場合では、2次側が30V2A（電流は1.5A で十分なのだが標準品にはない）の複巻トランス（1次電圧200V）を使う。分電盤から3線を引き出すことをいとわなければ、1次電圧100V、2次側30V2A の複巻トランスで済ますことができる。以下に、これらの具体的なやり方と使えそうなトランスを紹介する。

① 100V → 120V

接続は図3のとおり（減極性の場合は図4）なのでここでは、トランスの紹介にとどめる。

・ノグチトランス PM 203　¥3,059
・菅野電機研究所 SP-203　¥3,780
・トヨズミ HT-203　¥2,940

図5 (a) 100→220V 昇圧回路

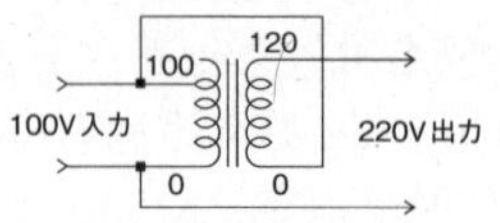

図5 (b) 100→230V 昇圧回路

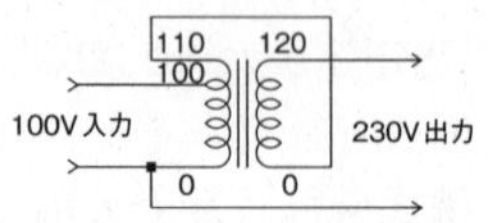

② 100V → 230V

図5の様な接続が考えられる。絶縁トランスには130V の巻線は出ていない（100V 系電源の公称電圧に130V はない）ので、(a) の接続とするのが普通だが、巻線表示値の和を230 に合わせないと気が済まなければ (b) の接続とする。以下に示す様に、前項に挙げたオートトランスの方が安く、価格面のメリットはない。絶縁トランスはノイズ阻止等を目的に作られており当然とも言える。

・菅野電機研究所 ST-200A　¥11,790
・トヨズミ TZ11-150A2　¥6,615

③ 200V → 230V（1次電圧 200V）

図6の様に接続する。

・菅野電機研究所 SPT-302　¥3,717
・トヨズミ 2H-302　\2,940

④ 200V → 230V（1次電圧 100V）

図7の様に接続する。1次電圧の違いによる価格差が殆どないので、手持ち部品活用にこのような手もあるという程度か。

・ノグチトランス PM 302　¥3,059
・菅野電機研究所 SP-302　¥3,633
・トヨズミ HT-302　¥2,940

複巻トランスからオートトランス相当品を安く作ることを狙ったのだが、思ったほどトランスの価格差がなく（複巻トランス2次側の電流定格が切りの良い値しかないので、必要以上に大きなトランスを使わざるを得ないと言う事情もある）、わざわざ新品を買うのであれば最初からオートトランスを買った方が良さそうだ。とは言うものの、手持ちのデッドストックや捨て値で出ている放出品で使える物があれば極端に安く仕立てられるので、今回紹介した手法は覚えておいて損はない。なお、メーカーの連絡先等は以下のとおり。

図6. 200→230V 昇圧回路

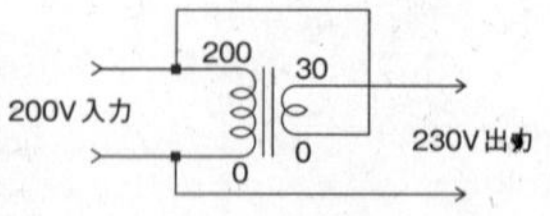

図7. 200→230V 昇圧回路（1次側100V のトランスを使用）

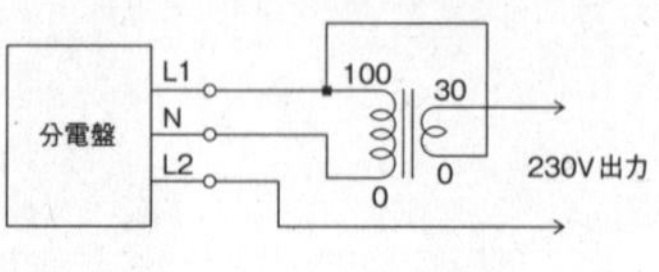

・ノグチトランス（ノグチトランス販売株式会社）　秋葉原に店舗がある。自社ブランド以外も扱う。通販可能。http://www.noguchi-trans.co.jp/
・株式会社 菅野電機研究所　SEL ブランドの老舗。電子部品屋、電材屋等で注文できる。http://www.suganodenki.co.jp/
・トヨズミ（豊澄電源機器株式会社）　機器組込用に豊富なラインアップ。電子部品屋、電材屋等で注文できる。直販会社（トヨデン）が秋葉原にある。http://www.toyozumi.co.jp/toppage.htm

（有）リニアサーキットデザイン研究所
宮城県亘理郡山元町坂元字新城2番地39　Tel: 0223-33-5015
電子回路の開発、製造及び販売。
E-mail Ｉ：lcd_rd@ybb.ne.jp　HP: http://www.geocities.jp/lcd_rd

輸入電気製品を国内で使うための安価な昇圧手段

●電圧差がネックになる

輸入電気製品を日本国内で使いたい場合、供給電圧の違いが問題となる場合がある。とくに交流モータの応用製品では、日本における公称電圧が低いため十分な性能を引き出せないことがある。交流モータでは、供給電源の電圧のみならず周波数も重要である。日本では50/60Hzが混在しているので、モータは両周波数に対応するよう設計されている（地域間の移動で進相コンデンサを換えることはあるが、モータ自体は交換不要）が、輸入品ではその保証はない。モータを利用した製粉機などでは、以下のように対処することを前提としている。

・50Hz地域:EU（欧州）仕様を使う。230Vが必要。
・60Hz地域:US（米国）仕様を使う。120Vが必要。

※US仕様が50Hzでも問題なく回ることが判明すれば、簡単な昇圧ですむ120V/50Hzとしても良いのは言うまでもない。

上記を前提として、拙稿では以下の場合に対処する方法を考察する。

① 100Vから120Vを得る…基本的な事例で容易。
② 100Vから230Vを得る…手法は①と同じだが昇圧比が大きいので装置が大がかりになる。
③ 200Vから230Vを得る…200Vが使える場合、僅かな昇圧で済む点が有利だが電気工事を要する場合がある。分電盤周りをDIYでいじれる人にはお勧め。

●小サイズのオートトランスがおすすめ

交流を変圧（今回は昇圧）するには変圧器（以下、トランス）を使う。鉄心に少なくとも2組の巻線を施した構造で、図1のようなシンボル（回路記号）で表される。1次巻線に入力電圧を与え、2次巻線から出力電圧を取り出す。1次巻線と2次巻線の巻数比が変圧比に等しいので、巻数比に応じた任意の2次電圧を得ることができる。

1次と2次側の巻線が独立しているのが一般的なトランスの構造だが、巻線の一部を1次と2次側とで共用するタイプの物があり、それをオートトランス（単巻変圧器、シンボルは図2）と呼んでいる。通常のトランス（以下、複巻トランス）では、2次巻線につなぐ負荷に供給する電力を賄えるだけのエネルギを伝送する必要があるが、オートトランスでは巻線に共用部があることにより、入出力の電圧差に相当する分だけのエネルギを伝送できれば良いので鉄心や巻線は小サイズで済む。

具体例で考える。製粉機Fidibus 21の250Wモータで120V仕様の場合、3Aあれば十分に駆動できる。①複巻トランスで2次側が120V3Aであればトランスの容量は360VAとなる。②100Vを120Vに昇圧するオートトランスであれば、入力電源の100Vに不足分の20V3Aを積み上げれば良いので、60VA（=20V × 3A）の電力を賄えればよい。言い換えると、オートトランスでは複巻トランスの僅か1/6の規模で同じ大きさ（360VA）の負荷を駆動できる。入出力の電圧差が小さい場合、とくに有利となる。

今回のように商用電源から絶縁する必要がない用途では、オートトランスの利用が得策である。

図1. 複巻トランス

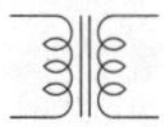

図2. 単巻トランス（オートトランス）

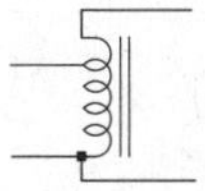

●市販の昇圧装置およびオートトランス

輸入電気製品を日本国内で使う場合や、国産電気製品を海外で使う場合のための電圧変換装置が市販されているが、これらにはオートトランスが使われている。海外仕様のコンセントや日本仕様のプラグも付いていて購入後すぐに使える物から、汎用的なオートトランスまであるが、250W程度のモータに対応可能な物だとそれほど高くはない。適当な物を幾つか紹介する。

① 100V → 120V
・ノグチトランス U-350 入力プラグ出力コンセント付き ¥3,928
・菅野電機研究所 300BU 入力プラグ出力コンセント付き ¥8,673
・ノグチトランス PMAT 300K トランスのみ（ラグ端子）¥2,953
・菅野電機研究所 SZ300 トランスのみ（ラグ端子）¥3,230
・トヨズミ UD11-300A2 トランスのみ（端子台）¥3,465

② 100V → 230V
・ノグチトランス E-300 入力プラグ出力コンセント付き ¥6,926
・菅野電機研究所 300BE 入力プラグ出力コンセント付き ¥14,500
・ノグチトランス 2PMAT 300K トランスのみ（ラグ端子）¥4,506
・菅野電機研究所 SA300 トランスのみ（端子台）¥9,750
・トヨズミ AD21-300A2 トランスのみ（端子台）¥5,985

③ 200V → 230V
・ノグチトランス PM2AT 300W トランスのみ（ラグ端子）¥5,250
・トヨズミ UD22-500A2 トランスのみ（端子台）¥4,515

「入力プラグ出力コンセント付き」は、製粉機のプラグが合えば即用可能。「ラグ端子」はハンダ付けによる接続。感電を防ぐ措置（ex. ケースへの収納）を要する。「端子台」はネジ留めによる接続。端子台にカバーがあればトランスは露出で使える。価格はWEB上から拾った参考価格。送料等が別途発生する場合もある。メーカー情報は稿末で一括掲載。

●入手しやすい複巻トランスを使う方法

オートトランスはトランス全体から見れば特殊な部類に入り、用途が限られ流通量も少ない、従って価格的にもあまり安くはならないと思われる。それに対し機器組込用の降圧型複巻トランスは、スイッチング電源の普及がめざましい昨今であっ

バーベキューで焼いた肉や、炭で焼いた焼き鳥のおいしさは誰でも知っている。石窯の灰の中で焼いた、焼きたてのピザやパンを食べる機会はめったにないが、そのおいしさを想像するだけで楽しくなる。パンを焼く人にとって、石窯はあこがれの存在だ。

復元された古代エジプトのパン焼き窯（写真提供：キリンビール栃木工場）

楽しさいっぱい焼き上がる♪手作り石窯の作り方

え・文　いとうまりこ

火をおこして窯でパンを焼く。心も体もパンといっしょにふくらんで、充実した気持ちまで焼き上がる。48頁で登場していただいた難波さん夫婦は、そんな石窯のあるくらしを楽しんでいる。今回は個人でも楽しめる手づくりの石窯の作り方を教えてもらいました。

ピザ！
天然酵母
石窯
屋根をつくったら窯の乾きがよくなって良く焼けるようになりました！
岡山県倉敷市児島 難波旭禮《アキラ》さん（39才）
石窯は2年前の夏に完成
歯科医なので定休日に少しずつつくっていった。
地域のおかしとパンコンテストで賞をもらったことも。
アルミホイル
紅こうじとよもぎで色をつけた三色のパン
余熱でヤキイモもほくほくに焼ける。
焼きたてピザ
ピザを焼こう！
生地の材料
小麦粉500g
（強力粉に薄力粉を1～2割混ぜる）
ホシノ天然酵母 生種……大さじ2
塩……約小さじ2/3
オリーブ油…大さじ1～2
水……200～250cc
材料をよくこねる
パン生地よりやわらかめ
ねかせる
約1.5～2倍にふくらむまで
分割してのばす
手で均等にのばす

去年の夏に完成した屋根
2カ月半程かけてじっくり
ゆっくりつくった。
屋根をつくった時にアキラさんに頼んでつけてもらったブランコ
「遊楽《ゆら》旭輝堂《きょくきどう》」という屋号で、いろいろ工夫して遊ぶ会をつくり、日々ふたりでたのしんでいます。
99.7.18
完成年月日
リサイクルの植物油で走る車
不要になった電信柱を再利用した柱
耐熱レンガでかまどもつくる予定
難波有輝《ユキ》子さん(36才)
トマトソースのつくり方
トマト水煮缶……2コ
(ざるで種をこしておく)
酒か白ワイン……約1/2カップ
タマネギ……1/2コ
セロリの茎……1/2本
ニンニク……1〜2片
みじん切りにしておく
塩……少々
オレガノかマジョラムはこのみで。
ローリエ……1〜2枚
トマト・酒・オレガノやローリエを入れて煮立ったら弱火で30分くらい煮る
中火でこのみの固さまで煮詰めてから、さいごに塩で味をととのえる。
みじん切りにしたものをよく炒める
塩少々
炒めすぎるとタマネギが甘くなりすぎるのでその前にやめること
トマトソース
火
高温で焼く。ピザを少しずつ回転させて焼くとまんべんなく焼ける
トマトソースをぬり、このみでハーブをのせる。
何もぬらずに焼くとピタパンになる。
ふくらむ!

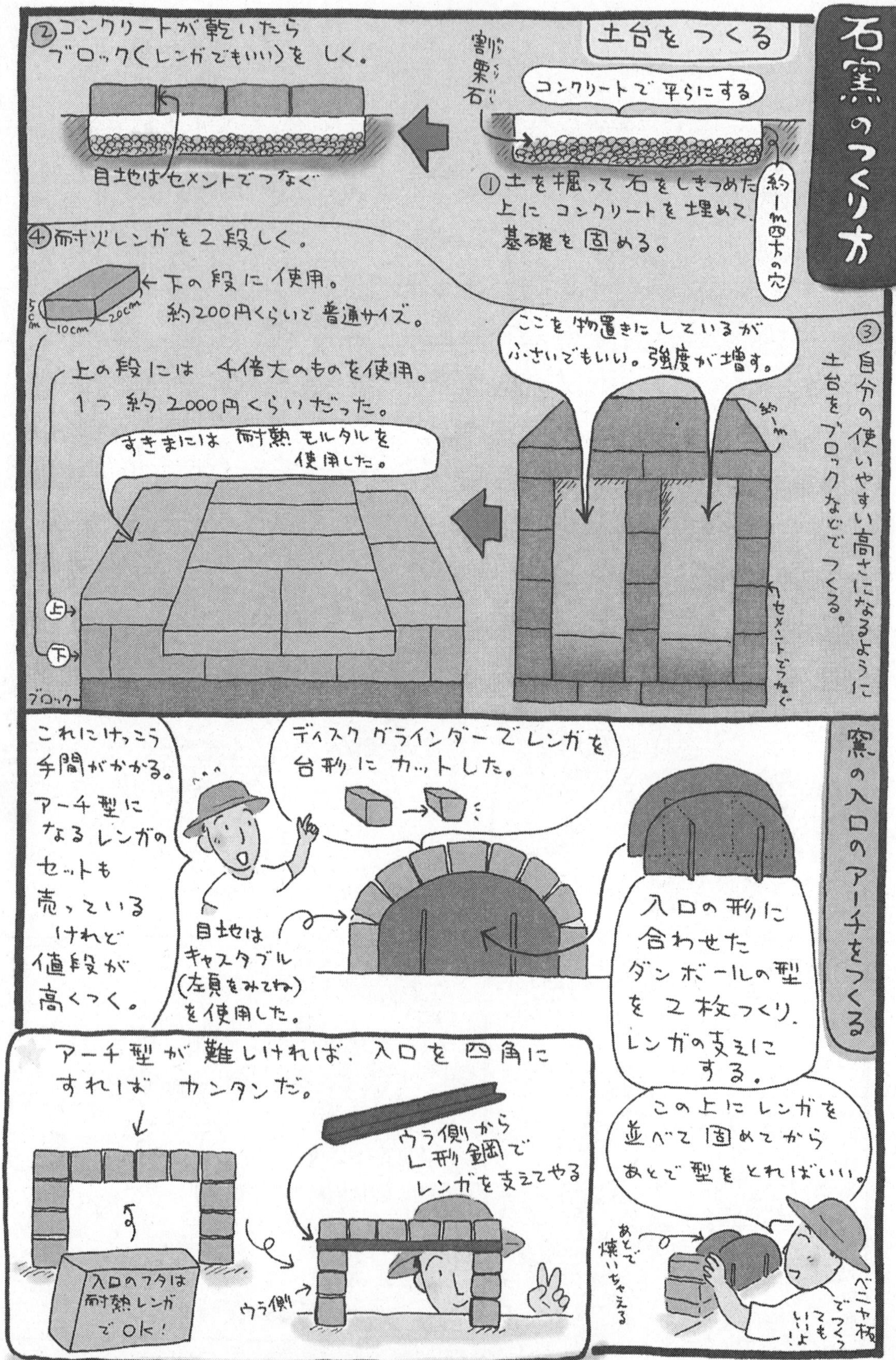

石窯のつくり方
土台をつくる
割栗石
コンクリートで平らにする
①土を掘って石をしきつめた上にコンクリートを埋めて、基礎を固める。
約1m四方の穴
②コンクリートが乾いたらブロック（レンガでもいい）をしく。
目地はセメントでつなぐ
③自分の使いやすい高さになるように土台をブロックなどでつくる。
ここを物置きにしているがふさいでもいい。強度が増す。
約1m
セメントでつなぐ
④耐火レンガを2段しく。
5cm
10cm
20cm
←下の段に使用。約200円くらいで普通サイズ。
上の段には 4倍大のものを使用。1つ約2000円くらいだった。
すきまには耐熱モルタルを使用した。
上
下
ブロック
窯の入口のアーチをつくる
これにけっこう手間がかかる。アーチ型になるレンガのセットも売っているけれど値段が高くつく。
ディスクグラインダーでレンガを台形にカットした。
目地はキャスタブル（左頁をみてね）を使用した。
入口の形に合わせたダンボールの型を2枚つくり、レンガの支えにする。
この上にレンガを並べて固めてからあとで型をとればいい。
あとで焼いちゃえる
ベニヤ板でつくってもいいよ
☆アーチ型が難しければ、入口を四角にすればカンタンだ。
入口のフタは耐熱レンガでOK!
ウラ側からL形鋼でレンガを支えてやる
ウラ側

あとがき
2006年 3月
中力？ 強力？？
グルテン？？
コーボ？？
61号？？？
何のことだ！
粉
連載をはじめた8年前…
「パンづくり」に関しては
全くの「どしろうと」でした
おお！
そうだったのか
チしぶどうを
こうやって…
そんな
ワタシに惜し気もなく「おいしいパン」の作り方を
伝授していただき…
ありがとうございました！！
おかげさまで
このような
本 になりました♥
この本を手に
されたみなさま♥
ぜひ「おいしいパン」を
どしどし焼いて
くださいね！
あれ〜ふくらまない〜
やっぱりまだどしろうと…
？
☆印刷所のみなさま♥♥♥
農文協編集部のみなみなさま
お世話になりました！
ありがとうございます

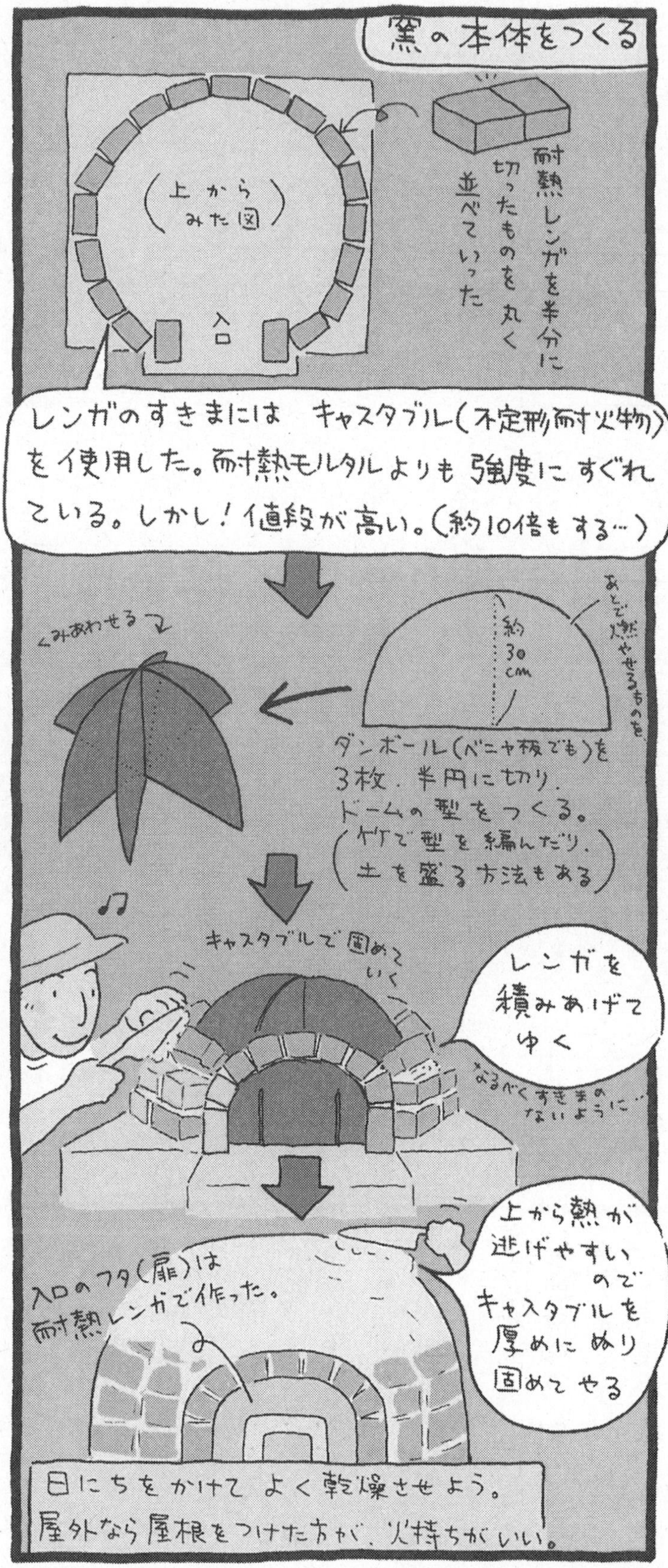
窯の本体をつくる
耐熱レンガを半分に切ったものを丸く並べていった
上から みた図
入口
レンガのすきまには キャスタブル（不定形耐火物）を使用した。耐熱モルタルよりも強度にすぐれている。しかし！値段が高い。（約10倍もする…）
くみあわせる
約30cm
あとで燃やせるものを
ダンボール（ベニヤ板でも）を3枚、半円に切り、ドームの型をつくる。
（竹で型を編んだり、土を盛る方法もある）
キャスタブルで固めていく
レンガを積みあげてゆく
なるべくすきまのないように…
入口のフタ（扉）は耐熱レンガで作った。
上から熱が逃げやすいのでキャスタブルを厚めにぬり固めてやる
日にちをかけて よく乾燥させよう。
屋外なら屋根をつけた方が、火持ちがいい。

ほのかな酸味♡石窯で焼く田舎風全粒粉パン

え・文　いとうまりこ

ずっしりパン
干しぶどう酵母
石窯
せんたくものもよく乾く!
岡山県御津郡加茂川町
焼き屋
三《み》木《き》啓《ひろ》靖《やす》さん 30才
岩上《がみ》ななえさん 30才
レンガはリサイクル!
きな棒
かりっと焼きあげた、きな粉味のスティック
ごまミツパイ
酵母はすべて干しぶどうで作ってます。ちょっと酸味があるのが特長です。
ぶどうパン
くるみパン

ふたりは、もともと岡山の人ではない。ともに、東京のパン工房『ルヴァン(自然酵母でパンを焼いている)』で3〜4年修行していた。

美容師を3年間ほどやっていたというななえさん。「同じ手を使う仕事だったけど、食べ物を作るほうがいいなぁ…って。それに、パンの方にひらめきを感じたんです。」

啓靖さんは大きなパン屋さんに5〜6年働いていたことがある。「普通の町のパン屋をやるつもりでいたんだけど、天然酵母のパンにも興味があって、ルヴァンに入ったんです。」

そこで、こんなにおいしくて自然なパン作りがあるんだ、とカルチャーショックを受ける。お菓子じゃないパン。ライフスタイルの延長線上にある、生き方としての、パン作り。原始的で神秘的な「石窯」にも、ふたりは魅力を感じていた。

いっしょにパン屋を始めようとしたときに、ルヴァンとも親しい吉田牧場の人が「ここでやってみないか?」と声をかけてくれた。

「全く何にも無いところから始めたので、

いちどに 約10kgの パンが 焼けます!
☆火曜日は お休み。
岡山市内の自然食品店など への卸しの ある日は 多めに焼く。
その他、個人の予約で 焼いたりも している。
ホイロの 棚板
穴が あいている
吉田牧場の入り口で焼いてます。
赤い 三角屋根が 目印
この家を 吉田牧場さん から借りて ふたりは住んでいる。
鳥の巣や ハチの巣(!) がある
「焼き屋」さんは ココ!
小屋も 手づくり
こちらの方には 吉田牧場が広がっている。
本格的な モッツェアラチーズ などを生産し、東京方面 にも出荷している。
地元でも有名な牧場だ。
郵便配達の おじちゃんや 近くの工事現場 で働いている おばちゃんも よく買いにきてくれる。
多くの人の手を借りました。そんな人たちとのつながりが、ありがたいですね。」
これからも生活のなかで楽しんでいきたい、というふたり。若々しい自由な楽しさと、作ることの素朴な喜びが、いっぱい、のパン焼き屋さんでした。

焼き屋さんの手づくり石窯

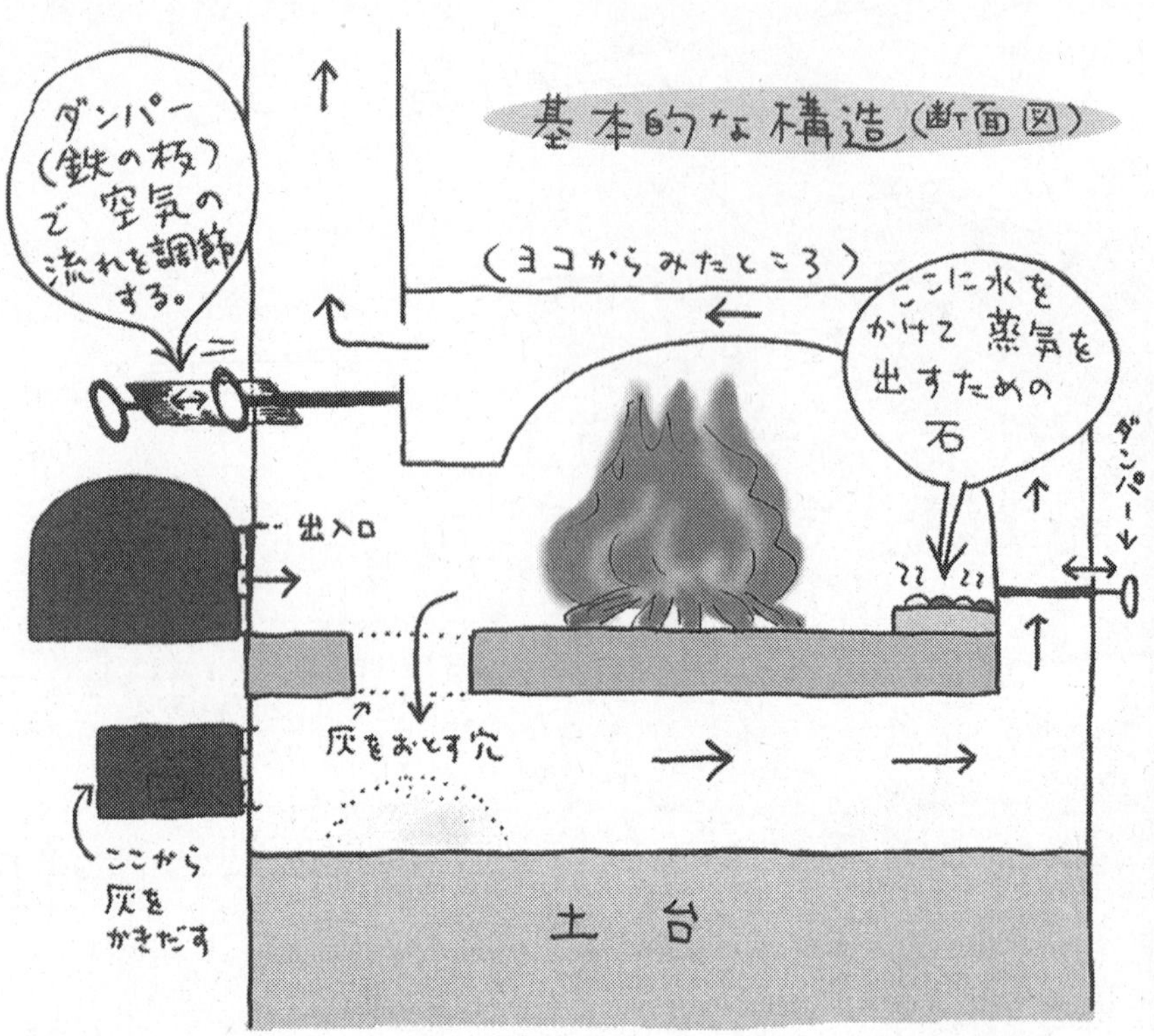

基本的な構造(断面図)
(ヨコからみたところ)
ダンパー(鉄の板)で空気の流れを調節する。

灰をおとす穴
ここから灰をかきだす

①まきで火を燃やして窯を熱する。

②燃やした灰を手前の穴から下へかきおとす。

③灰をモップでふく。その音で温度の高低がわかるとか……

④パン生地を入れて、奥の石に水をかけて蒸気を出し、余熱で焼きあげる。

石窯と小屋はほとんどふたりで約5カ月で作り上げた。まず、小屋の屋根を作ってから窯に着手した。

ちょうど、加茂川町の陶芸家から、使わない窯を壊した耐熱レンガをもらい、自分なりに設計して作った。鉄の扉なども友人に作ってもらった。

主にリサイクルの材料を使い、約5万円(!)程で、去年の8月に完成。9月のはじめから、店への卸しをスタートする。

最初は慣れなくて、水蒸気や火の加減に苦労した。まきは近辺の道路工事で切られる廃材をなるべく使うようにしているが、思った以上にまきを使うので、買わなければ間に合わないのが悩みの種、とか。

ホイロで第一次発酵 約1時間半
(30度から33~34度)
水に塩を入れ酵母を混ぜたものを粉に混ぜてよ〜くこねる。
粉と水がうまく合わさる瞬間をイメージしてこねてます!

シンプル!

材料 カンパーニュ(田舎風全粒粉入りパン)

- 小麦粉(強力粉)……400g
  (豊作(ブレンドの粉) 北海道産のチホク・ホクシン 農林61号・シラネ)
- 全粒粉……100g
  (電動石臼でひきたてを使っている)
- 塩……11g
- 酵母(生種)……180g
  (干しぶどうからおこした酵母。作り方は前月号ナド参考に)
- 水……約300cc
  (季節や粉によって調節)

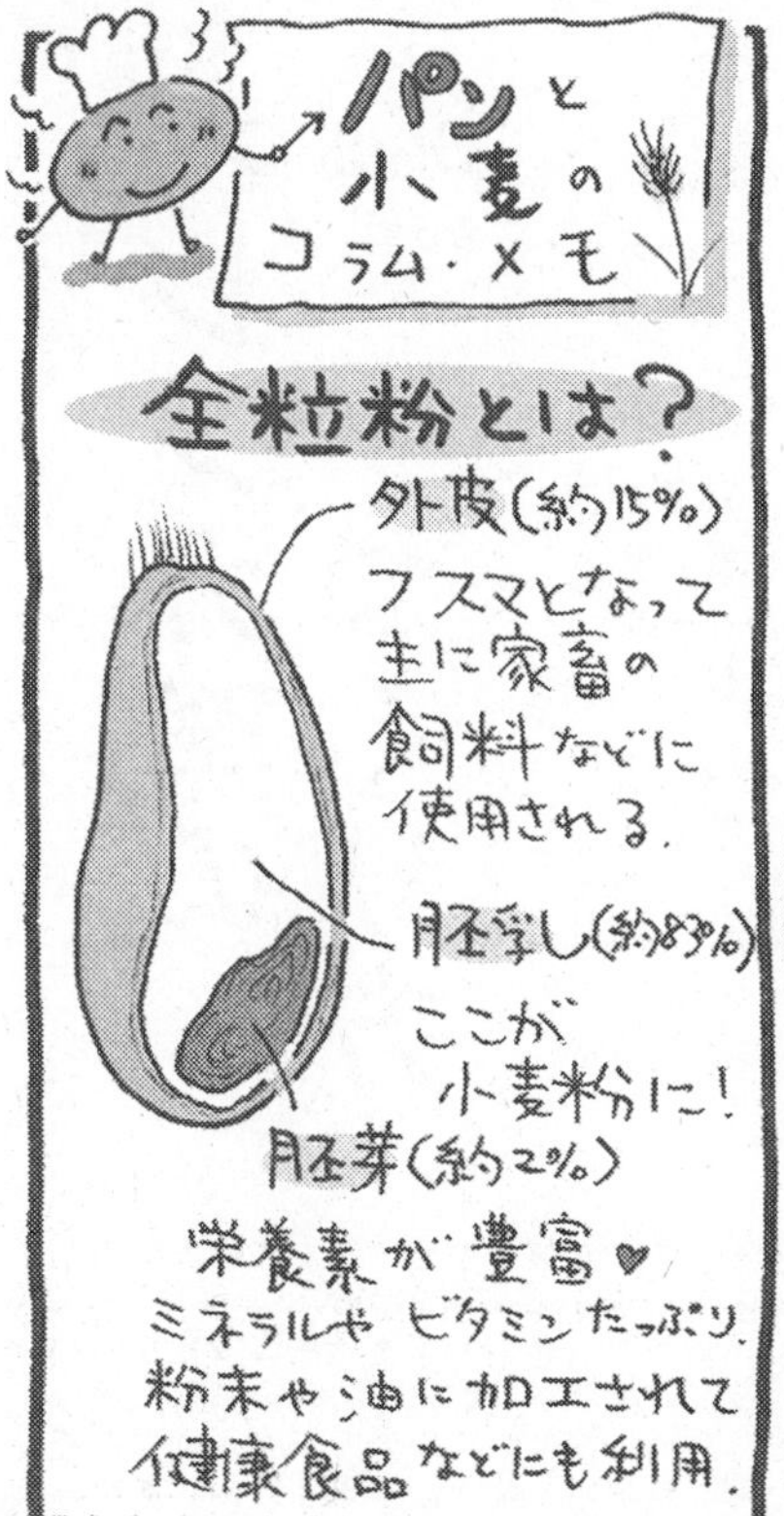
パンと小麦のコラム・メモ
全粒粉とは？
外皮（約15％）
フスマとなって主に家畜の飼料などに使用される。
胚乳（約83％）
ここが小麦粉に！
胚芽（約2％）
栄養素が豊富♥
ミネラルやビタミンたっぷり。
粉末や油に加工されて健康食品などにも利用。

粒を表皮ごと挽いたものが、全粒粉。ミネラルやビタミンなどいろいろな栄養素が豊富に含まれている。

全粒粉をパンに使うと、黒っぽく濃い茶色の重たいパンになり、味に甘みと風味がでる。田舎風のパンに合う。中種として使用してもいい。

全粒粉パンは
どっしりパン
栄養もたっぷり♥
モー
ブー
フスマおいしいね
ココココ…

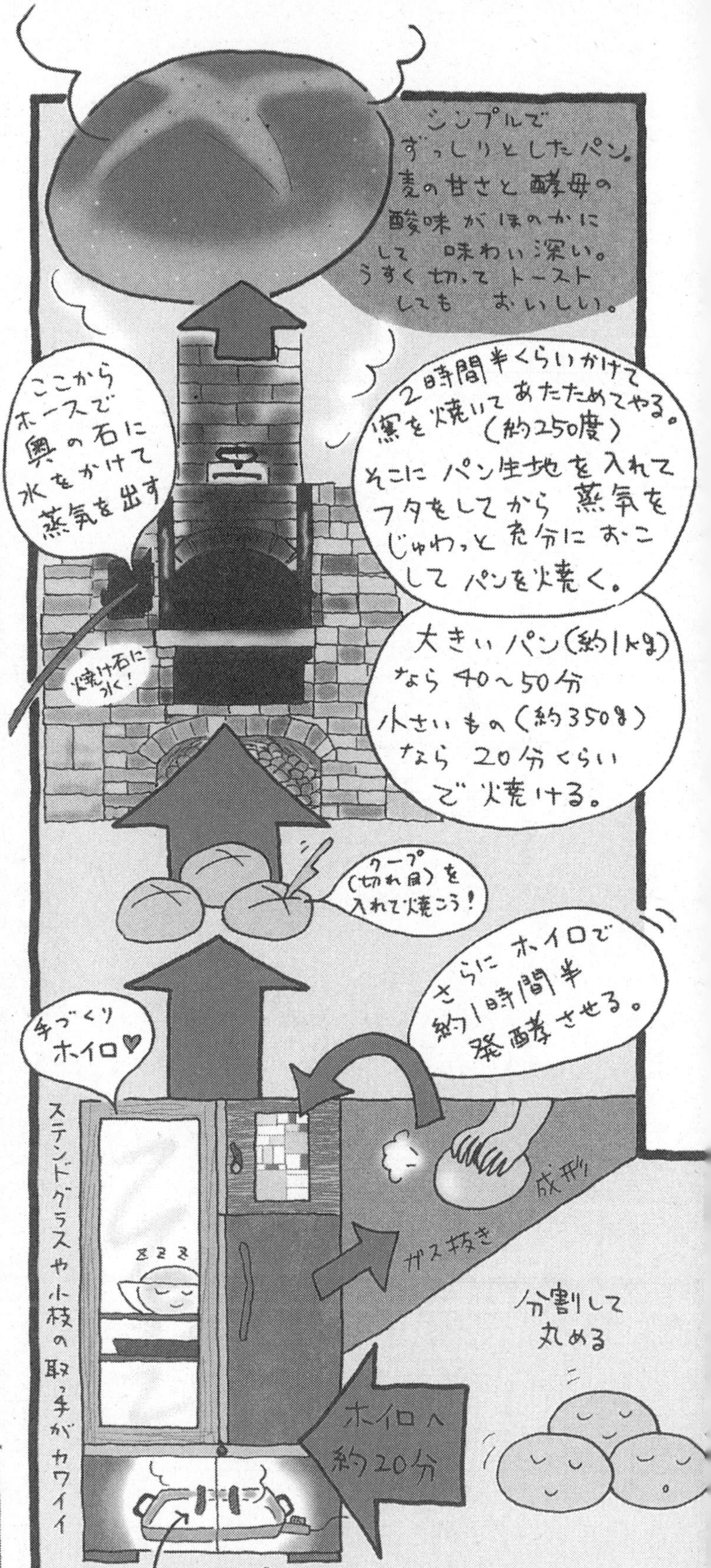
シンプルでずっしりとしたパン。麦の甘さと酵母の酸味がほのかにして味わい深い。うすく切ってトーストしてもおいしい。
ここからホースで奥の石に水をかけて蒸気を出す
2時間半くらいかけて窯を焼いてあたためてやる。（約250度）そこにパン生地を入れてフタをしてから蒸気をじゅわっと充分におこしてパンを焼く。
焼け石につく！
大きいパン（約1kg）なら40～50分
小さいもの（約350g）なら20分くらいで焼ける。
クープ（切れ目）を入れて焼こう！
さらにホイロで約1時間半発酵させる。
手づくりホイロ♥
ステンドグラスや小枝の取っ手がカワイイ
成形
ガス抜き
分割して丸める
ホイロへ約20分
ホットプレートでお湯をわかして蒸気を出してあたためている。

Brick Oven

レンガ窯のつくり方

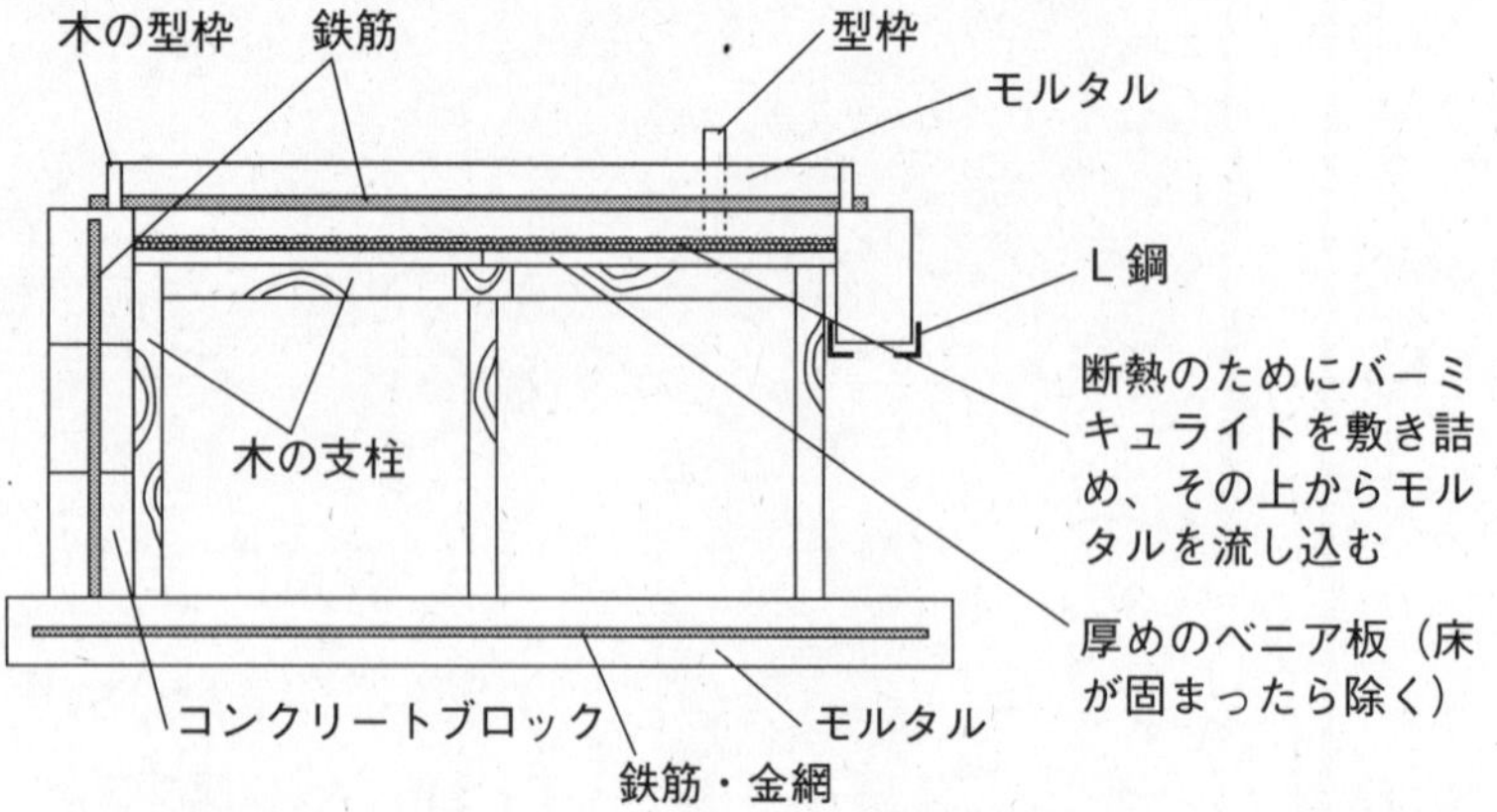

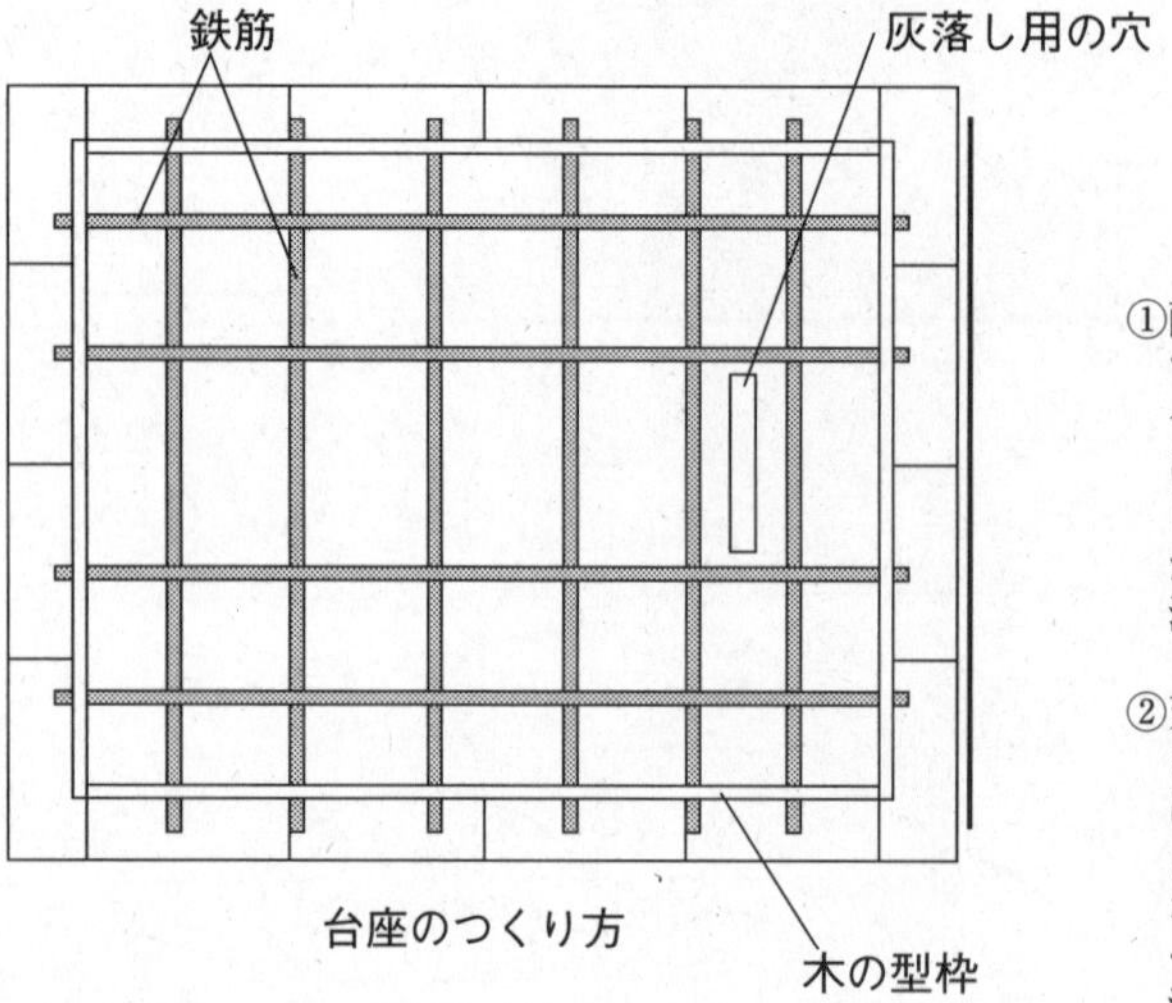

台座のつくり方

①耐火モルタルは耐火レンガを積むための専用の粘土で、セメントと違って接着力が弱い。塗る厚さは2～3mmで、ぴったり密着して構造的に安定する部分に使う。耐火モルタルで耐火レンガを積むときは、レンガを水でぬらさない。耐火モルタルは高温で焼かないと硬化しない。焼き固める前に雨にあたると流れるので、施工前に上に屋根をかけるのがよい（常温で硬化するタイプもある）。

②天井アーチを並型（直方体）の耐火レンガで組むときは、接着力の強い耐火セメントを使う（くさび型に加工されたアーチ専用の耐火レンガを使用するときは、耐火モルタルを使う）。天井部や側面の大きな隙間を充填するときも耐火セメントを使う。耐火セメントで耐火レンガを積むときは、レンガを水に浸ける。耐火レンガは吸水性が強いので、乾いていると耐火セメントの水分を吸いとってしまい、接着しにくいため。

③普通の赤レンガを普通のモルタルで積むときも、レンガを水に浸してから積む。

④耐火モルタル（床、側面など）と耐火セメント（天井など）を併用したときは、吸水させた耐火レンガをよく乾燥させてから、中で火を燃やし、耐火モルタルを硬化させる。

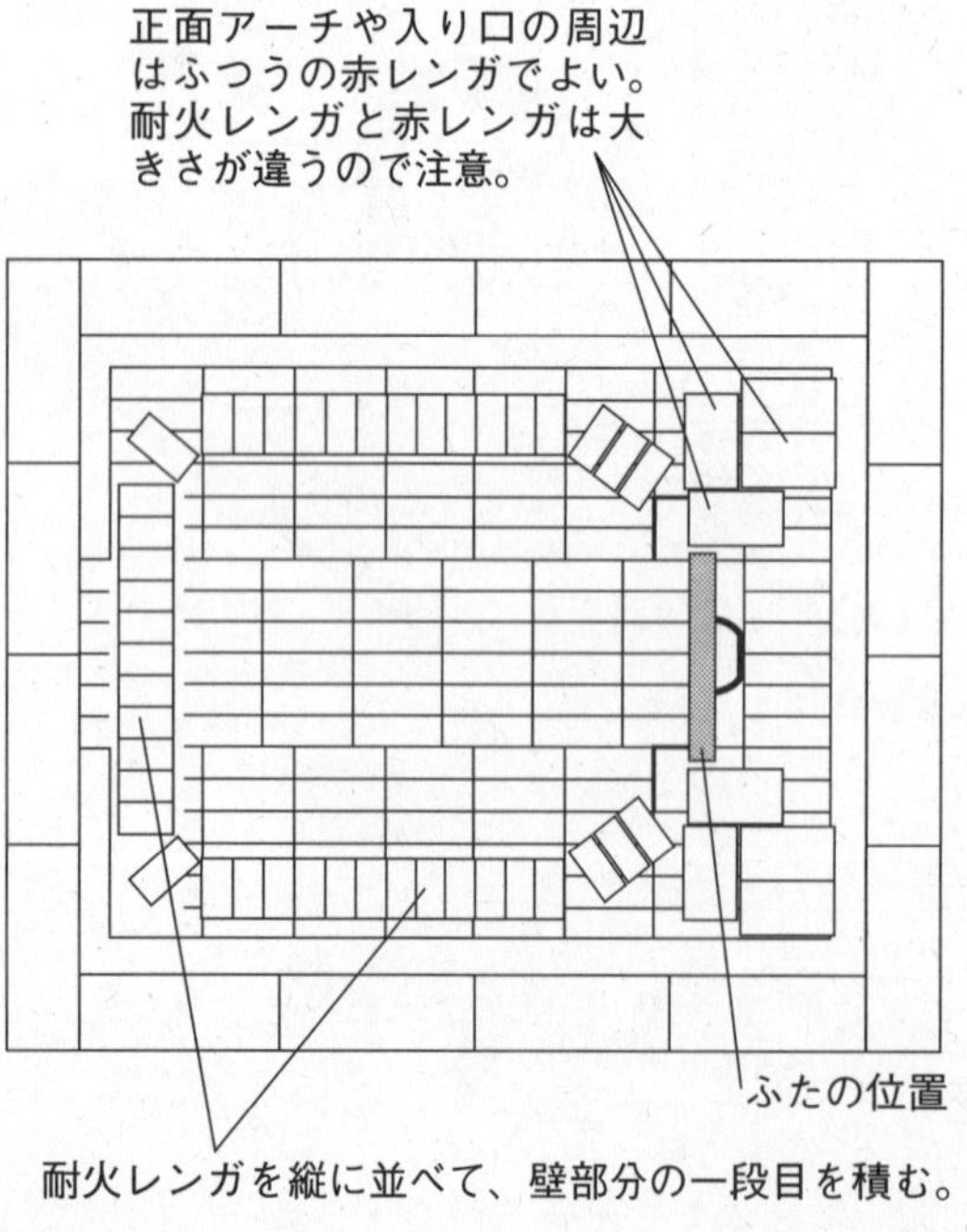

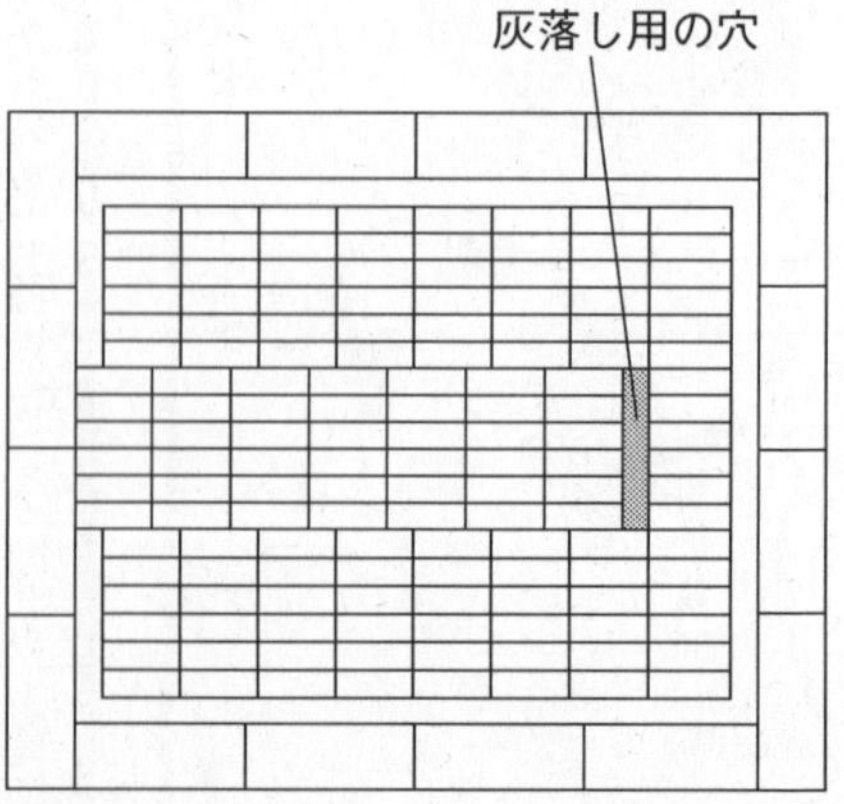

耐火モルタルを使い、火床の耐火レンガを敷きつめる。

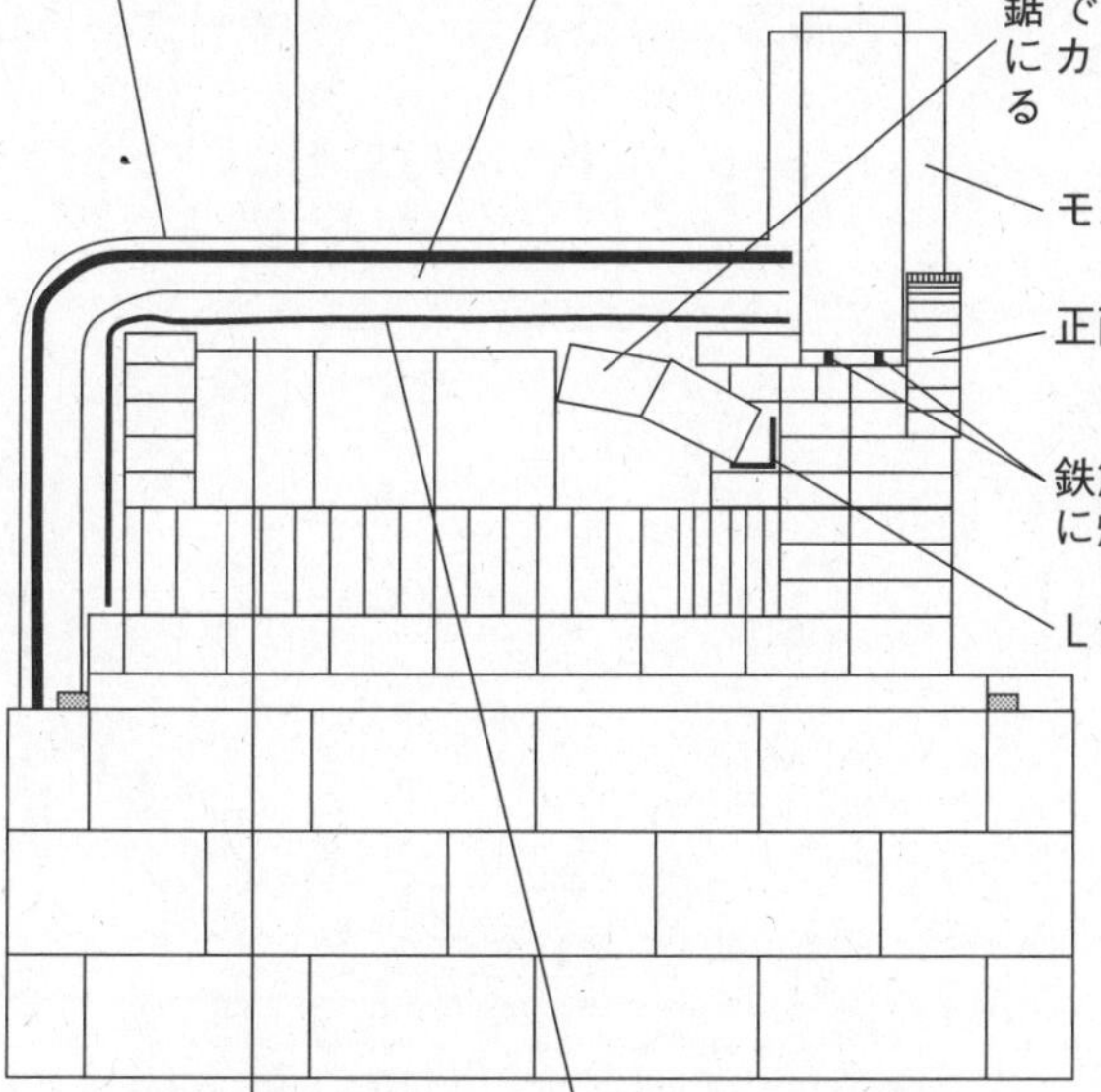
鉄筋のフレーム
モルタル＋金網
モルタル
石切り用の鋸で、斜めにカットする
モルタル
正面アーチ
鉄筋２本の上に煙道を置く
L鋼
耐火セメント
アルミ箔で釜を覆う

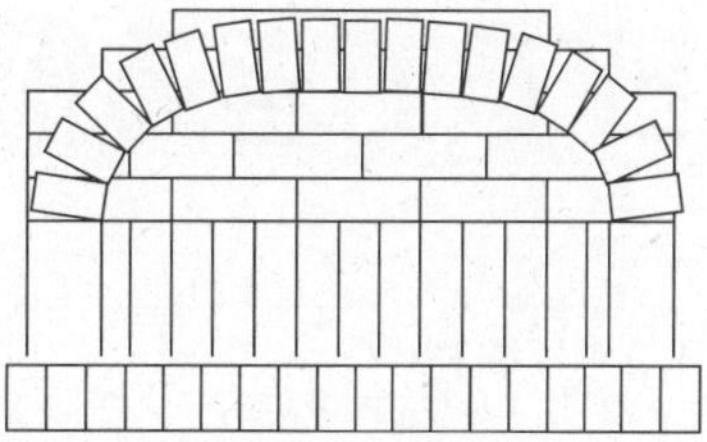

背面と天井部の積み方

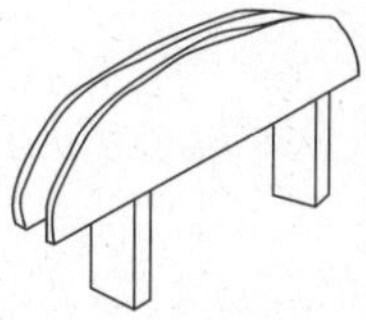

天井のアーチの木型をつくる

砕いた小さなレンガを間にはさんでアーチの形を組み、レンガとレンガの間に耐火セメントを流し込む。固まったら木型を横に移動させて隣の列を積む。

レンガの外側に耐火セメントを塗り、レンガがよく乾いたところで、中で火を燃やして、床や側面の耐火モルタルを硬化させる。次に、熱を反射するためにアルミ箔で釜を覆い、その外側にモルタル用の金網を張る。板で側面に型枠を組んで、モルタルを流し込む。

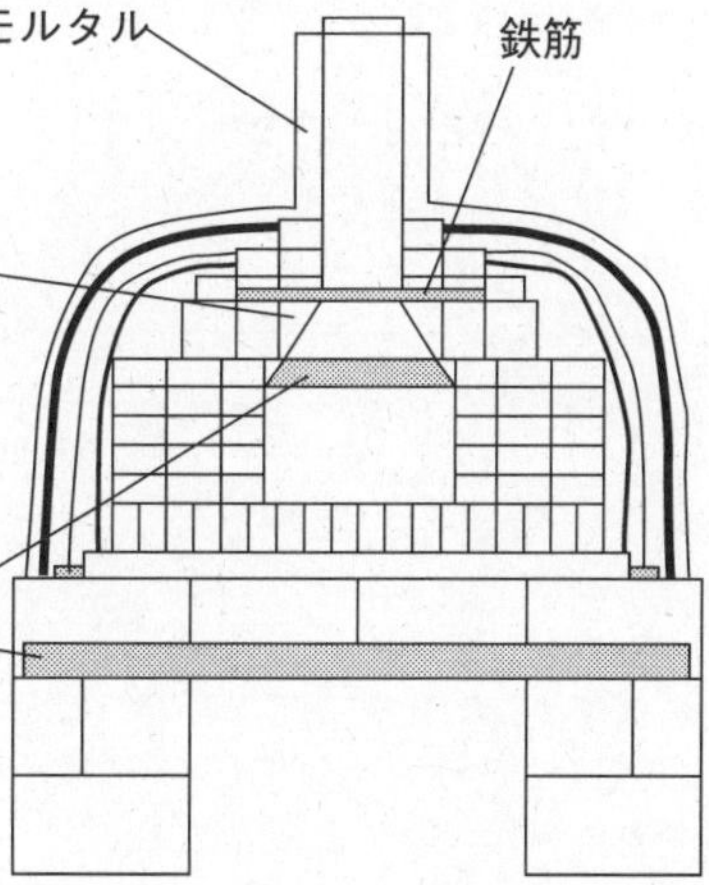
斜めに木型をあてて、モルタルを注ぎ、煙道をつくる
L鋼

アーチをつくる前の、正面部分の積み方

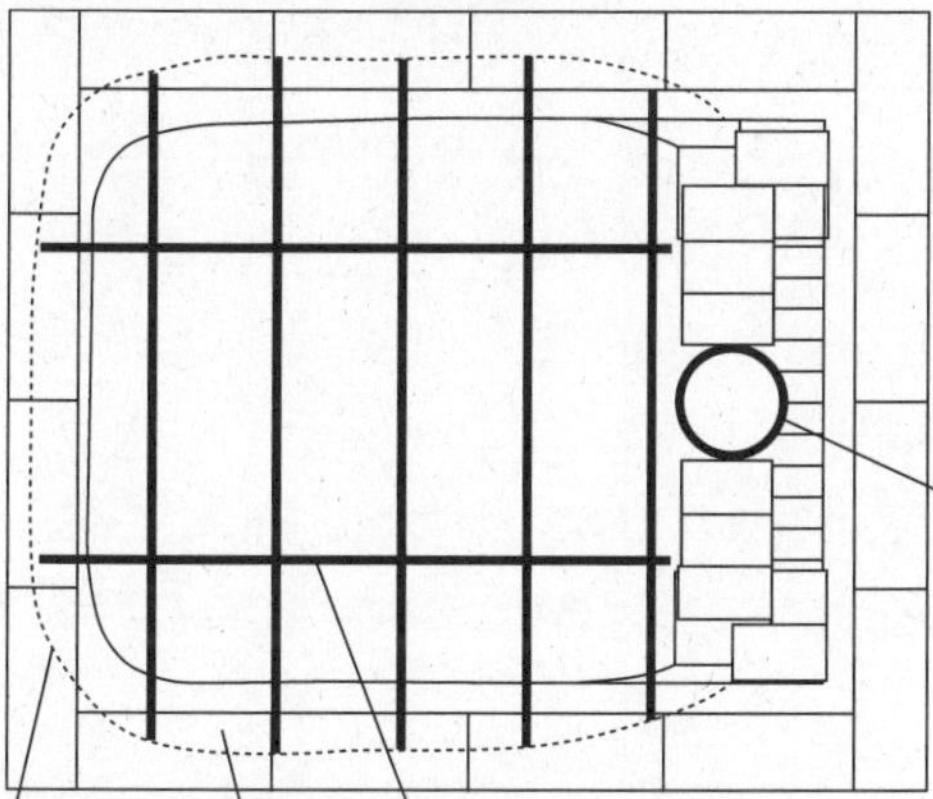
煙道は素焼きの土管など
金網
細い鉄筋などを曲げてフレームをつくる
バーミキュライトを間に充填

目の細かい金網をフレームに固定し、間の空間に断熱のためのバーミキュライトを充填する。金網の外側にモルタルを塗る。

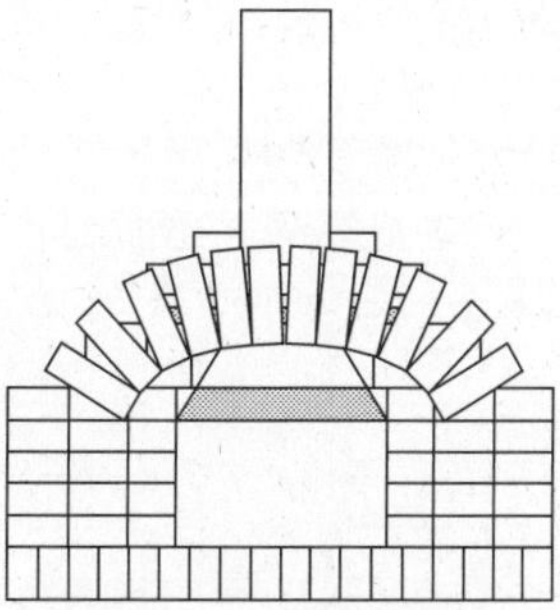

正面アーチの積み方の例

一番外側全体に、白く漆喰を塗って完成。オーブンの中の温度を計測したいときは、組み立てるときに、天井や火床の部分に熱電対を埋め込む。

構成　本田進一郎・本誌　参考　The Bread Builders、The Modestus Baking Company、LOG CABIN CHRONICLES、Little Stream Bakery, Perth, Ohio、Paul Dunn's Brick Oven Home Page、Matt Considine Building a brick oven ほか

1日でできる簡単石窯のつくり方

須藤章　（石窯コーディネーター）

石窯つくりの材料
コンクリートブロック36個、赤レンガ　詳細は自分で計算、鉄板　1枚、鉄筋15本、粘土　地面を掘って取る。

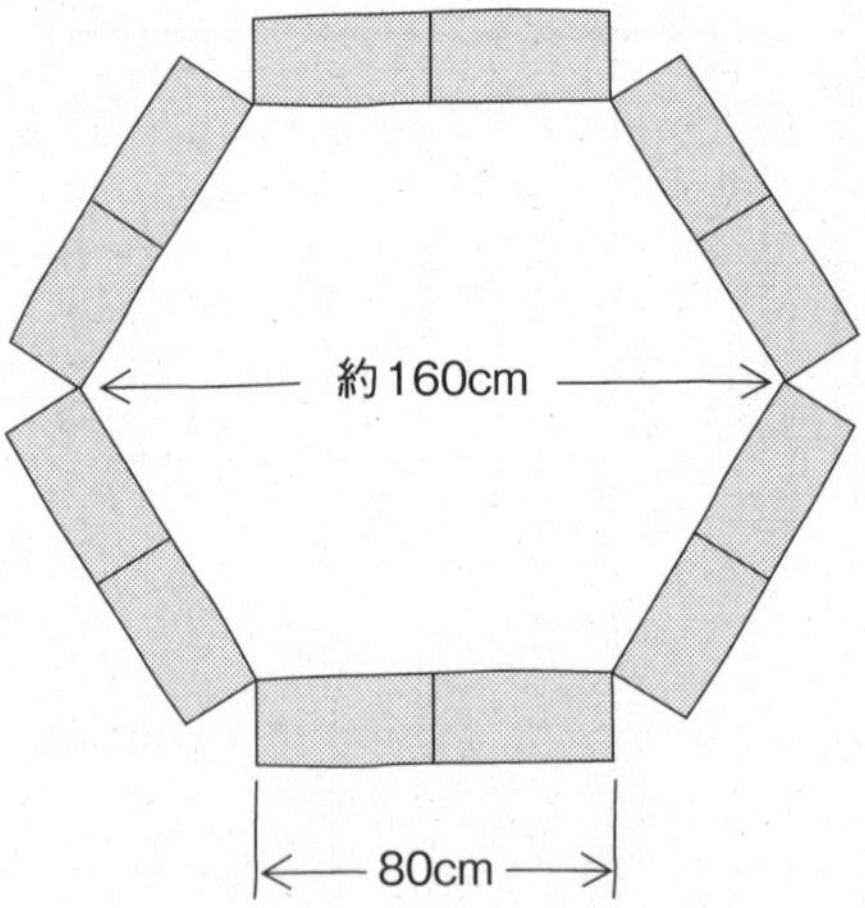

①コンクリートブロックを12個並べ六角形×3段に積む。中は空洞のままでよい。

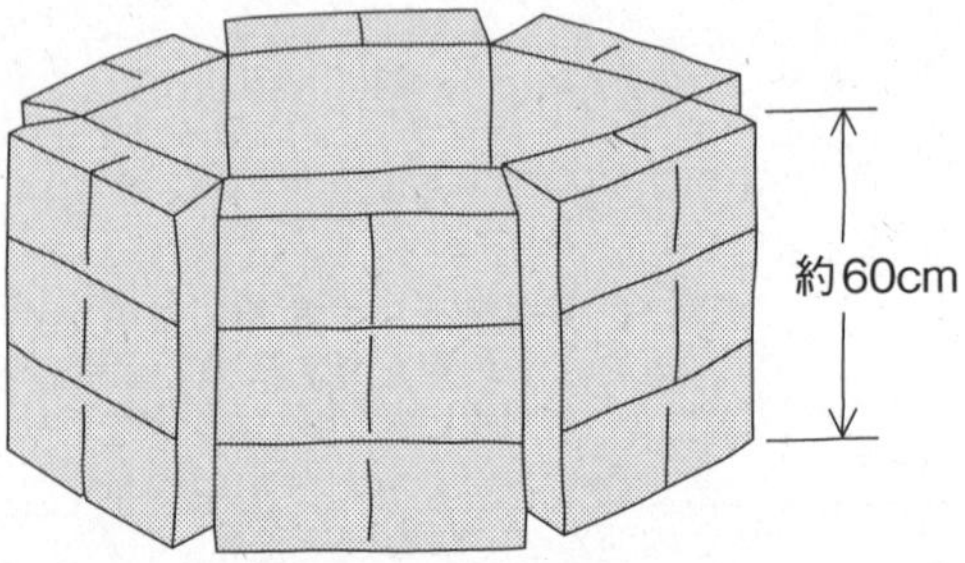

②鉄工所で鉄板を切ってもらって、かぶせる。6mm厚のもの。形は六角形でも円でもよい。鉄板を調達できないときは土をつめる。

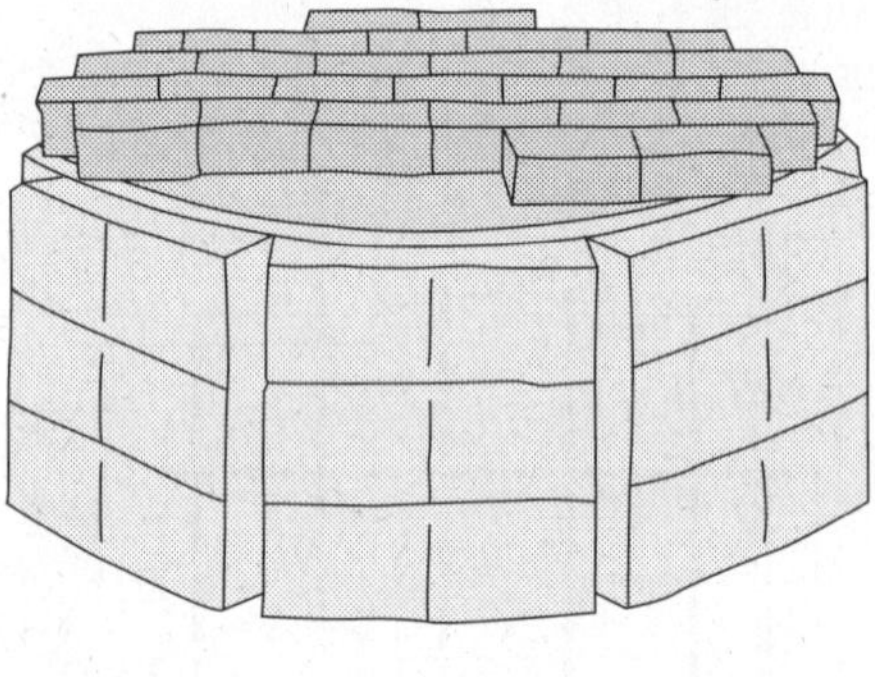

③鉄板の上に赤レンガをびっしり並べる。土をつめた場合は、土の上に赤レンガを並べる。

④床の赤レンガの上に、壁の赤レンガを並べる。約20個×3段（セメント不要）。半分ずつずらして積む。

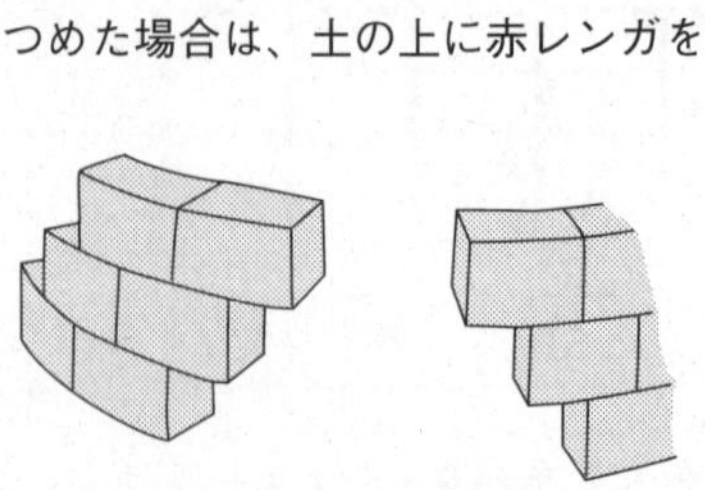

⑤入り口の積み方

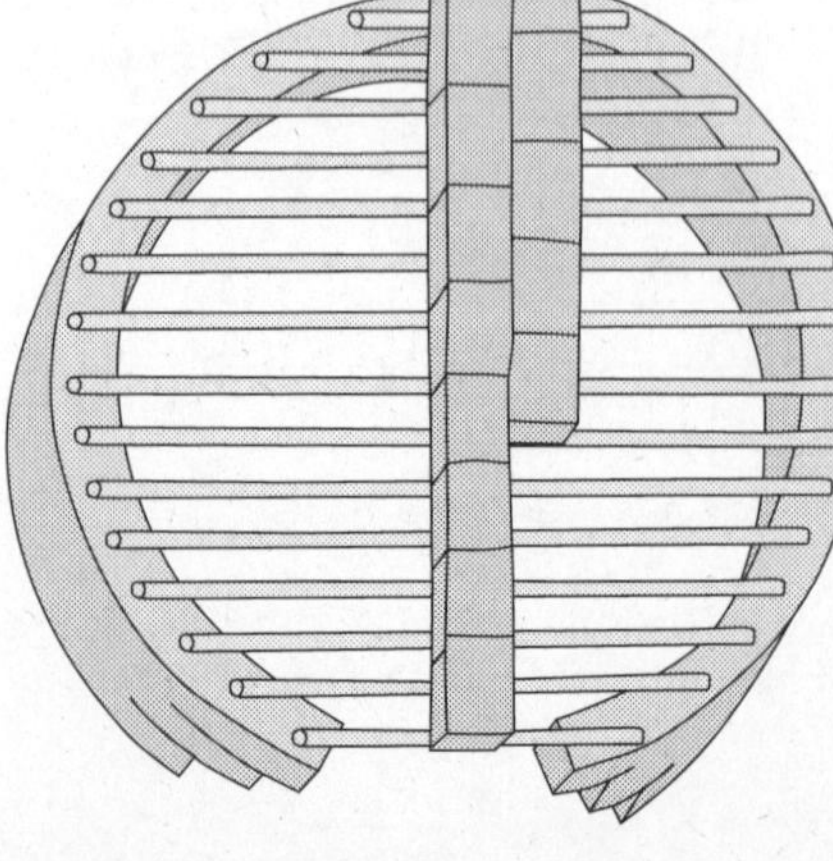

⑥コンクリートブロック用の鉄筋（三分＝9mmの太さ）を15本並べる。その上に赤レンガを置いて、屋根をつくる。鉄筋はあらかじめ長さを計算してホームセンターか鉄工所で切ってもらう。念のため、やや長めにしておく。

ピザの焼き方

材料

小麦粉150g、塩2g、オリーブオイル15g、水75cc、具はお好みで。材料をいちどに混ぜてこねる。あんまりこねすぎるとサックリでパリパリした食感ではなく、パンのような食感になるので注意。生地が乾かないよう。タッパーに入れておく。

⑦屋根と壁の間に隙間が空いているので、粘土でふさぐ。粘土は、地面を30cm以上掘ったところからでてくるので、よく踏んでこねておく。コンクリートブロックにしっくいを塗れば地中海風。色ガラスのかけらやペイントでデコレーションすると楽しい。

⑧薪を1時間ぐらい燃やして十分に熱くする。

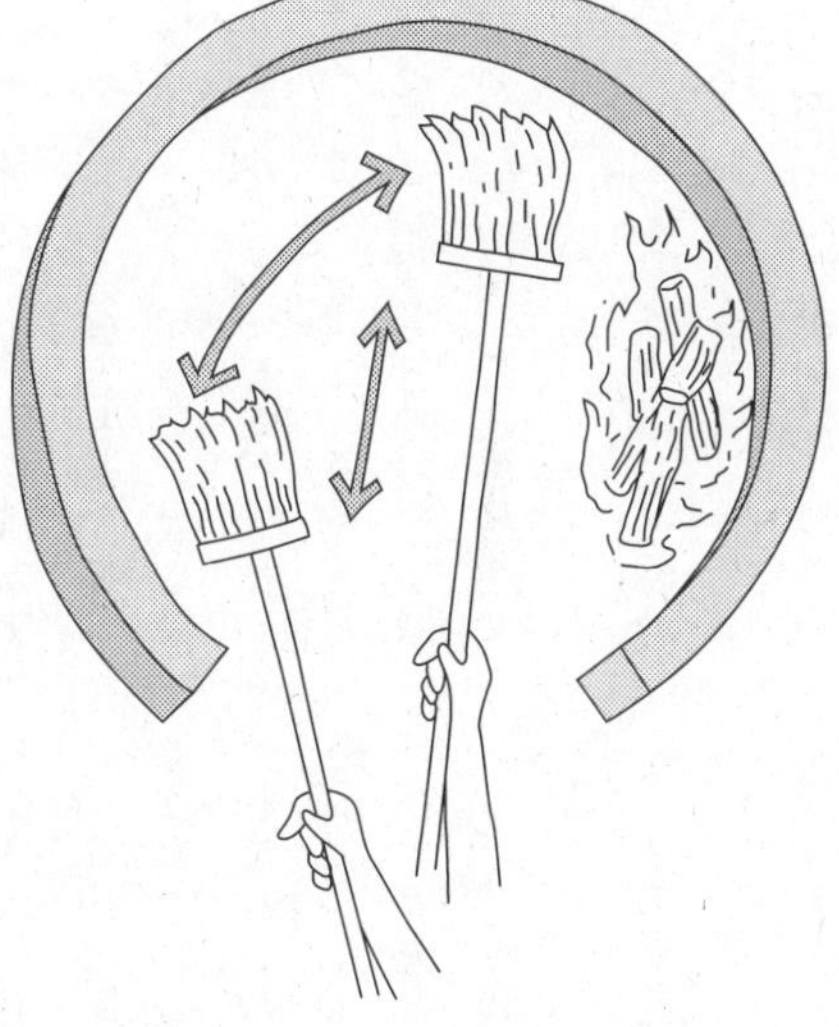

⑨薪を隅に寄せる。消してはいけない。少しずつ薪をついで炎を燃やしつづける。その一方で、濡らしたモップで灰を拭く。ただし、やりすぎるとレンガが冷えてしまうので、軽く1～2回でよい。

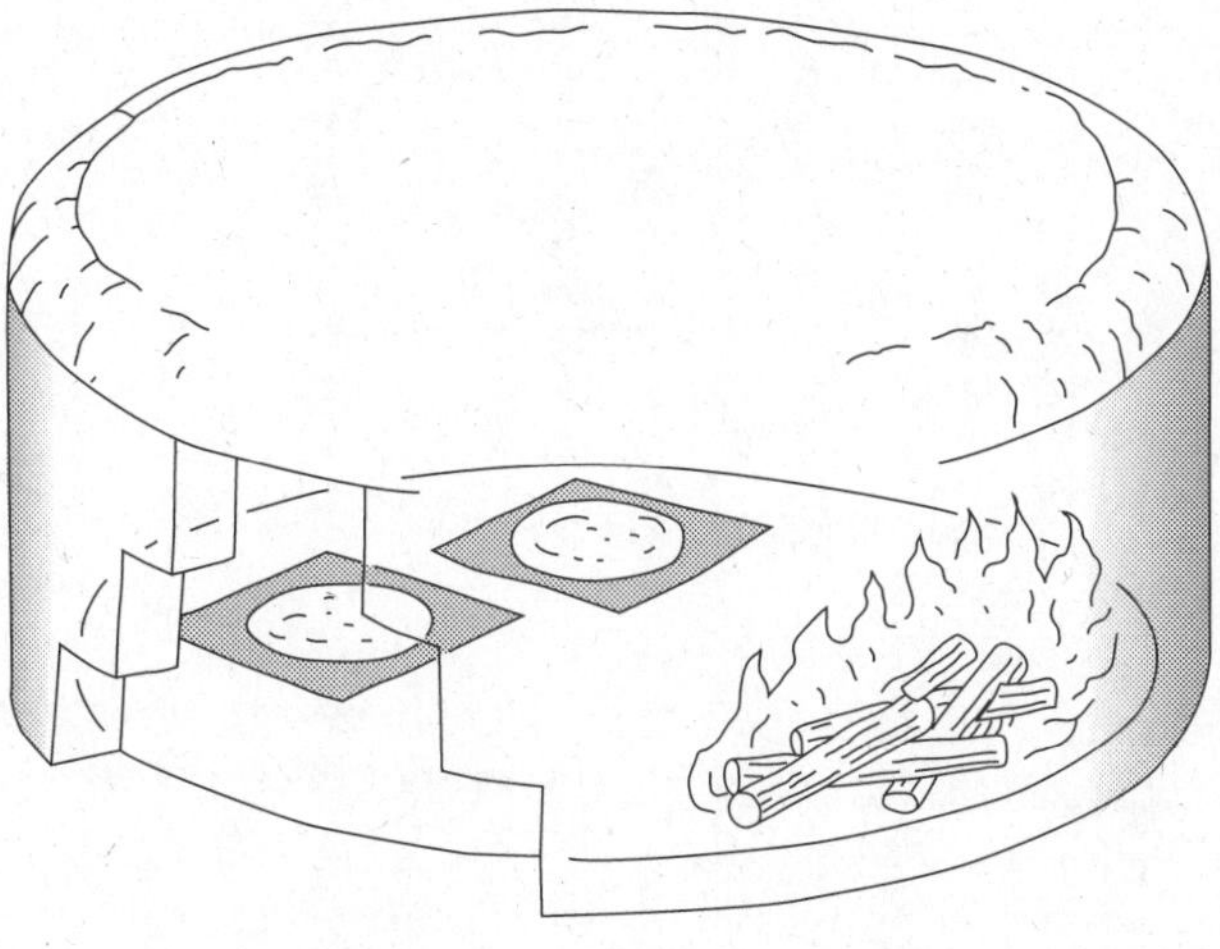

⑩炎との距離に気をつけながら鉄板にのせてピザを焼く。2～4分で焼ける。生地が厚すぎたり、具が多いと生焼けになる。生地だけを先に軽く焼いてからあらためて具をのせて焼き直す手もある。

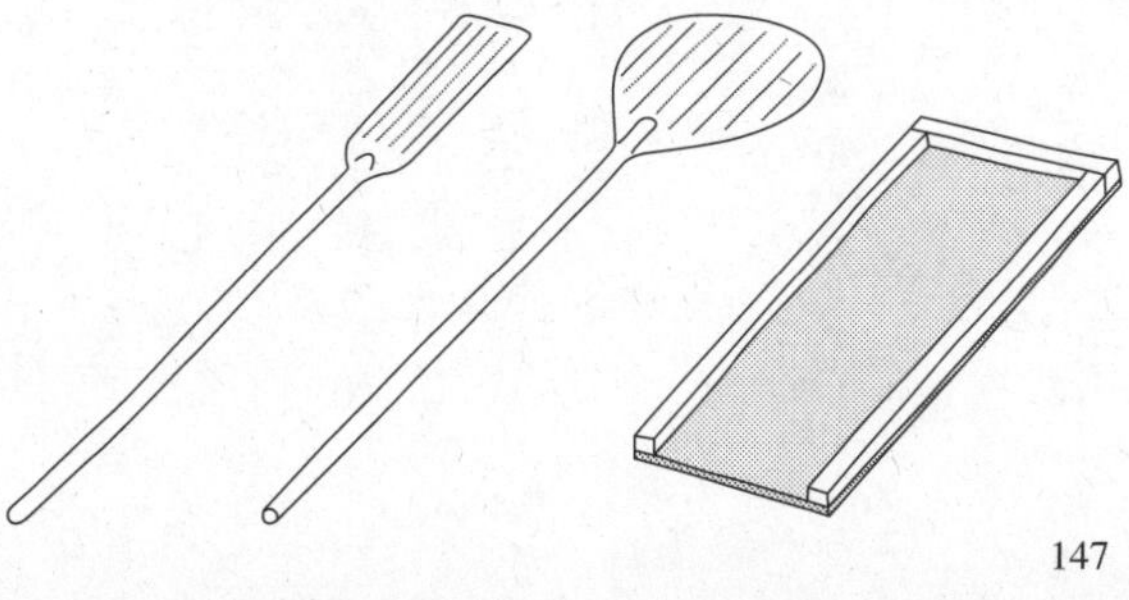

⑪ピザの出し入れには、炉端焼きで使うようなヘラがあればベスト。なければ角材や板材を削って自作する。

石窯でパンづくり

須藤章（石窯コーディネーター）

近頃はレストランでも石窯を備えたところが増えてきたが、石窯の意義がわからない建築家が設計していることもあって、たいていは石窯が客席から見えにくい。

石窯をつくる意味は、付加価値をつけて客を集める、というだけのことではない。炎を囲んで食事をつくり、身の回りの食材を豊かに工夫して食べる空間が出現することに大きな意味がある。人が五感を使って自然と出合う場所を復活させることなのである。

石窯の構造と原理

石窯にはさまざまなものがあるが、基本の形は次頁の図に示したようなものである。これは、薪を燃やす部分で料理をするようになっている。はじめに、焼き床（パンを焼くなど調理するところ）で薪を燃やして窯を温める。じっくり熱くなった頃合を見て、燃えきった灰をかき出す。間髪を入れず床をモップで拭き、同じところに調理素材を入れる。あとは、窯の輻射熱で素材が焼かれるという仕組みになっている。炎はあくまでも石窯を熱するときだけで、実際に料理するのは、石から出る輻射熱だけである。したがって石窯はだんだんと温度が下がってくる。

温度の高さにより、一番窯、二番窯、三番窯とよんで目安にしている。一番窯は最初の熱い状態で約二五〇℃。手を入れて三秒くらいで我慢できなくなる程度のものである。二番窯は一番窯よりもやや温度が下がった状態で二〇〇℃程度。手を入れて五、六秒は大丈夫という状態。三番窯は二〇〇℃以下になる。一番窯には田舎パンやチキンなど大きな素材が向く。二番窯は小さめのパンや砂糖の入った生地を焼くのによい。ケーキや焙煎など微妙なタイミングが必要な素材の調理や低い温度でじっくり煮込むには三番窯が最適である。

石窯は、薪を燃やすところ（火床）と調理するところ（焼き床）がいっしょになっているのが基本形であるが、これが別になっているタイプ（連続燃焼方式）もある。こちらは薪を燃やしながら料理できるという点が長所である。はじめに焼き床で薪を燃やし、頃合を見て灰をかき出すところまでは基本形と同じであるが、その後も別の燃焼室で薪を燃やし、熱を送りながら焼き床の温度を調節する。これは途中で温度が下がっても熱の補給ができるので、長い時間、多くの料理をつくるのに向いている。

身近な素材で、手づくりするのがよい

石窯のポイントは手づくりにある。じっさい各地で、地元の土や石などの地域資源、伝統技術を生かした石窯の手づくりが進んでいる。既成の石窯は当然ながら寸法も外見の仕様もお仕着せである。それよりなにより、皆で知恵と時間を持ち寄って場所をつくるというもっとも大事なプロセスがすっぽり抜けてしまう。数百万円かけて既製品を買うのであれば、その予算を人件費にあてて地域のメンバーで窯をつくるべきである。単に金銭コストだけの問題でなく、それ以上におつりがくる。

窯の外見も、地域の素材を使って、世界にひとつだけの風景をつくるのが楽しい。たとえば大谷石は熱にも強く加工しやすい石だ

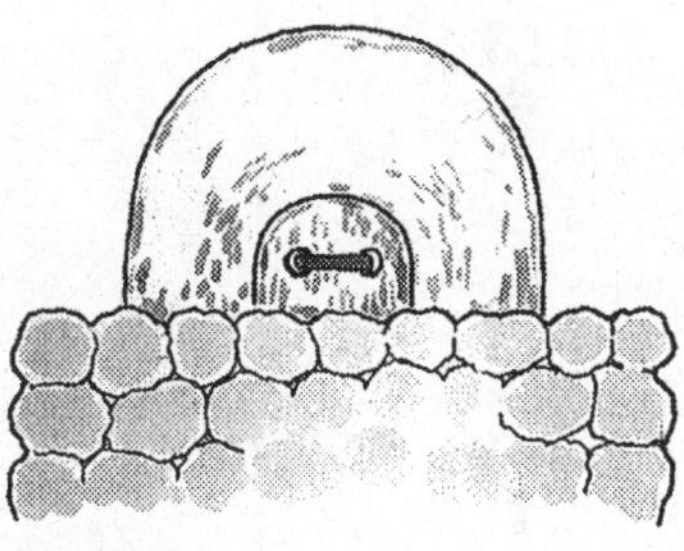
基本の石窯

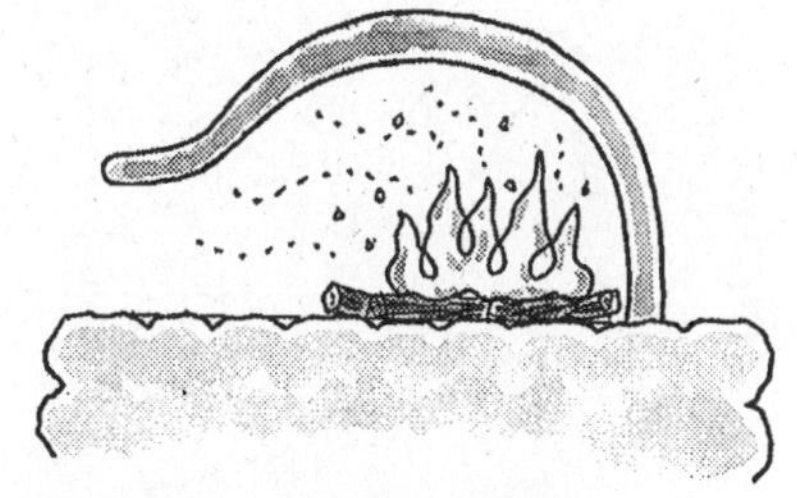
薪を燃やして窯を十分に温める

熾火（おきび）や灰を火かき棒でかき出す

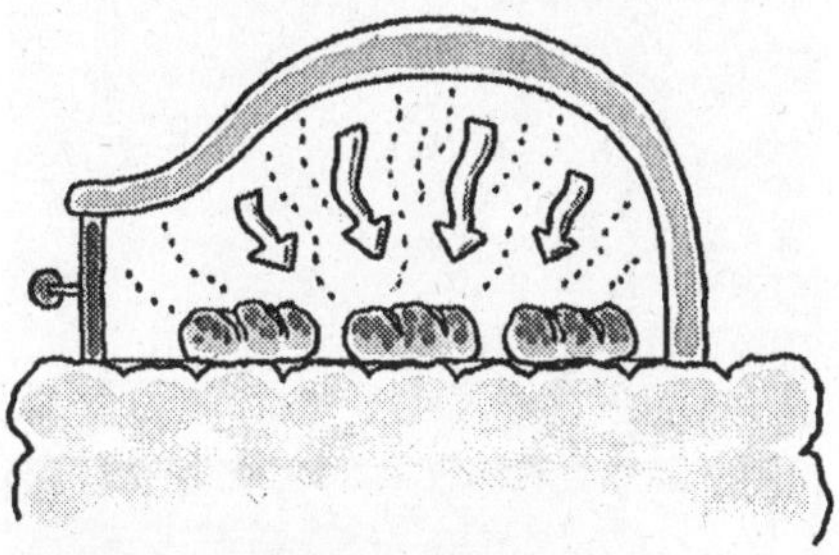
扉を閉めて輻射熱で調理する

が、石屋さんに行けば古いものが風合いを帯びて野ざらしになっている。少し難しいが窯土や古い壁土でつくる方法もある。これは地域の炭やきや左官の知恵に学べる。ほかにも御当地ならではの土や石がある。それを生かしたい。

石窯の形や大きさは、どのような目的の場所をつくるかで違ってくる。また土地や建物の形などの制約もあるので、場所づくりの目的を再確認し、そのうえで窯を設計するのが基本である。

パン　ドームもしくはカマボコ形の窯。十分な蓄熱ができる仕様にすること。天井の高さは、食パンなどをつくる場合も考えれば、四〇cm以上あったほうが焦げにくい。

ピザ　ドーム形。高温にするので、パン窯よりは小さめにつくるほうが燃費がいい。

多目的な調理　連続燃焼方式ならば、ずっと続けて調理できる。温度の調整もしやすい。食育の場にも向く。ただし薪を多目に必要とする。

石窯のつくり方は拙著『石窯のつくり方・楽しみ方』に書いたが、その後の各地の事例で得た情報もあるので、じっさいに石窯づくりを検討される場合には問い合わせてほしい。

メニューごとの特徴

石窯のポイントは、窯が本体に蓄えた輻射熱（遠赤外線）にある。ただしピザのように火とあわせて使うこともあるし、連続燃焼方式の窯には、別室で薪や炭を燃やした熱がまわってくるタイプもある。石窯でできるメニューはさまざまだが、人気どころはパン、ピザ、ケーキ、パイだろう。

ケーキ　「パンはできないがお菓子は得意」という人は案外多い。スポンジ生地など軟らかいものは、微妙な温度の違いで焼き上がりが違ってくる。画一的なものをつくることより、その変化を楽しみたい。地元の素材でバリエーションができる。

ピザ　子どももいっしょにつくりながら、食べて楽しめる。ポイントは、生地を薄めにして温度を高めにすること。一分少々で生地が焼き上がるのがよい。鉄板にピザ生地を載せて焼くと、火通りが悪くておいしくないので直に焼く。

パイ　地域の素材を使った焼きたてのパイは、それだけで人が集まる。下ごしらえも石窯を使える。例として、シシ肉の塩窯パイのつくり方を示す。

①シシ肉は、山で捕獲されたばかりの新鮮なものを選ぶ。

②大きめに切り取ったシシ肉を秘伝のタレに漬けこみ、頃合をみて鉄板に載せてたっぷ

りの塩で包み、石窯へ。

③程よく焼けたものをパイ生地に包んで焼きなおす。「もったいなくて売れない」と思うほどうまい。

パン　パンづくりにはある程度の技術が必要だが、なるべく皆で石窯を共有しよう。

田舎パン（パン・ド・カンパーニュ）

五〇〇ｇから二kgくらいの大きな生地を使い、りんごやレーズンなどの果物から自家製の酵母を起こして焼く。焼けてから日数がたつほどに風味が熟成する。甘味や酸味、幾重もの微妙な香りに包まれたパンは、焼きたての食パンと双璧をなす奥深い世界である。

田舎パンには、普通の粉だけでなく全粒粉も混ぜる。これは原麦をふすまごと挽いたもので、食物繊維やビタミンをたっぷり含んでいる。そして何より、香りがまったく違う。配合を表に示す。

自家製酵母のつくり方

①まず酵母菌を呼ぶ餌を準備する。素材によって酵母の風味が変わる。果実や芋はすりおろすかマッシュにする。全粒粉や水に浸して発芽した玄米をミキサーにかけたものもよい。

②ガラスびんか密閉容器を消毒し、中に①の素材と同量の水を入れ、二五～三〇℃に保って数日待つ。この間、こまめに容器を振ってカビの発生を防ぐ。

③小さい泡が浮いてアルコールや甘酸っぱい香りがしてくるのを確認する。

④泡の浮くのが盛んになったら、ガーゼでこしてエキスをとり、小麦粉か全粒粉を混ぜてポタージュ状にする。

⑤数時間で泡を吹きながら膨らむので、これを元種とする。元種一に対して粉三、水三を混ぜ、三〇℃で発酵を続ける。このとき、ほんの微量の自然塩を入れると発酵が進む。

⑥⑤の手順を三～四回繰り返す。ただし、元種すべてに粉と水を足すと、酵母の量がネズミ算的に増えるので、できた酵母の一部だけを次の元種に使う。

⑦⑤の手順を繰り返して、酵母に酸味や甘味や香りが広がれば出来上がり。これを冷蔵する。週に一度くらいは⑤の手順で酵母を元気づける。一週間以上の長期間保存するときは、粉を多めに足して固いだんごにし、ビニール袋で密封して冷蔵する。

⑧冷蔵した酵母は力が低下しているので、パンを焼く前日に⑤の手順を繰り返して酵母に元気をつける。

パン・ド・カンパーニュのつくり方

（前日の作業）

①全粒粉と同量の水をよく混ぜて、室温におく。空気中の酵母菌の力で、朝になるとほのかな自然発酵の香りがして、うま味がじっくり引き出される。

②明日使う酵母を発酵させ、冷蔵する。

（当日の作業）

①酵母を冷蔵庫から出してボウルにとる。四〇℃の湯を張った器にボウルを浮かべて、酵母の目を覚ます。酵母が人肌になればよい。

石窯づくり（連続燃焼方式）　横幅1.2m、奥行き1.6m。周囲を石で組み上げたあとに、合板でつくった型枠をのせる。窯の外側はレンガを積みモルタルで固める。窯の内部を耐火レンガで上下に仕切り、上の部分でパンやピザを焼く。窯の奥には砕石を詰めることで蓄熱効果を高めた（写真提供：愛知県稲武町役場）

②小麦粉に①と自然塩と水を混ぜてこねる。国産小麦の生地はデリケートなので、絶対に叩いたり引っ張ったりしない。生地を下に丸めるようにこねればよい。こねる時間は一五〜二〇分で十分である。手こねの生地は自分で育つ。あとは乾燥しないように生地を密封し、三〇℃で発酵させる。

③一時間したら、また一〜二回だけ軽くまとめて、生地を滑らかにする。レーズンやクルミを入れるときはここで入れる。

④一時間たったら生地を指でそっと押す。へこんだままになったら、生地を好きなサイズに分割し、軽くまとめて張りを出し、発酵を続ける。

⑤また一時間たったら丸めなおし、発酵かごで最後の発酵をさせる。生地が乾かないように、全体を布で包んで発酵させる。

⑥一時間半から二時間ほど発酵したら、布を開いて、生地の尻をそっと優しく押す。張りがなくなってへこんだら発酵完了である。

⑦ピール（石窯の焼き床に素材を置くときに使う道具）に粉を振り、発酵かごの天地をそっと返して生地を載せる。

⑧生地の表面に安全カミソリで切れ込みを入れる。

⑨いよいよ窯入れである。一番窯の状態で、四〇〜六〇分で焼き上げる。ただ、一kgの生地なら一時間以上は焼き込みたい。はじめは窯の奥のほうか中心部で焼き、最後は扉に近い手前でゆっくり焼き込むようにする。慣れないうちは、窯が熱すぎて一〇分くらいで生地の色が濃くなったりする。そのときは、少し扉を開けて、霧を吹きながら温度を下げる。石窯の火加減に慣れてきたら、窯入れしてしばらくは扉を開けない。

材料	割合(%)
国産小麦粉(a)	(a)+(b)=100*
全粒粉(b)	
自家製酵母	40
自然塩	2
水**	50〜60

田舎パン(パン・ド・カンパーニュ)の配合

＊：aとbを足して100にする。両者の割合は、8対2から5対5まで。全粒粉が多いほど、重くなるが、風味は増す

＊＊：水道水に炭を入れて、汲み置きしておく

材料	割合(%)
小麦粉	100
ミルク酵母	40
塩	2
黒砂糖	5〜10
牛乳	50〜60
バター(有塩)	5ぐらい

ミルクパンの配合

ミルクパンとシナモンロール

しぼりたての牛乳を使ってミルク酵母をつくりパンを焼く。さらに、シナモンロールにもなる。

①牛乳を三〇℃に温めてから、同量のヨーグルトと小麦粉を混ぜて暖かいところに一晩おくと、甘酸っぱいものができ上がる。

②こうしてできたものに、また同量の牛乳と粉を足して温める作業を二〜三回繰り返し、酵母菌と乳酸菌のブレンドされた元種をつくる。温度は三〇℃以下とする。

③小麦粉、ミルク酵母、塩、黒砂糖を混ぜて、牛乳でこね上げる。好みでバターを途中から練り込んでもよい。

④あとは田舎パンと同じ方法で発酵させる。扱いやすい生地なので、好きな形につくれる。鉄板に載せて窯入れする。二〇〇℃程度の二番窯で、一五〜二〇分で焼き上げる。

この生地を平たくのばして、シナモンと黒砂糖を振り、ロールしてから輪切りにしたものを鉄板に並べて焼けばシナモンロールになる。

ライ麦パン

はじめはとっつきにくいのに、いつの間に

材料	割合（%）
ライ麦粉	90
ライ酵母	40
塩	2
水	50〜60
マッシュポテト	10

ライ麦パンの配合

材料	割合（%）
小麦粉	100
自家製酵母	40
塩	2
水	50〜60
いろいろな素材	

ピタパンの配合

か病みつきになるライ麦パン。独自のライ酵母で仕込む。

①ライ麦の粉を同量の水でこねて、暖かいところにおく。数日で発酵しフルーティーな香りが漂う。

②①に、またライ麦の粉と水を同量混ぜる手順を繰り返す。こうしてできたライ酵母は、穀物とは思えない吟醸香を放つ。こね上げた生地を全部焼かずに、一部を冷蔵すれば、それが低温でじっくり発酵して次のライ麦パンの酵母になる。

③ライ麦粉、マッシュポテト、塩、ライ酵母に水を足して、味噌ぐらいの軟らかさにこねる。小麦粉ではないので、よく混ざればよい。温度は一貫してあまり高くせず、せいぜい二五℃くらいとする。

④一時間半くらい発酵させたら、食パンの型に詰める。べとつくので、ボウルに水を張って、手を濡らしながら隅のほうまできっちり詰める。

⑤二五℃くらいで一時間半から二時間発酵させる。窯入れの目安は、生地全体がわずかに盛り上がって、表面に小さな穴がプツプツとあいてきたときである。

⑥二番窯または三番窯を選び、低めの温度で窯入れする。三〇分くらいでさっと窯から出せば、しっとりした生地になる。余熱の石窯に一晩入れておけば、しっかり焼き込んだパンになる。焼きたてより数日たったほうが美味である。温めずに、そのまま薄く切って燻製や漬物、秋の生がきなど意外なものと組み合わせて食べるとおもしろい。

ピタパン

生地を平たくのばして、薪の燃えている状態の石窯に入れて焼くパンをここではピタパンと総称する。ピタパンには素材の組み合わせによって無数のバリエーションがある。のばして焼くので形に悩むこともないし、発酵のタイミングも適当でよい。意外な素材の組み合わせには、ヤミ鍋的なおもしろさがある。使える素材は、トマト、ピーマン、レーズン、ワサビ、ショウガ、ギンナン、タマネギ、おから、コーヒーなどなど、無限である。

①全部の材料を混ぜてこねる。

②三〇℃くらいの適当な温度で一時間半発酵させる。

③一〇〇gか、それより小さいくらいに分割して、再び一時間半発酵させる。

④石窯の床を熾火で十分熱くしてから、生地を置くあたりの熾火をどかしてモップがけする。

⑤発酵した生地を麺棒でのばし、窯の焼き床で直に焼く。細長いベニヤ板に粉を振って滑りやすくし、そこに生地を載せて焼き床に置いていく。燃焼時間は三〜四分である。

参考文献　ビル・モリソン著『パーマカルチャー』（田口恒夫他訳・農文協）須藤章・岡佳子著『石窯のつくり方・楽しみ方』（農文協）

須藤章氏のサイト
http://homepage3.nifty.com/ishigama/
E-mail: ishigama8@hotmail.com

食品加工総覧第四巻　石窯を使ったパンづくり
二〇〇四年記

その地方の米や水、風土を生かした「地酒」には、根強い人気がある。これと同じように、地元で収穫した穀物を使って、あちこちでパンがつくられるようになれば楽しい。なぜなら、人も地域も個性的であればあるほど、生き生きとしてくるからだ。

熊本県鹿本町のパン工房「かんぱーにゅ」では、地元産の小麦や米を使ってパンを焼いている。右から、八十八パン、玄米焙煎パン、味噌八十八パン。

規格外小麦が、おいしい「村のパン」になる

麦工房・サンパルファクトリー　大分県三光村

三光村の人の転作は、もう麦に決まっている。何も迷うことなんかない。麦だったら、勤めながらの土日百姓だってできる。機械作業を委託すれば年をとった人だってできる。誰だって自分の家の田んぼを守れる転作作物だ。しかもそこから、おいしい「村のパン」が生まれる。

キロ一〇円の規格外の小麦を一三〇円で買い上げる

国産小麦ではなく、村内産小麦でパンを焼き、村内だけの限定販売をしている麦工房サンパルファクトリーの誕生は、平成四年。大分県三光村は中津市の隣、人口約五七〇〇人の村である。

サンパルファクトリーの代表は渡辺賢一さんだが、実際にパンを焼いているのは村の女性六人。毎朝五時から仕事を始め、一日約八〇〇個。三〇種類のパンを焼く。販売は近くのJA直売所「オアシスややま」と、ジャスコ三光店。宣伝らしいことは何一つしていないのだが、夕方までにはあらかた売れてしまう。おいしいパンだということが、村中に浸透しているのだ。

サンパルで使っている村内産小麦は、ほとんどが規格外のものだ。

小麦は天気にめぐまれ、全量一等であれば、農家の経営としては、まあまあの収入になる。助成金も高いほうだし、手間もあまりかからないので、広い面積を作付けることができる。病害虫防除の農薬散布もほとんどなく、除草剤一回でできるから、稲や野菜に比べれば、生産コストは高くない。

ただし、ひとたび天候が悪くて規格外ばかりになってしまうと、これはひどい。一等で交付金を受けることができれば、キロ一六一円になるはずが、キロ一〇円とか二〇円になってしまう。しかし、サンパルではこれを、キロ一三〇円で買い上げている。（※注）

規模拡大したら、どんどん農家が減った

代表の渡辺賢一さんは、米麦専業農家。若い頃は先進的にハウスを建てて施設園芸で七桁農業を目指したりしたのだが、三〇代に米麦栽培に切り替えた。この辺りの平均反別は五反くらいだが、高度成長期に村から人がどんどん出ていき、土地はいくらでも借りられる状態だった。規模拡大自立的農業がもてはやされ、もともとは七反くらいしか農地を持ってなかった渡辺さんも、いつの間にか七町歩、八町歩とつくるようになっていた。

そんなふうに一〇年くらいやってきたとき、ふと気づいたら、村は極端に過疎になっていた。若い人達が出ていくのは仕方ないとしても、年寄りまで減っている。都会に出た若い人が、都会に親を呼び寄せたりして、村に住む人がどんどん減ってきていたのだ。村が荒れていく。そして、まだ住んでいる農家でさえ、農業をやらなくなる。

農家は耕してこそ農家なのだ。三反でも五

反でも、それを耕して、ものをつくっていくことによって、自然も環境も、村の機能も守られてきた。維持されてきた。三反でも五反でも、せっかくある自分の田をつくらないことが、農家の農家離れの原因となっている。今までどんどん農地を借りて、規模拡大してきたことが、村を荒らすことにつながっていたとは——。

　渡辺さんは、田を返すことにした。「自分の田は自分でつくれ」ということだ。もちろん、機械がないとできない部分は作業受託で請け負う。機械も機動力もあるわけだから、いくらでも助けてやることはできる。だが基本は、自分の田は自分でつくる。畦草管理と水まわりだけでもいいから自分でやることだ。もともとはみんな農家なんだから、つくることは好きなはずだ。田んぼをまるごと貸してしまうよりも、作業だけの委託のほうが手取りもいい。健康にもいいし、水まわりには子供も連れていったらいい。自分の田んぼでとれた自分の米、自分の麦。一人一人が三反でも五反でもつくり続けることが、村を守ることになるのだ。

　どんどん規模拡大したほうが、渡辺さん個人の収支としてはいいかもしれないが、死ぬときに一生を振り返って「いい人生だったなー」と思えるかどうかわからない。村から人が減って、心が冷え切って、自分さえよければ……と生きていたら、楽しくない。地域に活気がない。

毎夕、次の日のための粉を挽くのは渡辺さんの役目（撮影　赤松富仁、以下同）

小麦の不作を自家製粉でのりきる

　ちょうどそうやって、渡辺さんがみんなに田んぼを返したころのことだ。平成元年から三年連続で麦の大不作。

　毎年、これでもかこれでもかというくらい、刈取り前の五月下旬の天気が悪く、ほとんどが規格外となった。収穫量はそこそこ六俵くらいはあったのだが、未熟粒や退色粒ばっかりで、一、二等の小麦は村中で一割という年もあった。不作の年でも生産経費はしっかりかかっているので、キロ一〇〜二〇円の規格外麦では大赤字もいいところだ。

　おかげで、平成元年には四五〇町あった三光村の麦は、平成三年には一七〇町に減ってしまった。このままではもっともっと減りそうだ。

　せっかく田を一人一人に返しても、みんな麦をやめてしまうんじゃ結局同じことだ。そんな、忸怩《じくじ》たる気持ちを抱えていた渡辺さんが悩んだ末に思いついたのが「規格外小麦を自分で製粉、加工する」ことだったのだ。自家製粉、加工することで、販売価格を何倍にもすることができれば、麦つくりの最低経費分くらいはなんとか保証することができる。そうすれば、みんなも麦をつくり続けられる。

規格外小麦でも、じつはちゃんと粉として使える

　それまでは、規格外小麦はくず麦として飼料になるのだと聞いていた。どこの誰が何のえさにしているのか知らないが、とにかくそれしか使い道がないのだからと、ただ同然で

毎日、約30種類のパンを焼く。「お客さんの要望にこたえてたら、どんどん多くなっちゃってねー」

引き取られていくのが関の山だった。ところがある日、農協の倉庫から、製粉会社が一、二等の小麦を受け取るときに、一緒に規格外の小麦も持っていっているようだという情報が入った。真偽のほどは定かではないが、規格外小麦も人が食べる小麦粉に加工されているのではないだろうか？

また、渡辺さんは以前から個人で製粉機を所有しており、地粉が好きな人のために、余った小麦や規格外小麦を挽いてやったりもしていて、規格外でもたいして違わないなーという感触は持っていた。

「またびらき」と呼んでいる未熟粒は、たしかにでんぷん含量が少ないようで、粉になる率が悪い。しかし、白っぽくなる退色粒はほとんど変わらないようだし、飴色になってしまう硬質小麦にいたっては、グルテンが多いようでパンには向いた粉になる。

毎日小麦を食べてもらうには、パンしかない

規格外小麦が使えることはわかった。次に、何に加工するかだが、渡辺さんは迷わずパンだと思った。味噌や麹《こうじ》じゃ量が知れてるし、うどんやまんじゅうを毎日つくって毎日食べるわけにはいかない。最初から、三光村でとれたもんなんだから、三光村内で売ろうと考えていた渡辺さんは、村内の需要を喚起できるものはパンしかないと思ったのだ。

昔は年間一人二俵（一二〇kg）といわれていた日本人の食べる米の量が、最近は一人一俵になってしまった。主食がこんなに減ったのは、かわりにうどんを食べるようになったからではない。もちろんおかずが多くなったのが大きな原因だろうが、他に米に代わって伸びたものといえば、要するにパンだ。小麦を栽培している農家が、わざわざ外国産小麦でつくったパンなんか食べる必要はない。三光村でとれた小麦でつくった安全でおいしい三光村製のパンを、村の人に、特に村の子供達に食べさせたいではないか。

もち米を混ぜたらうまくいった

しかし、パンと決めたからといって、そう簡単にことが運ぶわけがなかった。国産小麦はパンに向かないというのが「常識」なのである。

何回もつくってみた。プロのパン屋さんに講習もしてもらった。見学にも行った。――だけどできない。国産の小麦はグルテンが少なく、焼きたてはおいしいけど、すぐボロボロになってしまう。

だがそうこうしているうちに国の補助金や村からの助成もついて、あとは村の人数人と渡辺さんが出資して、加工所が完成してしまった。落成式に駆けつけた人達には、高級あんをたっぷり入れたパンを、焼きたてのあつあつでその場で食べさせた。「おいしいおいしい」といわせておいて、本日のパンはこれにて終了。おみやげは無し。持ち帰って時間がたってから食べようもんなら、一気にまずいと評判がたってしまう。

その後もしばらくは、販売なんてもっての

ほか。毎日毎日、つくっては捨てつくっては捨ての日々。当時から働きに来ていた中島さんは、あまりの毎日に、ある日泣き出してしまったほどだ。「私、もう明日から来ません。こんなに捨ててばっかりなのに、給料もらえないよー」

だがある日、「そばのつなぎに山芋を入れるんだから、パンにもどうだろうか」といった人がいて、それからいろんなものを混ぜてやってみると結構うまくいくではないか。こんにゃくでもいいのができたが、ちょっとにおいが残った。麩もうまくいったが、これは外麦を混ぜるのと同じことだからやめた。米も悪くない。だったらいっそ、もち米を粉にして混ぜたらどうだろうか——。

渡辺まりさんとサンパルファクトリー自慢のバターロール

こうしてついに、もち米粉を約一割混ぜる、サンパルファクトリー独特の内麦パンができあがったのである。加工所ができてから、販売ができるようになるまで、なんと七、八か月が経過していた。

村の人が一週間に一個パンを食べればいい

「その後、天然酵母とかでもやってみたこともあるのよー。ぶどうとかいろんなものからとって」。サンパルを実質的に仕切っているのは渡辺さんの奥さんまりさんだ。「だけどああいうパンは、こだわりの人や健康志向の人は喜んで買ってくれるけど、広く一般の村民には売れないのよね。私は個人的には好きだけど」

三光村の人口は五七〇〇人。一日八〇〇個のパン製造だと、村民が一週間に一人一個パンを食べればちょうどいい計算になる。実際は隣の中津市などから買いに来る人も多いし、食べるときは一人二個か三個食べるだろうから、村民が一週間に一個食べているわけではないのだが、ちょうどよく売り切れる。もち米粉を入れておいしくなったとはいえ、時間経過にはやはり弱いので、その日に売れ残ったものはイノシシを飼っている人にやる。いいえさになると喜んでくれる。

パンに使う野菜は、働いているメンバーの自家用野菜を使うこともあるし、「オアシスやすやま」で買うこともある。転作田で、冬は麦をつくり、夏は野菜をやって「オアシスやすやま」に出している母ちゃん達も結構いるので、野菜に不自由はしない。そういう意味ではサンパルと同じくらい、直売所・「オアシスやすやま」が地域の田んぼを支えているようだ。

三光村の麦は、転作と裏作を合わせて四〇〇tくらい。サンパルでは毎年二〇tくらいの規格外小麦をライスセンターから確保している。かつてのように、村中ほとんどが規格外小麦などということになったら、とても対応しきれるものではないが、今のところ、まあだいたい毎年ちょうどいいくらいの線に落ち着いている。それどころか昨年などはいい出来で、規格外がほとんど出なかったので、六tしか確保できなかった。急きょ渡辺さん個人の小麦六tを農協に出荷せずに回してようやく一二t。今年一年は粉不足である。

三反でも五反でも、つくり続けることで、

村の田んぼが守られて、村のパンが生まれて、みんなが楽しくなる。転作が来たって、動じることはない。三光村の転作作目は、おいしいパンなのだから。

その後のサンパルファクトリー…一日一五〇〇個！

四年後に再び訪れたサンパルファクトリーは、その後もますます快調な様子。「もうからんけど、量は増えとるなー」と、代表の渡辺賢一さん。「村の人の規格外小麦を高値で買って、村の人が食べるための村のパンを焼く」というポリシーはそのまま、一日に焼くパンの数が当時八〇〇個だったのが、今は一五〇〇～一六〇〇個になった。独立採算制の宅配部門もできて、三光村まで買いに来れない近隣の村の人にもパンが届くようになった。価格は相変わらず一〇〇円くらいだ。

当時、苦労の末たどりついたパンづくりの方法は、もち米を粉にして一割混ぜる方法だった。現在では、もち米を混ぜるのは、「フランスパン風のちょっと硬くてパリッと焼き上がるタイプ」にして、他の普通のパンは新品種の小麦、ニシノカオリの力を借りている。これまで日本ではパンに向く小麦品種はあまりなかったが、ここへ来て研究のほうも成果が出てきて、いくつかのパン用品種が育成されたのだ。村の人の多くはまだチクゴイズミなので、渡辺さんが四町歩くらい自分でつくって、全量パンにする。たんぱくを上げるために追肥もガンガンやるので、七俵くらいとれて結構いい。

チクゴイズミとニシノカオリを半々くらいに混ぜたものが、今のサンパルの基本の粉。たいていのパンはこれでうまくいく。

規格外小麦でも、変わらないよ

去年は小麦の出来がやたらよくて、規格外小麦が足りなかった。嬉しいことだが、サンパルとしては粉不足になり、近くの農協から小麦を買ってきて使っている。

規格外小麦にもいろいろあって、未熟粒や青麦はたしかに粉になる量が少ないけど、退色粒や「またびらき」、ちょっとした穂発芽などはほとんど問題ないな、というのが、毎日製粉作業をしている渡辺さんの実感だ。

今年は五月になってから雨が多いので、もしかしたら規格外が多発するかもしれない。だが、今まで収量低下のときしか出なかった共済金が、今年からは品質低下のときにも出るそうなので、規格外をキロ一三〇円くらいの高値で買い入れるサンパルの役目もそろそろ一段落。ようやく次の展開に入れそうだな、と少しホッとしている渡辺さんだ。

（文・編集部、撮影・赤松富仁）

※注　現在小麦は、たんぱく、容積重、灰分などの評価項目によって、八ランクの等級に分けられ、それ以下の品質のものが規格外となる。小麦の生産支援の交付金は、表のように品質のよいものほど高い。交付金としては、この他に、過去の生産実績に基づく支払い（二七七四〇円／一〇a）、需要者からの生産者に対する支援として契約生産奨励金（ランクに応じて〇～六〇〇円）がある。一二八頁参照。

等級	ランク	円／60kg
1等	A	2,110
	B	1,610
	C	1,460
	D	1,402
2等	A	950
	B	450
	C	300
	D	242

小麦の毎年の生産量・品質に基づく支払

一九九九年三月号　等外麦が、おいしい「村のパン」になる／二〇〇二年七月号　村の麦を支える村のパン　その後…

学校給食に町の米を使ったオリジナルパン

茨城県友部町

文・おおいまちこ

友部町立大原小学校を訪ねると、三階の多目的ルームでは、六年生と三年生の児童が、給食を食べている真っ最中だった。トレイの上には、この日の朝、焼き上げたばかりの、まだほんのりあたたかいパンが…。

「なんだか、今日のパンはビミョーにおいしいぞぉ」「甘くてふわふわしてる」

みんな、この米粉が入ったパンがとてもお気に入りの様子だ。

地元のお米と小麦、半分ずつのパン

友部町の小・中学校の学校給食に初めて米粉パンが登場したのは、二〇〇三年一月のことである。

米粉パン——といっても、友部町の場合は、お米と小麦を半分ずつ使い、白神こだま酵母で焼き上げた、町オリジナルのパンだ。町内の学校給食専門の製パン会社が試行錯誤の末に開発したもので、お米のもっちりとした食感と、小麦の香ばしさ、そして白神こだま酵母独特の自然な甘みとふんわり感が、絶妙のバランスで生かされている。

これまでは流通経路の関係で、県産米と県産小麦（農林六一号）を使用していたが、この日は、地元生産者からの申し入れにより、初めて町内産のコシヒカリ、それも一等米を使って米粉パンを作ることができた。

新潟式微細粉でなくても米粉パンはできる

友部町の米粉パンの開発は、農産物の地産地消を推進する中、米消費拡大の一環として始まった。学校給食に着目し、平成十二年四月から、町内の各小・中学校の米飯給食で、地元産の県推奨米「ゆめひたち」の使用を開始。米粉パンの先進地・新潟県の取り組みを知ったのはちょうどその頃で、友部町でも、学校給食で米パンを提供したいと動き始めたのである。

さっそく、新潟式の米を微細化・アルファ化する技術による米粉パンを取り寄せ、試食。「これはいける」と、米粉パンをいち早く学校給食に取り入れた黒川村まで視察に出かけた。だが、「現実的には、（製粉する）施設を建てるにしても、米を送って委託加工するにしても、費用の面で難しい。最低一tのロットが必要とのことで、試作すらできなかった」と、友部町産業振興課農政係・主査兼係長の山口浩一さんは振り返る。

そこで山口さんは、町内の学校給食パンと米飯の製造を一手に引き受ける杉山製パンの杉山一三さんのもとへ行き、「新潟県のような方法でないと、米粉パンはできないものか」と相談を持ちかけた。

すると、「そんなことはないよ」というのが杉山さんの答え。山口さんは、余裕たっぷりの杉山さんを見て、「これはなんとかなるぞ」と確信したという。

米粉一〇〇%にこだわらなくてもいい

杉山さんは、米粉パンの製造に自信があった。というのも、学校給食専門のパン工場を始めて三五年になる杉山さんは、山口さんから相談を受ける二年以上も前から、誰に頼まれるわけでもなく、米粉を使って試験的にパンを作っていたからだ。

「今は米余りの時代。各地でそういう動きが出ていることは話に聞いていたんで、少しずつだけど、米や大豆を使ってパンを作っていたんです。学校給食専門でやっているからこそ、いち早く技術を習得しないといけないからね。だから、町から打診があったときには、ある程度こちらから説明することができたんです」と、杉山さんは言う。

その杉山さんの方法が、米と小麦を両方使うというものだった。杉山さんはこう思うのだ。米粉パンといっても、実際にはグルテンの添加が必要だ。だったら米粉に無理にこだわらずに、米粉の割合を減らして、代わりにグルテンをもともと持っている小麦粉を混ぜればいいじゃないか——と。

外麦に比べてグルテンの少ない国産小麦を使うなら、適度な膨らみをもたせるには、四割は必要だ。結局、安定的に製造することを考慮して、お米と小麦を半分ずつ使用することになった。米を原料にしたパンは、時間が経過すると生地が硬くなりやすいが、杉山製パンでは当日の朝、焼いたものを提供しているのでまったく問題はない。

杉山製パンの杉山一三さん。米粉入りパンづくりはミキシングの段階が大事とのこと

白神こだま酵母でもっとおいしく

まもなく米粉を使ったパンはできた。でも、さらにおいしく改良するにはどうしたらいいか……。

あれこれ考えていた山口さんは、「白神こだま酵母」の存在を知った。さっそく酵母を取り寄せて試作した結果は、「焼きあがりが安定している」「パン生地がしっとりする」など、杉山さんからの評価も上々だった。こうして、ようやく友部町オリジナルの米粉パンは完成したのである。その味は、冒頭で述べたとおり。米と小麦のいいとこどりしたような食感で、本当においしい！

今年一月から、町内の各小・中学校の給食で試食が始まった。町の広報誌や新聞で取り上げられたこともあり、町の米粉パン開発の取り組みは、しだいに地元の人たちに知られるようになった。そして先日、杉山さんは、自身が出席していた地域の会合で、地元の生産者から、「オレたちの米を原料に、パンを作ってもらえないか」と話を持ちかけられたのである。

「ここは農村地帯だからね。農村の活性化という意味でも、地産地消は大切なことだと思う。子どもたちに喜ばれ、地域からの要求に応えるためにも、これからも米粉パンの研究を続けたい」

友部町オリジナル米粉パンの陰に、飛び切りプロ意識の高いパン職人あり、なのであった。

（ライター）

二〇〇三年七月号　学校給食に登場、友部オリジナル米粉パン

友部町・米パンの加工法

山口浩一

杉山製パンの米パンは、通常の上新粉を五〇％使用しており、製粉に際して微粉化するようなことはしていない。小麦粉は外国産八〇％、県内産二〇％の割合でブレンドしたものを使用している。

小麦粉一〇〇％に比べて、たんぱく質のグルテンが不足するため、ふっくらとした食感を生み出すのが難しい。この点についてはとくに工夫を重ね、発酵力の強い白神こだま酵母を使い、中種法を駆使することでふっくらしてもっちりとした食感のおいしいパンとなっている。この酵母は、米粉を膨らませたり、硬化を防ぐ働きが通常の数倍強く、米粉を混ぜたパンづくりに適していることがわかった。

気温によって水分の量も変わり、生地の仕上がりが微妙に違ってくるため、温度管理が最大のポイントである。また、ミキシングの段階でも、仕上げるタイミングを間違えないように常時細心の注意を払っている。この段階で失敗すると、すべてにおいて失敗となるため重要な製造工程である。

配合と製造工程については、下図のとおりである。

①米粉・小麦粉・酵母をあらかじめミキシングしておき、七時間ねかせておく。

②本仕込みにおいては、残りの米粉・小麦粉・砂糖・マーガリンなどミキサーに入れミキシングする。

③分割機でボール状に分けた後、発酵室において温度四〇℃、湿度八〇％で二〇分間ねかせる。

④発酵後、ひとつずつロール状に成形し、再度、発酵室において四〇分間ねかせる。

⑤二〇〇℃のオーブンに入れ、上火二二〇℃、下火二四〇℃で約一二分焼成する。

小麦粉について当初地元産を利用できないかと模索したが、既存の流通経路では、必要量を安定的に確保することができなかった。二〇〇二年よりパン専用品種のニシノカオリの栽培が町内でも始まったため、今後はニシノカオリに変更できればと考え試験している。

（友部町役場）

食品加工総覧第四巻　米粉パン

パンの加工工程

米
↓
製　粉
↓
ミキシング　中種　L（低速）5分、捏上げ温度24℃
↓　発酵
ミキシング　本仕込み　L5分　H（高速）5分前後、捏上げ温度24～28℃
↓
分　割
↓　発酵　温度40℃、湿度80％
成　形
↓　発酵
焼　成　上火220℃、下火240℃

原材料の配合

米粉（町内産コシヒカリ）	50%
小麦粉（外国産、農林61号）	50%
白神こだま酵母	3%
砂糖（上白糖）	10%
塩	1.8%
マーガリン	10%
粉ミルク	3%
水	55%

自家製粉、湯ごね、中種で米の風味を生かす

パン工房・かんぱーにゅ　熊本県鹿本町

米の香り、重さを生かした八十八パン

小麦と同じ味では意味がない

三年前、鹿本町から「町産米を使った魅力的な特産品を開発したい」と頼まれた。熊本県菊池市の堤公博さんは、水田六haでとれた米を全量産直する稲作農家。縁あって隣町の町おこしに加勢している。

たまたまその二週間前、堤さんは東京で「米粉パン」を食べたばかり。「これが本当に米でつくったパンなのか?」。普通の小麦パンそっくりの食感に驚いた。妙な因果を感じた堤さんは、さっそく新潟県から専用の米粉（酵素処理・超微細米粉）を二〇kg取り寄せる。

その頃、道の駅「水辺プラザかもと」ではチクゴイズミを使った天然酵母パンが評判になっていた。パン工房の杉村浩さんとは以前から懇意にしている。堤さんが取り寄せた米粉の袋を渡すと、さすが地麦パンを成功に導いた杉村さん。難なく米粉パンを焼き上げた。

この試作パンが町産米の未来を拓く第一歩になるはず。ところが、パンをちぎっては口に運ぶ二人とも、ずっと黙ったまま。「うーん、悪くはないんだが…」

堤さんがつぶやく。「この米粉パンを地麦パンと一緒に並べるとどうなるかな…」。杉村さんもつぶやく。「これでは普通の小麦パンそのものだ…」。鹿本産の小麦でつくったパンの特徴は、しっかりとした食感。普通の小麦パンと同じ米粉パンでは負けてしまう。場合によっては地麦パンの足を引っ張りかねない。

結局、二人は「お客さんが地麦パンも米粉パンも両方買ってしまうような、そんな米粉パンでなければ、意味がない」で一致。それから杉村さんの試作の日々が始まった。まず、同じ製法のまま、町で製粉した米粉を使って失敗。ふつうに製粉した米粉を使うにはパン

の製法を変えなければならない。堤さんが「どーだ?」と聞くたび、杉村さんが「だめですよ」と答える。それがすっかり二人の合言葉になってしまった。

米の風味、重さを生かす

三か月後、杉村さんが「まー、こんなものかな」と答えてきた。そこで堤さんが見たパンは「太かぁ(大きい)」。手にとると「おっ!」と思うほどずっしり重い。ふんわり柔らかなパンではなく、引きが強く、しっかりした食感。「あっ、米のにおいがやってきた。でも、少しも嫌味がないな」。噛んで唾液と混ざると、えもいわれぬなめらかさともちもち感。「そのとき、『わたしは米です!』って、そう聞こえよっと」。堤さんは「これならいける」と確信した。

杉村さんは米の字にちなんで「八十八《やそはち》パン」と命名。その後、味噌の香り・こくを活かした「味噌八十八パン」、玄米特有の芳ばしさを活かした「玄米焙煎パン」も開発。八十八パンは一個五〇〇g、五〇〇円でデビューした。「なるべく少しずつ、軽く」が受ける今、杉村さんのパンは大きく重たい。しかし、これが当たった。

平日は八十八パンが六〇個、味噌八十八パンと玄米焙煎パンがあわせて三〇個、ほぼ完売。土日はその倍。行列ができ、八十八パンだけで一日二四〇個売れたこともある。食感・風味に見合った大きさと重さ。お客さんは八十八パンに「米の重さ」を感じるのだろう。

「水辺プラザかもと」は鹿本町第3セクターの道の駅。中にある「かんぱーにゅ」は1日100〜150人が来店し、地麦パン3〜4割、米粉パン6〜7割の比で売れる

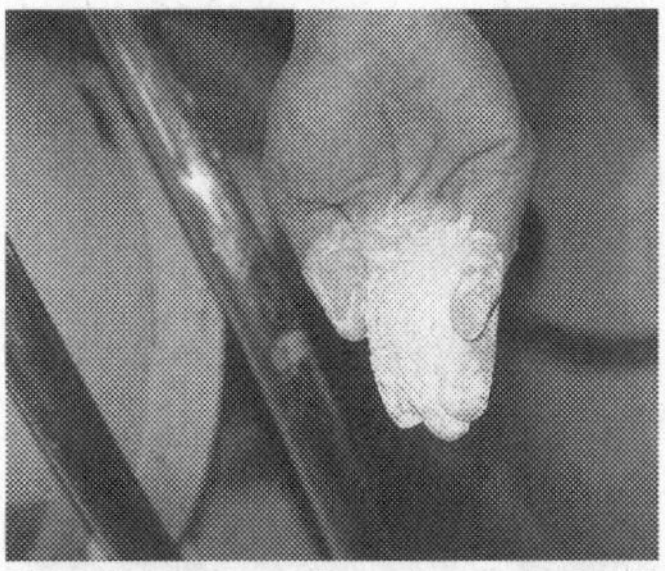

挽いた米粉はザラザラ、上新粉よりも粗い

くず米でもつくれる

米粉を挽いている小型製粉機

自家製粉なら自在に挽《ひ》ける

原料の米粉は町内の農家が所有する小さな製粉機(高速粉砕機)で挽いたもの。米専用ではなく、麦や大豆など何でも挽いている。

八十八パンのつくり方

原材料
米粉、グルテン、脱脂粉乳、生イースト、砂糖、食塩、トレハロース、ラード、卵黄。これらを湯ごね、中種、本ごねの各工程でその都度加える（配合割合は非公開）。

米は唐箕《とうみ》にかけてから精米し、洗米・浸水せずに製粉している（一般的な米の製粉法では、洗米してぬか臭を取り除き、製粉後に乾燥する）。また、ふつうの米粉パンは古米でも古々米でも味が変わらないとされるが、八十八パンはみずみずしい新米でつくったほうがおいしいという。米の風味を消すのでなく、逆に生かすようなパンづくりを目指しているようだ。

「八十八パンはくず米でもつくれます。原料の米粉はむしろ粗いほうがいい。小さな製粉機で構いません」と杉村さんはいう。そして、粗い米粉でパンをつくるポイントは湯ごね・中種法（製法特許）。杉村さんにつくり方を見せていただいた。

（編集部）

二〇〇三年十一月号　地元の米を粉に、そしてずっしり、もちもちのパンに

湯ごね

熱湯によって米粉の一部をアルファ化（糊化）させる。粗い米粉のざらざら感がなくなり、きめ細かく、舌触りがなめらかになり、もちもち感も増す。

①米粉にグルテンを加え、熱湯を注ぐ

②キシングは低速2〜3分（生地が切れる程度）。こね上げ温度50〜55℃

中種

粗い米粉そのものは小麦粉のように膨らまない。一晩かけてゆっくりと馴染ませ、醸成させることで、発酵力が高まり、かつグルテンの形成も促される。

③こね上がった生地をまとめ、番重に平たくならし、30℃以下になるまで冷ます。乾燥しないようにビニールをかけておく

④米粉、グルテン、脱脂粉乳、生イースト、砂糖、食塩を混ぜ、氷水を加える。これに、湯ごね生地を加える。ミキシングは低速3分、高速4分。卵黄を添加し、さらにミキシング高速6分。氷水を加えるのは熱を持たせないため。こね上げ温度24℃

本ごね・分割・丸め・ホイロ

本ごね以降は通常の製パン工程と同じだが、ガス抜き、フロアタイムは必要ない。湯ごね・中種した生地でフロアタイムをとると過発酵になってきめが粗くなる。

⑤こね上がった生地は5℃以下で12～15時間冷蔵する。中種は2～3日冷蔵保存可能

⑥米粉、グルテン、トレハロース、食塩、水、生イーストに中種生地を加えて本ごね。ミキシングは低速3分、ラードを添加してから高速10～20分。生地が完全につながるまでこねる。こね上げ温度24℃

⑦本ごね後、すぐに500gに分割し、成形して発酵かごの中に入れる

⑧ホイロの中へ。温度30℃、湿度70～ 80%で 約1 時間発酵。生地の高さがかごの上部を超えたらOK

⑨生地をスリップベルトに移して、カット

⑩オーブンに入れ、上火200℃、下火200℃、スチームを入れて30分焼成で出来上がり

⑪八十八パン（右）、味噌八十八パン（左）、玄米焙煎パン（奥）

お米のパンのつくり方

大塚せつ子　（株）サラ秋田白神東京事務所

米粉ならではのパンができないか

今までお米のパンといえば、小麦グルテンを使ったものが多かったように思います。なぜなら、グルテンがなくてはパンをつくることができないと考えられていたためです。たしかに、パンは小麦粉の文化ですから、グルテンがなくてはお米のパンもできないと考えるのは当たり前のことです。

パン（発酵パン）とはごく簡単に説明しますと、酵母がつくり出したガスをグルテン膜で包み込んで膨張したものを焼き上げ、その形状を維持するということになると思います。少々乱暴な表現ですが、そのために、ガスを包み込むグルテンがなければ、パンを作ることができない…といわれてきたのだと思います。

また、パンというと「口溶けがよく」「いつまでも柔らかく」というものを前提に、つくろうとしてきたことも事実としてあるかと思います。

でも、米粉で小麦粉のパンと同格のものを求めるためにいろいろな無理をするよりも、米粉は米粉の特性を生かすようなパンができないだろうか…と思うようになりました。

ご飯に限りなく近いパン

当社は、白神こだま酵母と国産小麦で無添加のパンを焼き上げております。そして、お客様の中には、様々なアレルギーをお持ちの方がおられます。以前から、小麦そのものにアレルギーのある方々から、米だけのパンを望む声がありました。それから試行錯誤の一年間、やっとできあがったのがノングルテンのパン。バターなどの油脂を使わず、少量の砂糖と塩、水でつくります。できあがったパンは、やはりご飯に近い味に仕上がりました。焼きたては外側がぱりぱりで、まるでお焦げを思わせるような香ばしさ。見た目はパンで、食べるとご飯…。そのために、焼き魚でも沢庵でも何と一緒に食べてもおいしいのです。

いろいろと工夫して食べていただきたいと思いますが、米の特性からか、硬くなるのが早いです。そんなときはトーストしたり、レンジで温めたりすると、また柔らかくなっておいしく食べることができます。

上新粉にタピオカ粉を混ぜ、プリンカップで焼いた

米粉パンをつくる場合は、超微粉にした米粉が適切ですが、今回紹介するレシピのように、タピオカ粉（キャッサバでんぷん）を加えたり、小さく焼くことにより、市販の上新粉程度の粒子でもつくることができます。

（以下のレシピでパン形状のものを自家消費用としてつくることは問題ありませんが、製造、販売するには特許が問題となることがありますので、ご注意ください）

（株）サラ秋田白神東京事務所　東京都八王子市松本七―四　TEL〇四二―六七九―七一七三　FAX〇四二―六七九―七一七〇

パン用米粉（米ベイクフラワー）や白神こだま酵母も販売しています。

二〇〇五年十一月号　自分のお米一〇〇％の米粉パン

タピオカ粉はキャッサバ芋のでんぷんでコーンスターチに似た手ざわり。豆類などのアレルギーを持つ人の代替食材としても使われる。輸入食品店などで販売している。400ｇで約500円

発酵のポイント

グルテンがないので、一気に発酵させてふくらませるのがこつ。温度が低いとふくらまないので、発酵中は常に40～45℃を保つ。表面が乾かないよう発泡スチロールをかぶせ、中に40℃くらいのお湯を入れたコップを置く。オーブン庫内を使うなら、発酵機能は使わずに、生地と一緒に湯のみ茶碗に熱湯を入れる。熱湯は10分おきに入れ替える。

材料A

上新粉	20ｇ
水	60ｇ

※水分は米粉によって変わる。今回は市販されていた「玉三　上新粉」（川光物産㈱製）にあわせた割合。水は最初から全部入れるのではなく、2割ぐらい残しておき、ようすを見ながら入れていく。

材料B

上新粉	80ｇ
タピオカ粉	15ｇ
砂糖	5ｇ
塩	1.6ｇ
白神こだま酵母	2ｇ
温水	80ｇ

①材料Aを鍋に入れて、火にかける。よく混ぜ合わせて糊のような状態にし、冷ましておく。（以下の写真は小倉隆人撮影）

②酵母の約3倍の温水（6cc）を材料分から取り分け、30～35℃に調整し、蜂蜜（分量外）を1滴入れて、よく混ぜ合わせる。蜂蜜を入れすぎると、酵母が活性化しにくくなるので注意

③、①の温水に、白神こだま酵母ドライをふり入れて、45℃ぐらいの温水（分量外）で湯煎する。温度が下がらないように、約15分おくと3倍ぐらいにふくらむ

④ボウルに材料Bの上新粉、タピオカ粉、砂糖、塩を入れる。①の糊と、③の酵母、温水を加えて、かたまりをつぶすようにしながら手で混ぜ合わせる

⑤木べらでグルグルかき混ぜ、よく混ぜ合わせる。力を入れて5分ぐらい、つやが出るまで続ける。

⑥型に流し込む。型ごとテーブルに軽く落として、中の生地を均等にする

⑦手に軽く水をつけて表面をきれいにならす

⑧40℃ぐらいの環境をつくり、約50分間、高温で一気に発酵させる。写真は発酵後の状態。2～2.5倍になる

⑨焼く。型の上にオーブンシートなどをかぶせ、180℃（電気オーブンは200℃）に熱したオーブンで15分、その後ふたを取って、200℃（電気オーブンは220℃）で15分焼く

一九五四年（昭和二九年）のＭＳＡ協定（※）以来、小麦の国内生産は激減してしまい、アメリカ、カナダ、オーストラリアからの輸入に頼るようになった。現在、穀物の需要が世界的に増加しており、小麦価格も急上昇している。また、パンづくりに向く国産小麦は、需要量に対して生産量が少なく、需給のミスマッチが生じている。

一方、国内では減反によって、休耕地が増えている。小麦は稲と違って用水は不要で、育苗施設も田植え機もいらない。麦は雑草に強く、栽培期間が秋から春なので、害虫も少ない。一反歩くらいなら、鍬と鎌があれば誰でも栽培できる。

※アメリカ政府が買い上げた米国内の余剰農産物を日本に輸出し、その販売金額の二〇％を日本へ援助し、八〇％を在日米軍が軍事物資の域外調達に使用するというもの。東西冷戦の激化の中で、アメリカは日本に対して再軍備を要求してきた。また、アメリカは膨大な余剰小麦を抱え、一部は野積みされていた。一方、日本国内には、再軍備による財政負担増加に対して強い反対があり、その批判をかわす必要があった。そこで、経済援助（アメリカにとっては余剰穀物の売却）と再軍備がセットで進められた。

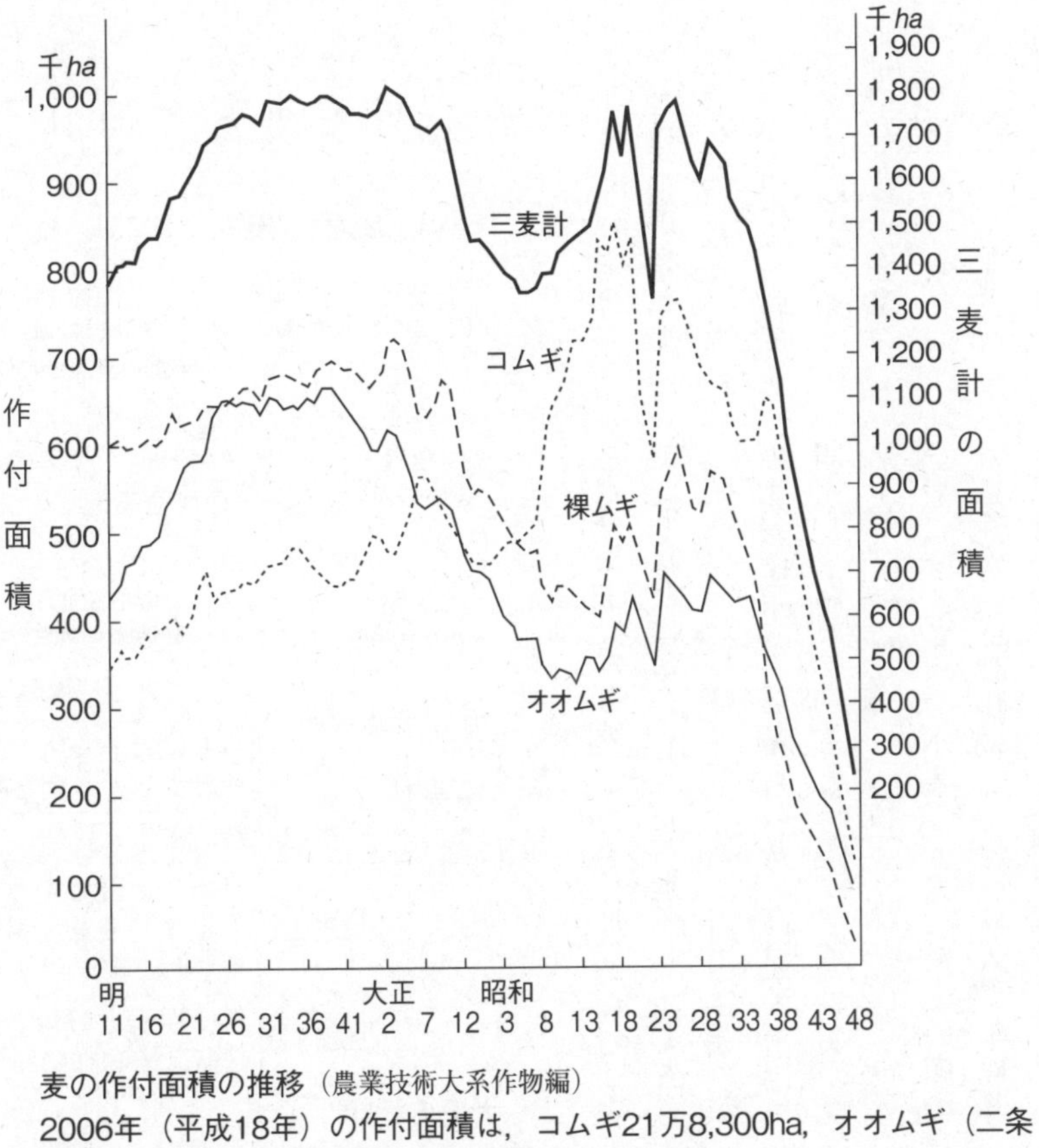

麦の作付面積の推移（農業技術大系作物編）

2006年（平成18年）の作付面積は，コムギ21万8,300ha，オオムギ（二条六条計）4万9,400ha，裸ムギ4,420haとなっている。

栽培麦の起源

麦は稲と同じ、イネ科イチゴツナギ亜科に属する。一般に麦と呼ばれて食用にされるのは、小麦、大麦、ライ麦、燕麦《えんばく》である。人類が麦を食料とした歴史は古く、小麦をすりつぶして水と混ぜ焼いたパンづくりの跡が、ガラリア湖西岸（イスラエル）の二万三千年前の遺跡で発見されている。また、麦の栽培が始まったのは、一万一千年前と考えられており、もっとも古い栽培麦は、ヨルダン川流域で見つかっている。

小麦　栽培小麦の起源は、以下のように考えられている。西アジアには、野生の一粒系小麦とクサビ小麦が交雑してできた、二粒系小麦が自生していた。人類は長くこれを採集していたが、やがて栽培するようになり、栽培二粒系小麦が成立した。

初期の栽培二粒系小麦はエンマー小麦と呼ばれ、数千年間栽培された。小麦の栽培は東西に伝播し、やがて、西アジア東部（カスピ海南方）に自生していたタルホ小麦と二粒系栽培小麦が交雑し、普通系小麦が成立したとされている。エンマー小麦は、現在は栽培されていないが、同じ二粒系のデュラム小麦がある。

大麦　西アジアに自生する野生二条大麦から成立したとされる。欧米では二条種、アジアでは六条種（穂の一つの段に六粒着く）の栽培が多く、六条種は、二条大麦が東方に伝播する過程で出現したと考えられている。

二条種はおもにビールなど醸造用と飼料用、六条種は食用と飼料用に栽培されている。また、皮麦と裸麦があり、皮麦のほうが耐寒性が強い。日本では六条皮麦が東日本、六条裸麦は西日本で栽培される。

ライ麦　地中海沿岸から小アジアにかけて自生が見られる。もともとは麦畑の雑草であったものが、麦に形が似たものが残り、次第に栽培化されたのではないかと考えられている。やせ地など劣悪地でもよく育ち、耐寒性も強い。ロシアやヨーロッパ北部など寒冷地で栽培されている。

地中海周辺や西アジア地方は、秋冬は温暖で雨が多く、夏は高温乾燥する地中海性気候である。麦の種子は、二～三か月間休眠し、秋に雨が降り始めると発芽する。休眠は低温と水分によっても破れる（五℃の場合では六時間）。徐々に生長しながら越冬し、四～五℃の低温に一か月ほどあうと、幼穂（花芽）が分化、形成する。春からの長日高温下で出穂、開花し、高温乾燥する初夏のころに子実が登熟する。

一般に、ライ麦、小麦、大麦、燕麦の順で耐寒性が強い。比較的乾燥を好み、年間降水量五〇〇～一〇〇〇㎜が適地とされるが、一〇〇～一五〇〇㎜以上の広い範囲で栽培されている。土質は粘質土、壌土に適し、土壌の適正酸度はpH六・二～六・七。

小麦の起源（田中、1975）

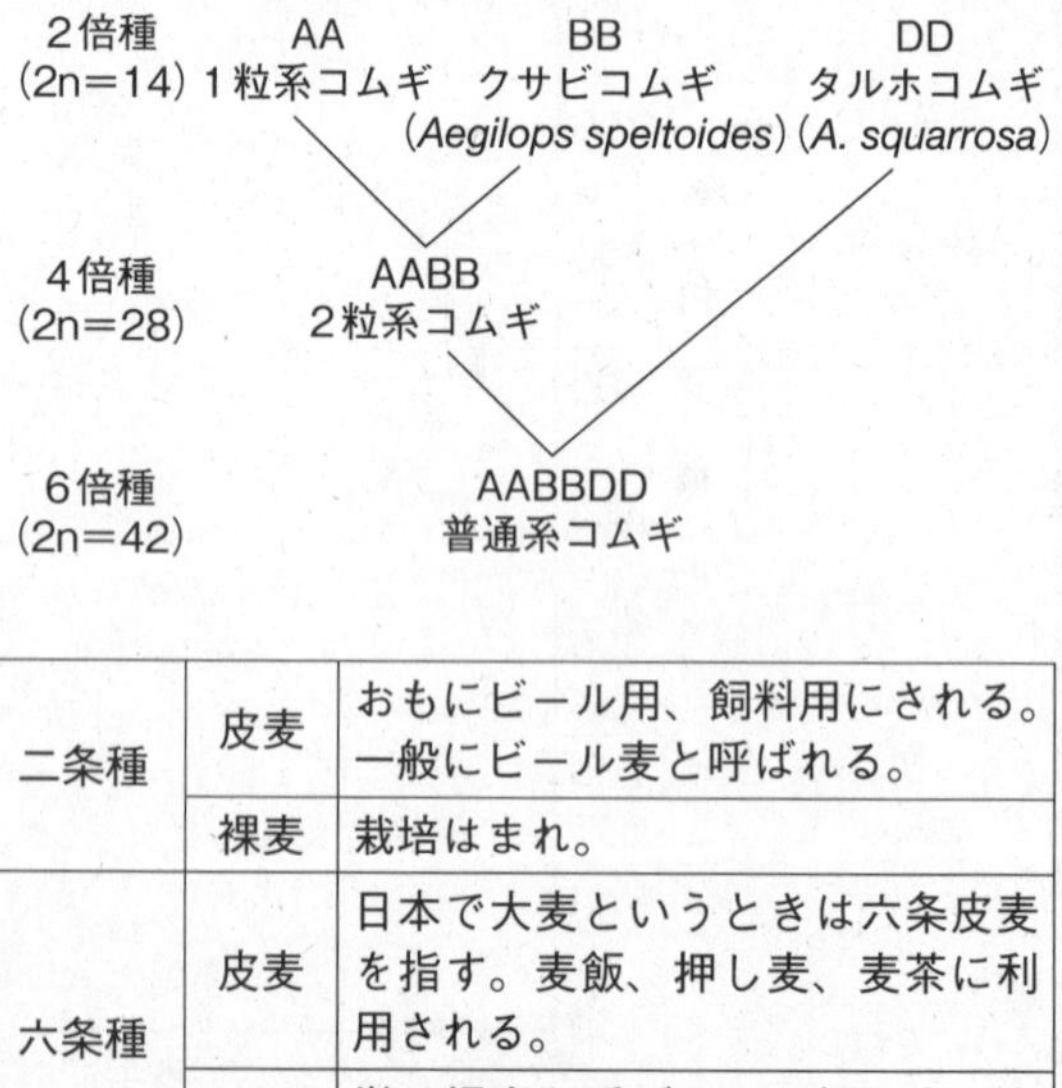

二条種	皮麦	おもにビール用、飼料用にされる。一般にビール麦と呼ばれる。
	裸麦	栽培はまれ。
六条種	皮麦	日本で大麦というときは六条皮麦を指す。麦飯、押し麦、麦茶に利用される。
	裸麦	単に裸麦と呼ばれる。押し麦、麦ご飯、麦味噌に利用する。

大麦の種類

小麦は生育途中に低温に遭遇しないと、正常に幼穂が形成されないので、ふつうは秋まきにする。しかし、北米やロシアなどの寒冷地では、幼穂分化の低温要求度が小さい品種を春まきにしている。春まき栽培では、生育期間が短いこともあり、収穫量は少ないが、グルテン含量の高い小麦ができる。

小麦の栽培法

畑の準備　水はけのよい土が適する。堆肥、石灰を施して耕うんしておく。

種まき　種子の発芽温度は〇～三〇℃で、最適温度は二五℃だが、日本では、気温が一三℃くらいのころに種まきする。

暖地では気温が一一～一二℃（十一月上～下旬）、関東地方では一三～一四℃（十月下旬～十一月上旬）、北海道・東北地方では一四～一五℃（九月中旬～十月上旬）となるころがよい。また、寒冷地の春まき栽培では、五月上～中旬に種まきする。

うね間六〇cmで、すじまきにする。まき幅一〇～一二cm、深さ一〇cmのまき溝を掘り、元肥、間土を入れる。一〇a当たり五～六kgの種をまき、覆土して鎮圧する。なお、播種法には、ばらまき、株まき、ドリルまき（うね幅三〇cm、まき幅三cm）、広幅まき、全層まきなどいろいろな方法がある。

追肥・中耕　窒素肥料を十二～二月上旬、出穂四〇日前に施用する。冬季に生長するため除草はあまり必要ないが、ふつうは一～二回中耕する。霜柱で凍上する地方では、麦踏みを行う。

収穫は五月下旬～六月で、穂が黄色くなり、子実が硬くなるころが適期。

（本田進一郎・本誌）

小麦のすじまき

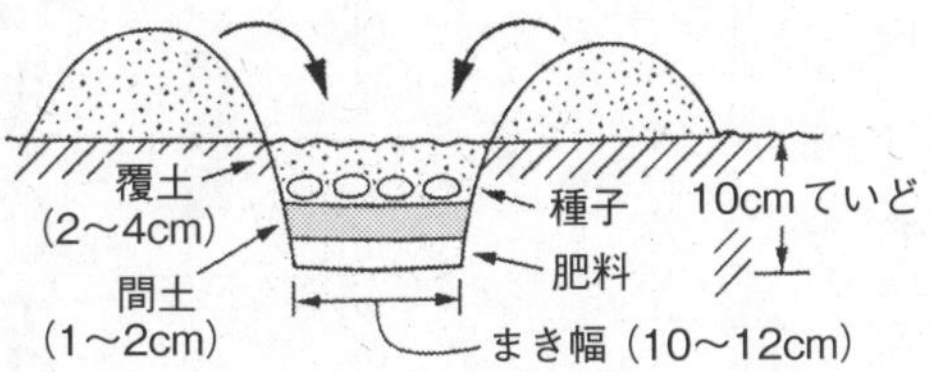

麦の手刈り

バインダーによる刈取り　稲のバインダーがそのまま使える

麦の乾燥　はさがけして自然乾燥させる

小麦の品種

パン用品種

日本の食パン用の小麦粉は、世界で最もパン適性が高いといわれているカナダ産の1CW（カナダ・ウエスタン・レッド・スプリングの№1等級）やアメリカ産DNS（ダーク・ノーザン・スプリング）が使われている。われわれが食べている食パンは世界一ぜいたくな小麦からつくられているということになる。

国内では、北海道立北見農試が春まきのパン用品種の育成を行なっている。昭和四〇年にハルヒカリを育成し、昭和五五年産は九六〇〇haで一一％のシェアを占めたが、倒伏しやすく低収のため、昭和六〇年に育成された強稈・多収のハルユタカにその座を譲った。ハルユタカは平成当初は一万ha弱が作付けされていたが、減少を続け平成一二年では三四六〇haにまで減少した。

ハルユタカは、育成当時は実需者の間では評価が低く、醤油に利用されていたが、大手消費者団体などの粘り強い努力が実を結び、パン適性が評価されるようになってきた。しかし、春まき小麦は秋まき小麦作付初年目の前作作物として作付けされており、実需者の要望に応えられるだけの状況にない。そのため、秋まき性のキタノカオリが育成され、道内での地域適応性に供試されている。

東北ではナンブコムギがパン用として利用されているが、東北二一四号のデビューが待たれる。

九州ではニシノカオリが作付けされ、地場製粉会社で製粉され、地粉としてパン用などに利用されている。

麺用品種

それぞれの地域で麺適性の高いと評価されている品種は、北海道ではホクシン、チホクコムギ、東北ではナンブコムギ、関東、東海、近畿では農林六一号、中国ではシラサギコムギ、九州ではチクゴイズミ、シロガネコムギがあげられる。近年では、さぬきの夢二〇〇〇など、新品種が育成されている。

（農業技術大系作物編第四巻ムギ　星野次汪）

主な地域	品種		主な用途	特徴
北海道	ホクシン	＊＊	麺	高麺適性、早生、多収
	きたもえ		麺	麺色・製粉性良、耐小麦縞萎縮病、難穂発芽
	チホクコムギ	＊＊	麺、パン	高麺適性品質のパイオニア、穂発芽・赤かび病やや易
	タクネコムギ		醤油	高たんぱく、極早生
	ハルユタカ		パン	ハルヒカリに代わる本格パン用品種、人気ブランド
	はるひので		パン	ハルユタカより優れた製パン適性、多収、耐赤かび病
	キタノカオリ		パン	秋まき性の本格パン用品種、期待が大きい
	春よ恋		パン	ホクレン育成、高製パン適性、やや倒伏易
東北	ナンブコムギ		麺、パン	実需の圧倒的人気品種、パン可能、早生、難穂発芽、低収
	ネバリゴシ	＊	麺、パン	低アミロース、うどんの食感良、早生、多収
関東以西	農林61号		麺、パン	本州で圧倒的作付け、収量・品質の安定、やや晩生
	あやひかり	＊	麺	高製粉性、早生、多収
	つるぴかり	＊	麺	群馬県育成、早生、耐倒伏性
	きぬの波	＊＊	麺	群馬県育成、麺色良、多収
	チクゴイズミ	＊	麺	低アミロース品種で乾麺の食感を改善したパイオニア
	イワイノダイチ	＊＊	麺	秋まき性、早まきで作期前進、高製粉性
	ニシノカオリ		パン	西日本初のパン用品種、高たんぱく、高製粉性、やや早生
	さぬきの夢2000	＊＊	麺	香川県育成、さぬきうどんの原料として期待大

小麦の品種と用途　＊は低アミロース品種のため、麺の粘弾性が優れる。
＊＊はやや低アミロース品種のため、麺の粘弾性がやや優れる

播性程度と早晩性

麦類には一定期間低温にさらされないと花芽分化（麦では幼穂分化ともいう）しないという特性があり、必要な低温期間が品種により異なる。必要な低温期間の長短を播性程度といい、Ⅰ～Ⅶの七段階に分けて品種の特性を表わす。

Ⅰ～Ⅱの品種は春まき型品種といわれ、低温期間が短くても花芽が分化して出穂する。この型の品種は春まきしても出穂し、ある程度の収量は得られる。関東以西の品種の多くはこの型であり、北海道の春まき型品種も播性程度はこの型に属する。一方、Ⅴ～Ⅶの品種は花芽分化に長期間の低温が必要で、春まきでは出穂しないため秋まき型品種といわれる。北海道、東北の品種はこの型である。Ⅲ～Ⅳの中間型品種は低温期間が春まき型品種と秋まき型品種の中間であり、東北、北陸、北関東の品種の一部はこの型である。

播性程度と出穂の早晩には密接な関係があり、一般に播性程度が低い品種（春まき型）ほど早生となり、播性程度が高い品種（秋まき型）ほど晩生となる。

小麦品種の特性

ハルユタカ　昭和六〇年北見農試育成。北海道の春まき品種で、ハルヒカリより短強稈で多収、かつ良質な品種としてハルヒカリに代わって作付けされるようになった。播性程度Ⅰで、成熟期はハルヒカリより一～二日おそい中生である。短強稈で耐倒伏性は強い。穂はハルヒカリよりやや短く、錐状で有芒白である（芒＝のぎ）。うどんこ病および赤さび病には強い。製粉性はよく、国産パン用品種として需要が高い。

春のあけぼの　平成六年北見農試育成。北海道の春まき小麦品種であり、北海道で奨励品種に採用されたが、収量性が不安定なため作付は伸びていない。製粉歩留りはハルユタカよりやや低いものの、製粉適性は同程度とみられ、製パン適性がハルユタカより優れる。播性程度はⅠで、出穂期はハルユタカと同程度であるが、成熟期はやや晩い。収量性はハルユタカよりはやや劣る。耐穂発芽性は難で、ハルユタカより強い。耐病性はうどんこ病が中でハルユタカよりやや劣り、赤さび病は同程度、赤かび病は中であるがハルユタカよりはまさる。

ホクシン　平成七年北見農試育成。北海道一円に適する。チホクコムギに替わって作付面積を伸ばしている。製粉性は歩留り、ミリングスコアともにチホクコムギより優れ、製麺適性はチホクコムギと同程度である。播性程度はⅥで、チホクコムギより成熟期が四日早い早生種であり、収量性はチホクコムギ並である。耐穂発芽性は中であるが、チホクコムギよりまさる。耐寒性はチホクコムギと同程度であるが、耐雪性はチホクコムギより明らかに優れる。耐病性は、チホクコムギに比較して赤さび病にはやや弱いが、うどんこ病および赤かび病には強い。

チホクコムギ　昭和五六年北見農試育成。製麺適性が高いため、普及以来急速に増加したが、北海道の約一〇％の作付面積に後退している。播性程度はⅣで、ホロシリコムギに比較して出穂期、成熟期は同じかややおそい中生種である。やや短稈で穂数が多く、耐倒伏性が優れるため、多肥密播栽培に適している。穂は無芒白でこん棒状である。赤さび病には極強であるが、うどんこ病にはやや弱、赤かび病には弱である。耐寒性は強いが、耐雪性はやや弱で、穂発芽性は易である。製麺適性、とくに麺の粘弾性に優れる。

ホロシリコムギ　昭和四九年北見農試育成。北海道の全域に適する品種として、北海道の秋まき小麦で一時は最大の作付面積であったが、現在は数％となっている。ムカコムギと比較して短強稈で耐倒伏性が強く、多肥密播栽培で極多収であるが、やせ地、晩播での増収率は低い。播性程度はⅣで、出穂期はややおそいが、成熟期は一日くらい早い。株は閉じ、穂は無芒白で棒状である。耐寒雪性は強く、赤さび病、うどんこ病、赤かび病には中程度の強さであり、穂発芽性も中程度である。

タイセツコムギ　平成元年北見農試育成。雪腐病に強く、チホクコムギが栽培できない道央・道北の多雪地帯向けの良質品種として普及された。数％の作付となっている。播性程度はⅣで、出穂期・成熟期ともにチホクコムギ並の中生種である。耐雪性はチホクコムギより強く雪腐病の発生するところではチホクコムギより多収となる。赤さび病には極強で、うどんこ病にもやや強い。穂発芽性はやや難である。製粉性は高く、粉の色が優れる。

タクネコムギ　昭和四九年北見農試育成。北海道の道央以南に適し、普及後ホロシリコムギに次ぐ作付があったが、チホクコムギが普及されてからは減少し、現在では醤油用に作付けされている。播性程度はⅥであり、ホロシリコムギに比較して成熟期は五日早く、多肥密播栽培でかなりの多収が得られるが、収量はやや落ちる。穂は棒状で、無芒褐。うどんこ病、赤かび病には中程度であるが、赤さび病にはやや弱い。耐寒性は強く、穂発芽性は難である。

キタカミコムギ　昭和三四年東北農試育成。東北の中～多雪地域の肥沃地に適し、わが国の最多収の記録（一〇一一kg／一〇a）を有する品種で、ナンブコムギとともに東北の主要品種である。播性程度Ⅳ～Ⅴで、出穂期はナンブコムギよりややおそい。やや長稈、長穂であるが、そのわりに耐倒伏性は強い。赤さび病、うどんこ病には中程度で、赤かび病にはやや弱い。耐寒雪性はやや強く、穂発芽性は中程度である。粒は中粒の粉状質で品質がよい。

ナンブコムギ　昭和二六年東北農試育成。耐寒雪性が強いわりに早熟であり、東北中北部から北陸の寒冷積雪地帯の肥沃地に適する、適応性の広い品種である。播性程度はⅣで、東北の主要品種のなかでは早生種である。やや長稈で、稈は強いが耐倒伏性はやや弱い。穂は錐状で大きく、無芒褐である。うどんこ病、赤かび病には強いが、赤さび病には弱い。耐寒雪性は強で、耐穂発芽性は難である。粒は大粒のガラス質で品質はよい。

コユキコムギ　昭和六三年東北農試育成。短強稈で多収であるため、安定多収栽培が可能な品種として岩手県、つづいて新潟県で普及に移された。播性はⅣで出穂期・成熟期はナンブコムギよりややおそい中生種である。穂は棒状で大きく、無芒白である。耐寒雪性はナンブコムギよりやや弱いが、やや強であり、赤さび病は強、うどんこ病および赤かび病は中程度である。粒質はガラス質であり、製粉性が高く、粉はサラサラして白い。

あきたっこ　平成四年東北農試育成。耐寒雪性がキタカミコムギより優れ、秋田県の根雪期間が一一〇日程度の地域まで栽培可能な品種として採用された。播性程度はⅤで、成熟期はキタカミコムギより二～三日早い。稈長はキタカミコムギ並みの中であるが、耐倒伏性は強い。穂は棒状で有芒白である。耐雪性はキタカミコムギよりまさる。うどんこ病および赤さび病抵抗性はやや弱である。製粉性がよく、製麺適性はキタカミコムギ並である。

シラネコムギ　昭和六一年長野県農事試育成。秋まき型の早生品種として、凍霜害の危険性の高い地帯に適する品種で、長野県および宮城県での主要品種となっている。播性程度はⅣで、出穂期・成熟期はミクニコムギとほぼ同じである。ミクニコムギに比較して稈長がやや短く、稈質はやや強いため耐倒伏性が優れ、多肥で多収となる。穂は紡錘状で有芒褐である。製粉性が優れ、粉色が白い。

しゅんよう　平成七年長野県農事試育成。関東北部・東山地方および南東北の少雪地帯に適し、長野・山形・福島の各県で奨励品種となった。製粉歩留りはシラネコムギより優れる。粉色、麺色が明るい黄色を有しているのがこの品種の特徴で、麺の官能評価が高い。播性程度はⅣで、シラネコムギより成熟期が一～二日おそい中生であり、収量性はシラネコムギより優れる。たんぱく含量が低いので、栽培にあたっては、止葉抽出期の追肥を必ず実施することが肝要である。

アブクマワセ　平成四年九州農試育成。極早生で製麺適性が優れる品種で、福島県で採用された。播性程度はⅠ～Ⅱで、成熟期は農林六一号より八日、トヨホコムギより五日早い。稈長は短く、穂数は多い。穂は紡錘状で有芒白である。縞萎縮病には強いが、うどんこ病、赤さび病にはやや弱い。収量性は農林六一号より劣るが、製粉性および製麺性は優れる。

トヨホコムギ　昭和五一年農事試育成。耐寒性がやや強く、北関東および南東北に適する品種で、現在は福島県で栽培されている。播性程度はⅡ～Ⅲで、アオバコムギより一日早い中生品種である。稈はやや短く強稈で耐倒伏性は強く、機械化栽培に適する。穂は紡錘状で有芒褐である。縞萎縮病、うどんこ病、赤さび病には強いが、赤かび病にはやや弱い。

アオバコムギ　昭和二六年盛岡農改実育成。南東北、関東の少雪地帯に適する準硬質の品種で、現在は福島県で栽培されている。播性程度はⅣで熟期は中生に属する。稈長は中程度であるが強稈で株は閉じ、間作に適する。穂は紡錘状で無芒白である。縞萎縮病、赤さび病、うどんこ病には強い。耐寒雪性はやや弱い。

農林六一号　昭和一九年佐賀農試育成。北海道、東北を除く西南暖地の主力品種で、ホクシンに次ぐ作付面積第二位の品種であり、北関東から九州中部までの広い地域に栽培される。播性程度はⅡで、中～晩生の品種である。稈長はやや長く、稈の太さは中程度であり、穂は紡錘状で有芒褐、粒着はやや疎である。各種の病害に対しては比較的強いが、縞萎縮病にはやや弱い。多肥、密播では倒伏しやすいので注意を要する。

バンドウワセ　平成二年農研センター育成。早生、多収で良質の品種として関東の主要麦作県で作付が伸びたが、産地の拡大に伴って麺の食感が劣る産地があり、需給のミスマッチが生まれた。播性程度はⅠ～Ⅱで、農林六一号より成熟期が二～三日早い。稈長は農林六一号より短く、耐倒伏性が優れる。穂長は農林六一号並で、穂は紡錘状で有芒褐である。縞萎縮病にはやや強で、うどんこ病にはやや弱い。製麺適性は農林六一号並みである。

農林二六号　昭和一二年奈良農試育成。戦後南関東から四国まで広く作付けされ、現在でも山梨県、岐阜県などで栽培されている。播性程度はⅡで、熟期は農林六一号と同程度である。稈長は中程度である。穂は紡錘状で有芒白である。縞萎縮病、うどんこ病には強いが、赤かび病には弱い。耐湿性が強いので転換畑にも適する。

シロガネコムギ　昭和四九年九州農試育成。早生多収の品種として一時は九州から関東まで広く栽培され、現在でも島根や福岡、佐賀、長崎、熊本各県で栽培されている。播性程度はⅡで、農林六一号より三～四日早い。稈は短く、太い。穂は棒状で有芒白である。縞萎縮病、赤かび病およびうどんこ病には強いが、赤さび病には弱い。やせ地、少肥では短稈になりすぎるので要注意である。外観品質はよい。

きぬいろは　平成六年九州農試育成。温暖地以西の平坦地に適し、奈良県でオマセコムギに替わる奨励品種となったが、作付は少ない。製粉性は農林六一号よりやや優れる。製麺適性は農林六一号より優れ、とくに麺の食感が優れる。播性程度はⅠ～Ⅱで、農林六一号より出穂期が一〇日、成熟期が六日早い極早生であるが、収量性はやや劣る。株はやや開き、農林六一号より稈長が一〇cm以上短い短稈で耐倒伏性が優れる。播性が春まき型の極早生種なので、早播は避けて適期播種に努める。

ニシカゼコムギ　昭和五九年九州農試育成。

			作付面積 (ha)	比率 (%)	昨年比 (%)
小麦作付け面積			218,300		102.2
H18	H17	品種名			
1	1	ホクシン	106,100	48.6	102.6
2	2	農林61号	37,700	17.3	91.5
3	3	シロガネコムギ	19,800	9.1	101.0
4	4	チクゴイズミ	14,200	6.5	107.6
5	5	春よ恋	8,590	3.9	133.6
6	6	シラネコムギ	2,300	1.1	98.7
7	9	イワイノダイチ	2,090	1.0	147.2
8	11	あやひかり	1,700	0.8	116.4
9	12	ニシホナミ	1,700	0.8	124.1
10	7	つるぴかり	1,540	0.7	103.4
(上位10品種)			195,720	89.7	

平成18年産麦の品種別作付状況

早生、耐病性で多収品種として広島県、宮崎県でわずかに作付けされている。播性程度はⅠ～Ⅱで、農林六一号より成熟期が四日早い早生である。稈長はやや短で、穂は紡錘状、有芒褐でやや短い。耐倒伏性は強で穂数は多く、多収である。縞萎縮病に強いだけでなく、うどんこ病、赤さび病にも比較的強い。穂発芽性は難である。

オマセコムギ　昭和四四年東海近畿農試育成。一時は近畿から南九州まで広く栽培されていたが、現在は和歌山県で作付けされている。播性程度はⅡで農林六一号より二～三日早い。短強稈で株は閉じ、穂数は多い。穂は棒状で褐である。赤かび病、うどんこ病および赤さび病抵抗性はいずれも中である。

シラサギコムギ　昭和三一年中国農試育成。製麺性の優れた品種として瀬戸内海沿岸の岡山県・徳島県・広島県で栽培されている。播性程度はⅡ～Ⅲで、農林六一号より二日早い早生である。稈長は中程度であるが、強稈で耐倒伏性は優れ、肥沃地、多肥栽培に適する。穂は紡錘状で有芒褐である。縞萎縮病には強いが、赤さび病には弱い。うどんこ病、赤かび病には中程度である。製粉性、製麺適性は優れる。

ダイチノミノリ　平成元年九州農試育成。早生、多収で良質品種として香川県で作付けされている。播性程度はⅠ～Ⅱで、農林六一号より四～五日早い早生である。農林六一号に比較して稈長、穂長ともにやや短く、耐倒伏性は優れ、多収である。穂は紡錘状で有芒褐である。縞萎縮病には強で、その他の病害についても比較的強いほうであり、穂発芽性は中である。製麺適性は農林六一号より優れる。

ニシホナミ　平成七年九州農試育成。製麺適性が優れる早生・多収品種として、福岡県で栽培されている。播性程度はⅡで、農林六一号に比べて、出穂期・成熟期ともに三日程度早い。短強稈で穂数は同程度である。少肥では収量があがりにくいが、多肥条件で多収となる。縞萎縮病・穂発芽性には強いが、うどんこ病・赤かび病には中程度である。

チクゴイズミ　平成六年九州農試育成。温暖地以西の平坦地に適し、北九州、四国などで栽培されている。麺適性が優れているため、農林六一号の一部に替わって作付が増加した。製粉歩留りは農林六一号と同等であるが、ミリングスコアはやや優れる。製麺適性は農林六一号より優れ、低アミロース含量のため、とくに麺の食感が優れる。播性程度はⅠ～Ⅱで、農林六一号より出穂期、成熟期が五～六日早い早生であり、収量性は優れる。株は開き、稈はやや太い。稈長は農林六一号より短く、耐倒伏性は農林六一号よりやや優れるが十分ではない。穂は紡錘状で農林六一号よりやや短い。粒は赤褐色で、千粒重が農林六一号よりやや大きい。耐穂発芽性は難である。耐病性は縞萎縮病およびムギ類萎縮病には強、赤さび病にはやや強であり、赤かび病には中程度で農林六一号より優れるが、うどんこ病にはやや弱い。

アイラコムギ　昭和六三年農研センター育成。多収で外観品質が優れる品種で、鹿児島県で奨励品種に採用されたが、最近では小麦の作付自体が減少し、栽培面積は少ない。播性程度はⅢ～Ⅳで、農林六一号より一日早い中生種である。稈長はやや短い。穂数は多く、大粒で多収である。穂は短く、棒状の有芒褐である。うどんこ病には弱である。製粉特性などは農林六一号に類似するが、やや薄力的である。

つるぴかり　群馬県農試育成。麺の色、食感に優れる低アミロース品種として、群馬県で奨励品種に採用し普及に移した。播性程度はⅡで、農林六一号に比べて二～三日早熟で耐倒伏性が優れ、多収である。

小麦の新品種

あやひかり　平成一二年農研センター育成。製粉性に優れ、低アミロース含量で麺の食感がまさる品種として、埼玉県で奨励品種に採用された。バンドウワセに替わる品種として普及を図る。播性程度はⅠ～Ⅱで、農林六一号に比べて三日程度早熟で、倒伏に強く、多収である。大粒で容積重と千粒重が大きい。

キヌヒメ　平成一二年長野県農事試育成。粉色に優れ、製麺適性が高く、穂発芽耐性に優れ

所在地／メーカー	銘　柄	所在地／メーカー	銘　柄
北海道		東京都	
江別製粉	はるゆたか、みのりの丘、麦まつり、タイプER、ノースランド、全粒粉、石臼全粒粉	日清製粉	薫風（ななかまど）
		日東製粉	内麦北海道
		東京製粉	飛行機
横山製粉	ニングル、北みのり、エゾシカ	長野県	
木田製粉	ハルエゾ	日穀製粉	信濃大地
岩手県		柄木田製粉	北のめぐみ、シラネミックス
東日本産業	テリア特号、全粒粉	静岡県	
府金製粉	南部地粉	寺彦製粉	北の稔
山形県		兵庫県	
小川製粉	南部スペシャル、ゆきぐに	増田製粉所	麦のしらべ
福島県		福岡県	
阿部製粉	あおば、内麦ストレート	鳥越製粉	そめいよしの
栃木県		東海製粉	内麦強力粉
笠原産業	麦わらぼうし、麦のかおり	熊本県	
群馬県		熊本製粉	穂の香、国産強力粉
星野物産	黄金鶴		
曽我製粉	W8号、特内麦粉		
千葉県			
千葉製粉	花象スーパーラベンダー、花象ラベンダー		

製粉メーカーと小麦粉の銘柄（食品加工総覧　小沼祐毅）

る品種として長野県で奨励品種に採用された。播性程度はⅣで、シラネコムギに比べて、四日早熟で強稈・多収である。

イワイノダイチ　平成一二年九州農試育成。秋まき型の早生で、作期前進化栽培適性品種として、大分県で奨励品種に採用された。播性程度はⅣaで、農林六一号に比べて、縞萎縮病とうどんこ病に強く、穂発芽耐性がある。やや低アミロースで麺の食感が良い。

ニシノカオリ　平成一二年九州農試育成。温暖地向けの初の硬質小麦品種。菓子パン用に適する。現在、採用県はないが、北九州で試作。「国産小麦でパンを」との消費者ニーズに応えた麺用以外の新しい試みである。播性程度はⅠで、農林六一号に比べて三日早熟。耐倒伏性に優れ、うどんこ病に強い。

もち乙女　平成一二年東北農試育成のもち性小麦。播性程度はⅡ～Ⅲで、キタカミコムギに比べ、七日早熟で稈長はやや短い。寒雪害にはやや弱く、収量はやや少ない。製粉性・粉の色は劣る。

あけぼのもち　平成一二年農研センター育成のもち性小麦。播性程度はⅠで、農林六一号に比べ、やや早い。稈長は短い。穂数はやや少なく、収量はやや少ない。製粉性・粉の色は劣る。

きたもえ　平成一二年度道立北見農業試験場育成。小麦縞萎縮病に強い品種として、北海道において奨励品種に採用された。播性程度はⅥで、ホクシンと比べ、成熟期は二日遅い。穂発芽耐性があり、収量は同程度。粉色や麺の色に優れる。

はるひので　平成一二年度道立北見農業試験場育成。パン用として利用される北海道の春まき小麦の主要品種であるハルユタカは、病害や障害に弱く生産が安定せず、需給のミスマッチをまねいている。そこで、安定的に多収で、製パン性に優れた春まき小麦品種として、北海道において奨励品種に採用された。播性程度はⅠで、ハルユタカと比べ、成熟期は同程度。穂数はやや少ないものの、多収である。赤かび病にやや強く、製粉性はやや劣るが、製パン性は優れる。

きぬあずま　平成一二年度作物研究所育成。実需者からの良質小麦に対する要望に応え、低アミロースで麺の食感に優れた品種として、福島県において奨励品種に採用された。播性程度はⅠ～Ⅱで、トヨホコムギと比べ、成熟期は一日程度早く、稈長はやや短く、倒伏に強い。穂発芽耐性をもち、小麦縞萎縮病、赤さび病に強い。

ネバリゴシ　平成一二年度東北農業研究センター育成。北東北の基幹品種であるキタカミコムギは晩生で諸障害に弱いことから、実需者のニーズにあった高品質で、早生・安定多収な品種として、青森、岩手、秋田および山形の四県において奨励品種に採用された。播性程度はVで、キタカミコムギと比べ、成熟期は五日程度早く、稈長は短く、倒伏に強い。赤さび病、小麦縞萎縮病に強く、アミロース含量が低く、麺の食感に優れる。

粉の種類	ハルユタカ	春よ恋	キタノカオリ	ナンブコムギ
①たんぱく含量	11.4%	12.0%	12.3%	10.3%
②手触り	さらり	さらり	ややさらり	やや湿り
③色	白い	ややくすみ	クリーム	ややクリーム
④吸水	58～60%	60～65%	62～65%	52～54%
⑤捏ね	35～40分	40～50分	50～60分	20～30分
⑥一次発酵	3	2	7	5
⑦最終発酵	3	3	6	5
⑧窯のび	5	5	6	5
⑨焼き色	5	5	7	5
⑩内相・色	白い	やや白い	クリーム	ややクリーム
⑪味	やわらかい旨味	やや淡白	甘味強い	豊かな旨味

ゆきちから	ダブル8号	タマイズミ	ニシノカオリ	ミナミノカオリ
① 11.2%	11.5%	8.3～10.8%	10.3%	10.8%
②ややさらり	ややさらり	ややさらり	ややさらり	ややさらり
③やや色あり	やや色あり	ややクリーム	やや白い	やや白い
④ 54～56%	56～58%	52～58%	54～56%	56～58%
⑤ 25～40分	30～40分	20～30分	25～35分	30～40分
⑥ 5	5	5	6	5
⑦ 5	5	5	5	5
⑧ 5	5	4	5	6
⑨ 5	5	5	5	5
⑩多少色あり	やや色あり	ややクリーム	やや白	やや白
⑪やや淡白な旨味	やわらかい旨味	甘味やや強い	やや淡白な旨味	やわらかい旨味

国産小麦の比較
⑥～⑨についてはナンブコムギを基準5とし、時間の早いものやのび、色の弱いものは5より若い数字、時間の遅いものやのび、色の強いものは5より大きな数字で表現した。
9種類の国産小麦でパンをつくってみて実感したのは、どの粉も魅力があり、おいしいということ。どの粉がよくてどの粉がよくないなどといえないおいしさが、それぞれの粉にある。（伊藤幹雄、伊藤けい子『国産小麦のパンづくりテキスト』より）

ハルイブキ　平成一三年度東北農業研究センター育成。国産小麦でつくられたパンへの要望が高まるなか、寒冷地向けの製パン性の優れた品種として、秋田県において奨励品種に採用された。播性程度はVで、キタカミコムギと比べ、成熟期は三日程度早く、稈長はやや短く、倒伏に強い。赤さび病、小麦縞萎縮病、うどんこ病に強い。硬質小麦で、秋田県でパン酵母として開発された「白神こだま酵母」の使用により、優れた製パン性を示す。

ユメセイキ　平成一三年度長野県農事試験場育成。食感の優れたものが求められるなか、低アミロースで麺の食感に優れた品種として、長野県において奨励品種に採用された。播性程度はⅣで、シラネコムギと比べ、成熟期は同程度で、稈長は短く、倒伏に強い。穂発芽耐性があり、多収である。

タマイズミ　平成一四年度作物研究所育成。近年実需者から醤油や中華麺などの新用途向けの小麦も要望されるようになり、硬質で原粒たんぱく質含量の高い品種として、栃木、三重および岐阜県において奨励品種に採用された。播性程度はⅠ～Ⅱで、農林六一号と比べ、成熟期は三日程度早い白粒種で、倒伏にやや強い。硬質小麦で、たんぱく質含量が高く、醤油用や中華麺用に適する。

ふくさやか　平成一四年度近畿中国四国農業研究センター育成。近畿中国地域の主要品種である農林六一号とシラサギコムギは成熟期が遅く、長稈で倒伏に弱いこと、また、粉の色調がくすむなどの欠点の改善が求められていた。そこで、早生で倒伏に強く、また粉の色調に優れた麺用品種として、広島県において奨励品種に採用された。播性程度はⅡで、シラサギコムギと比べ、成熟期は二日程度早く、稈長が短く倒伏に強い。粉の色や麺の色・食感に優れる。

ゆきちから　平成一四年度東北農業研究センター育成。東北地方では、稲の減反が進むなかで、大豆との作付体系上有利な、早生・多収品種が望まれている。一方、パン用小麦の要望が高まるなか、寒冷地向けの製パン性の優れた早生・多収品種として、岩手、福島県において奨励品種に採用された。播性程度はⅤで、コユキコムギと比べ、成熟期は三日程度早く、倒伏に強い。赤さび病、うどんこ病、小麦縞萎縮病に強い。

キタノカオリ　平成一五年度北海道農業研究センター育成。パン用として需要の高い春まき小麦のハルユタカは生産が不安定であり、需給のミスマッチが続いている。そこで、パン用の秋まき小麦品種として、北海道において奨励品種に採用された。播性程度はⅥで、ホクシンと比べ、成熟期で五日程度遅く、倒伏に強い。製パン性はハルユタカ以上に優れる。

春よ恋　ホクレン農業総合研究所育成。北海道の春まき小麦は、国産小麦としては製パン適性を有しており、その需要は高い。多収で、耐病性に優れた春まき小麦品種として、北海道において奨励品種に採用され、ハルユタカに代わり、急速に普及しつつある。播性程度はⅠで、ハルユタカと比べ、成熟期は同程度。多収で、うどんこ病、赤かび病に強い。製粉性はやや劣るものの、製パン適性は優れる。

ダブル８号　近年実需者から醤油用などの新用途向けの小麦も要望されるようになり、硬質で原粒たんぱく質含量の高い品種として、群馬県において奨励品種に採用された。播性程度はⅠで、農林六一号と比べ、成熟期は同程度で、倒伏に強い硬質小麦。たんぱく質含量が高く、醤油用のほか、製パン用としても利用可能。

きぬの波　平成一三年度群馬県農業試験場育成。多収で、麺の色、食感に優れた品種として、群馬県において奨励品種に採用された。播性程度はⅡで、農林六一号と比べ、成熟期は二日程度早く、耐倒伏性に優れる。小麦縞萎縮病に強く、うどんこ病にはやや弱い。

さぬきの夢二〇〇〇　平成一二年度香川県農業試験場育成。香川県の讃岐うどんも、その大部分が外国産の小麦でつくられているなか、県産小麦を使った讃岐うどんに対する要望の高まりをうけ、倒伏に強く、製麺適性の優れた品種として、香川県において奨励品種に採用された。播性程度はⅠ～Ⅱで、チクゴイズミと比べ、成熟期は同程度で、稈長がやや短く、倒伏に強い。収量はやや低いものの、麺の色・食感に優れた良質品種である。

（農業技術大系作物編第四巻ムギ　山口勲夫、吉田久、松中仁）

江別製粉株式会社 〒067-0003 北海道江別市緑町東 3-91 Tel:011-383-2311 Fax:011-383-2315	ハルユタカ、春よ恋、キタノカオリ
東日本産業株式会社 〒028-3311 岩手県紫波郡紫波町犬渕字谷地田116-7　Tel:019-676-4141 Fax:019-676-4150	ナンブコムギ、ゆきちから
笠原産業株式会社 〒326-0338 栃木県足利市橋居町 819 Tel:0284-71-3181 Fax:0284-72-5641	タマイズミ
曽我製粉株式会社 〒379-2134 群馬県前橋市力丸町 221 Tel:027-265-1157 Fax:027-265-3157	ダブル８号
三重県製粉工業協同組合 〒514-0006 三重県津市広明町 345 Tel:059-226-1181 Fax:059-226-1191	三重県産小麦全般
株式会社内外製粉 〒510-8114 三重県三重郡川越町大字亀崎新田77-41　Tel:059-364-8111 Fax:059-364-8853	タマイズミ、ニシノカオリ
瀬古製粉株式会社 〒510-0017 三重県四日市市羽淳町 21-21 Tel:059-331-2323 Fax:059-333-2424	タマイズミ、ニシノカオリ
平和製粉株式会社 〒510-0303 三重県安芸郡河芸町東千里 495-1 Tel:059-245-5588 Fax:059-245-0914	タマイズミ、ニシノカオリ
大陽製粉株式会社 〒810-0071 福岡県福岡市中央区那の津 4-2-22 Tel:092-713-1771 Fax:092-781-2527	ミナミノカオリ

前頁の国産小麦粉の入手先

かび毒の心配のない安全な麦づくり

針塚藤重（針塚農産）群馬県渋川市

小麦作の中に5mに1本ずつうねを作って、大根やキャベツ、菜の花、小松菜、高菜を作ってみましょう。陸稲と同じくイネ科である小麦の直根で排水がよくなり、その根につく菌根がリン酸吸収を助けて、病気に強くおいしい野菜ができます。

人間にも怖い麦のかび毒

筆者は世界一安全な麦づくりを開発している。麦にはうどんこ病やフザリウムの赤かび病が発生する。厚まきであったり、多肥であったり、じめじめしとしとと雨が多く、気温が二七～二八℃のときはやばい。日本の六月は梅雨と高温が重なります。

麦類の収穫ごろ、種実に侵害して、赤褐色に変質させるフザリウムは人間、家畜に中毒症を起こし、麦は植物病原で減収になり、立枯れ病も起こす。実際にヨーロッパ全域で、またドイツの自然食品店で、この赤かびにやられた粉で中毒事件が起きています。北海道でも赤かび被害麦でつくったすいとんで胃腸炎中毒を起こした記録があります。

この赤かび・フザリウムに汚染されやすい農作物に、大麦、小麦、はと麦、とうもろこしなどが知られています。

小麦を赤かびから守る方法

筆者がこの怖い赤かびの侵害から守る農法を開発して、実行していますので農林六一号について述べさせていただきます。

第一に、稲わらは全量すき込みます。その時、石灰窒素を二〇kgほどまんべんなくまいて微生物のえさとします。

第二に、小麦のまきつけは、あまり早まきしないで、十一月三日ごろにします。

第三に、播種量は反当九kgの薄まきとして、よくゴムタイヤローラーで鎮圧します（踏みつけます）。

第四に、正月までに二回ほど麦踏みをします。

第五に、ヨウリンを反当一〇〇kgと硫酸カルシウム（商品名ダーウィン）を二〇kgほど寒中二月中旬までにまきます。

第六に、三月の中旬までに合計一〇回以上の麦踏みをします。

第七に、四月中旬に石灰硫黄合剤五〇～六〇倍液をまきます。その時に硫酸カルシウム一〇〇〇倍の葉面散布を混合しました。

第八に、五月初旬の小麦の穂が出揃ったころに石灰硫黄合剤五〇～六〇倍を再度散布します。

第九に、石灰硫黄合剤を二回ほど散布しますと、うどんこ病、赤かび病はゼロになりました。言ってみれば、小麦を上州名湯、草津温泉に二度ほど入れてやるのです（石灰硫黄合剤を少量風呂に入れると草津温泉風になります）。

筆者はこの多硫化カルシウム剤（石灰硫黄合剤）を雨降り前にまいて、小麦に降り注ぐ酸性雨の害を防いでいます。庭の松の木にもまきますと、pH四・二の酸性雨が防げました。

小麦も松も青々と輝いてすこぶる元気です。小麦は下葉が一枚も枯れ上がりません。六月初旬、青々と元気な小麦は地球の二酸化炭素をたっぷり食べて、同化作用をせっせとしています。

第十に、小麦の収穫一〇日ほど前にオリゴ糖食酢五〇倍を葉面散布しますと、黄金色に輝く小麦畑となります。同化作用が促進されて、良質の小麦となりました。

（群馬県渋川市中村六六）

間作のやり方

①秋に小麦をまく。基本は5mに1本ずつキャベツのうねを残す。うね幅はロータリ幅
②そこへ11月にキャベツ苗を2条植え。病害防除は海藻資材の散布のみ
③5月にキャベツ収穫
④6月中下旬に小麦をコンバインで収穫

※問題となっている、小麦のかび毒としては、デオキシニバレノール（DON）とオクラトキシンAがある。DONは、フザリウムが作るかび毒で、DONを高濃度に含む食品を食べると、吐き気、嘔吐、腹痛、めまい、下痢、頭痛等の症状を伴う中毒症（急性中毒）を引き起こす。ただし、死亡例は報告されていない。発がん性があるとする根拠は見られない。日本では、小麦のDONについて暫定的な基準値一・一ppmが指針として定められている。

オクラトキシンAは、アスペルギウス・オクラセウス、ペニシリウム・ベロコサムなどが作るかび毒で、不十分な乾燥または乾燥前の長期貯蔵等が問題とされている。動物試験により腎毒性および発がん性が認められている。ヒトでは、急性中毒の事例は報告されていない。現在、コーデックス委員会において、オクラトキシンAの最大基準値の設定について議論されている。

※石灰硫黄合剤　多硫化カルシウム（CaSx）。強アルカリ性で、殺菌、殺虫作用をもつ。有機JASで使用可能な薬剤のひとつ。

※硫酸カルシウム　石膏（$CaSO_4$）。食品添加物として豆腐のにがりなどに利用される。

一九九七年九月号　カビ毒の心配のない世界一安全なムギつくり

小麦　菜種梅雨前の
カリ追肥で増収

有馬泰紘

三～四月の菜種梅雨によるカリウム不足

日本の小麦収量水準は、欧州諸国と比較して顕著に低い状態（二〇〇四年の一ha当たり収量は、日本四・〇三t、ドイツ八・一七t、イギリス七・八八t、フランス七・五八t）にあります。このことについて、「本州以南で認められる三月中旬から四月いっぱいにかけての菜種梅雨により、土壌中カリウムの希釈や溶脱が起こる。それが収量低下の一因になっているのではないか」という仮説を立てました。

三～四月は、二月までに比べて気温が上昇し雨量も増してくるので小麦の生育は盛んになり、幼穂形成を終了した茎が立ちあがって葉も繁茂してきます。その旺盛な生育をまかなうために、小麦は養分吸収も活発に行なう必要があります。

なかでもカリウム吸収量はカルシウムやマグネシウムの吸収量に比べて一般に多いのですが、畑土壌の交換性塩基バランスを良好に保つためには、交換性カリウムは原子数で交換性カルシウムの五分の一、交換性マグネシウムの二分の一程度に抑える必要があります。そのために養分吸収が盛んな根の表面では、カリウム濃度が非常に低くなる場合が多いといわれています。

このような事情に加えて、菜種梅雨地帯では、その時期の降雨で土壌中カリウムの希釈や溶脱が起こり、さらに日照の減少や高湿度による小麦の水分蒸散の低下も重なるため、小麦はカリウムを十分に吸収できないのではないかと考えられるのです。

カリウムは昔から「根肥え」と呼ばれ、不足すると根の発達や活力が強く損なわれることが知られていました。具体的には光合成産物を葉から根や子実に運ぶ過程に強く関係していますし、硝酸態窒素の吸収にも間接的に関係するなど、植物の体内で多くの役割を果たしています。カリウム欠乏により根が衰退するのはそのためで、さらに子実の充実不良、葉の衰退をも招くと考えられます。

カリ追肥で四〇％の大幅増収

この仮説の当否を検討するため、東京農工大学FSセンター農場の黒ボク土畑で圃場試験を行ないました。試験は二〇〇二年と二〇〇四年の秋まき小麦（品種：アヤヒカリ）で、一ha当たり二〇kgのカリを菜種梅雨の時期に側条に追肥し、無追肥の場合と比較しました。

菜種梅雨（3～4月）の始まる少し前の小麦畑。この少し後、茎立ち期ころに追肥する

その結果、二〇〇二年の試験では、坪刈り収量から求めた一ha換算収量が無追肥区で四・五tだったのに対して、菜種梅雨初期（三月中旬の茎立ち期）追肥区で六・七t、菜種梅雨終期（五月初頭）追肥区で六・〇t、初期と終期の二回追肥区では六・八tとなり、

カリ追肥によって予測を超える大幅な収量増加が起こりました。

ただしこの年の圃場試験では、元肥に牛糞堆肥と苦土石灰しか用いておらず、化学肥料を併用する慣行的な元肥条件とは大きく異なりました。そこで二〇〇四年の試験では、一ha当たり牛糞堆肥八t、溶リン五〇〇kg、硫安九〇kg、過リン酸石灰八〇kg、硫酸カリ八〇kgの元肥を施しました。また前回より多くの穂数を確保するため、播種量は厚まきで一ha当たり一〇〇kgとし、追肥は二〇〇二年の試験でより効果の高かった菜種梅雨初期のみに行ないました。

その結果、収量は無追肥区で六・六tだったのに対して追肥区では九・七tと、高収量水準にもかかわらず四〇%を優に超す増収が認められました。この年には、同じ時期にカリではなく硫安を窒素で二〇kg（一ha当たり）追肥する試験区も設けましたが、その収量は七・八tで、カリ追肥区よりかなり低い水準でした。すなわち、この試験では窒素追肥以上にカリ追肥が効果的だったのです。

この試験圃場の土壌が一般的な基準に照らしてカリウムが乏しい土壌というわけではありません。地力増進基本指針に示された普通畑の基本的改善目標では、黒ボク土の場合、乾土一〇〇g当たりの交換性カリウム量はカリ換算で五〇mg程度以上となりますが、私たちが用いた試験圃場では一〇〇mgを超えていました。

このことは、カリウム肥沃度の高い土壌であっても、元肥だけで小麦生育全局面のカリウム要求を充足させることはできず、カリ追肥を必要とする局面があることを示しています。

また圃場試験では、小麦の窒素吸収量も顕著に増加していました。東京農工大学の実験圃場で得られた小麦収量増加の事例がほかの麦類栽培にも応用可能になり、本州以南の菜種梅雨地帯全域に広げることができるならば、麦類の収量性向上に加えて、硝酸溶脱低減による環境改善にも大きく貢献できるものと考えています。

（東京農工大学共生科学技術研究院）

二〇〇七年一月号　秋播き小麦　カリ追肥で四〇%以上増収

肥料が過剰でも不足でもない土に

フランスのボアザン博士は、過剰な施肥は不足と同じく害があることを強調している。窒素、リン酸を多量に施肥して作物、草が増収しても、作物の生物学的質は低下する。味の良い食材は窒素、リン酸、カリが過剰でも不足でもない土、さらにカルシウム、マグネシウム、ナトリウム、イオウ、ホウ素、銅、亜鉛、鉄などのミネラル成分が適切に含まれた土から生まれるのである。　（エリック川辺）

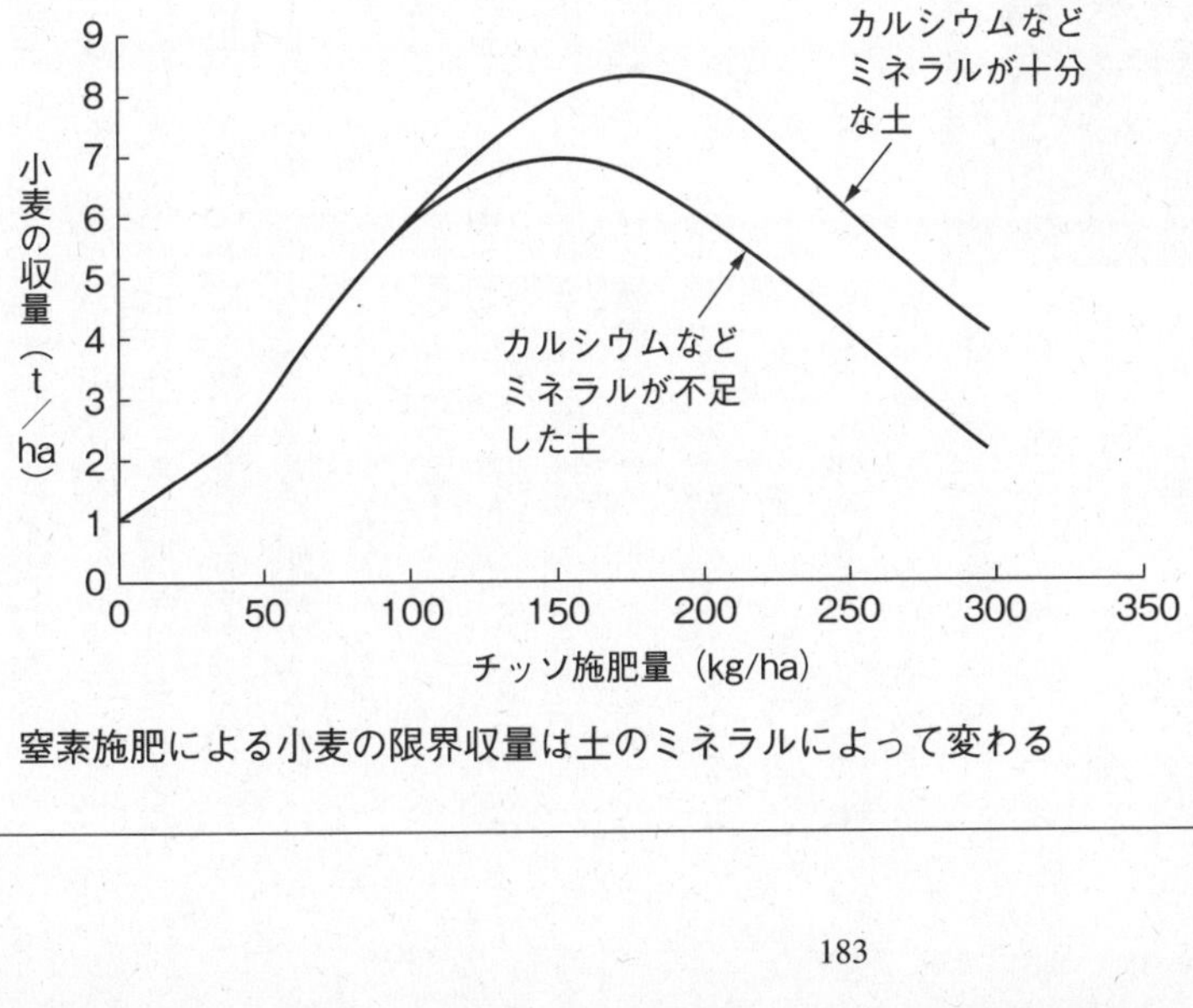

窒素施肥による小麦の限界収量は土のミネラルによって変わる

移植麦は超多収

一反ぐらいなら手植えでよい

井原豊　兵庫県

超多収五石（七五〇kg）以上をねらうなら、疎植で大穂をつけるやり方である。実用的でないが、いちばんの近道は移植することである。

稲の田植えのように、あらかじめ早まきして育てた苗を坪六〇〜七〇株（尺×五〜六寸）移植する。私は田植機を利用して麦の田植えをやろうと考えたが、そこまでやると人に笑われるので断念、選抜種の採種用に一a弱手植えしている。

その方法は玉ねぎの定植と全く同じ。苗をかごに入れて腰に下げ、稲の手植えのように一本ずつさしてゆき、鍬で軽く根元に土をかけ、足で踏んでゆく。水かけは必要なく、やれば案外早く作業はすむ。二人で一日一反ぐらいゆけそうである。こうして移植麦から麦の超多収の姿を学びとるのであればいい勉強になるから、一反ぐらい試されるとよい。

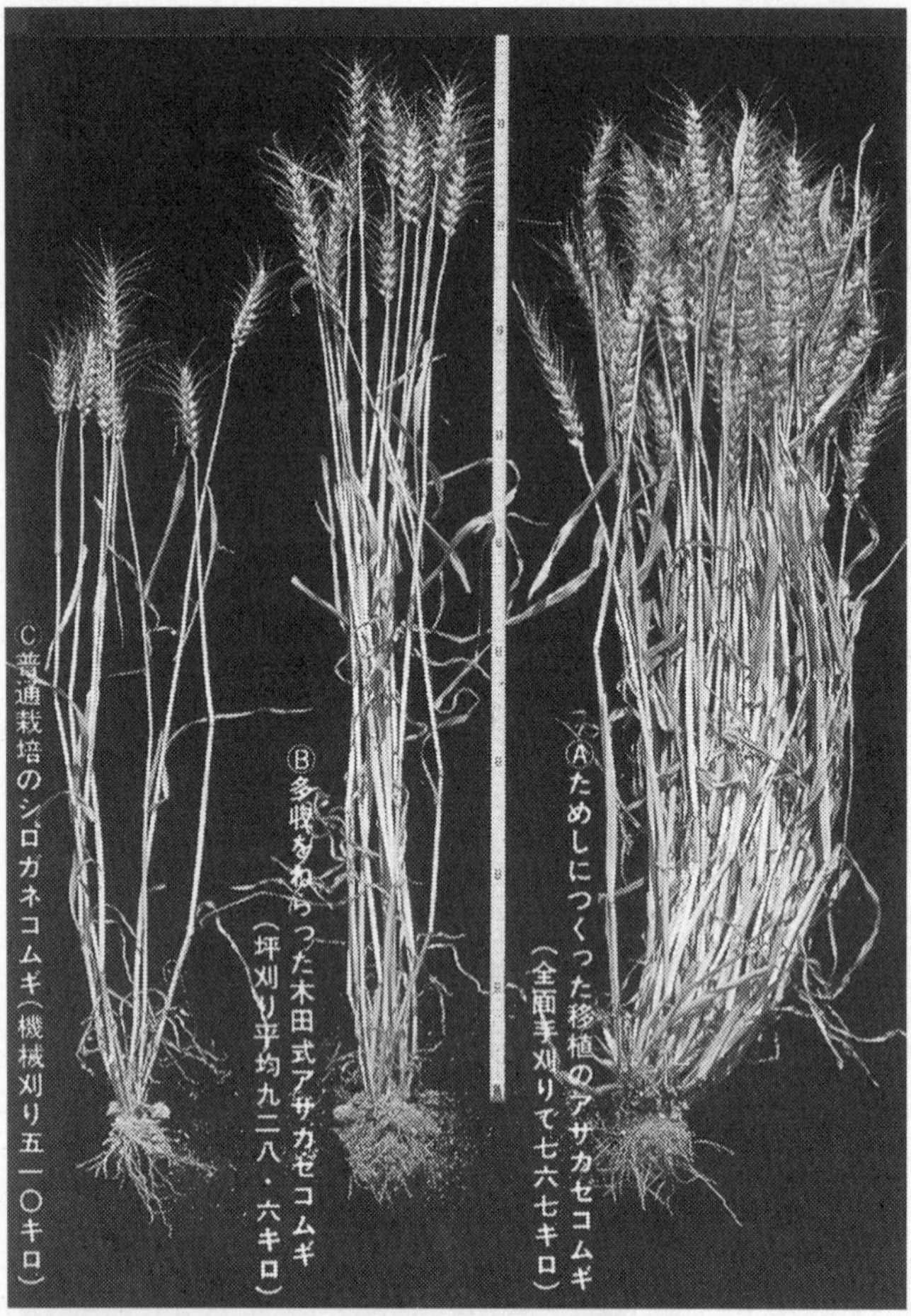

Ⓐためしにつくった移植のアサカゼコムギ（全面手刈りで七六七キロ）
Ⓑ多収をねらった木田式アサカゼコムギ（坪刈り平均九二八・六キロ）
Ⓒ普通栽培のシロガネコムギ（機械刈り五一〇キロ）

井原豊さんが行なった収量試験。栽培法でこれだけ小麦が変る（一九八五年　撮影　小倉隆人、島家春）。

移植麦の生育は、種まき時期が早いことと断根再生のために豪快な育ちをする。そして生育は均平、年内に茎立ちを始めるぐらいの勢い。一株が五〇本ぐらいに分けつする。一週間ごとに麦踏みして茎立ちを抑える。育ちが速いので出穂はすごく早まる。生長した幼穂が三月の戻り寒波で障害をうけるので暖かい地帯でないと無理だが。

こうして移植された麦は生育が均一、巨大な穂をつけ、二〇〇〇本の穂数はらくにとれる。その収量構成要素は、坪六〇株×一株三三本＝坪二〇〇〇本。一穂平均五〇粒（大きな穂では一二cm二二段七〇粒）で坪一〇万粒。千粒重は低めにみて三六gでも坪三・六kg（反一〇八〇kg）。コンバインロス一五％を差し引いて実収九〇〇kg。

アサカゼコムギなら千粒重四〇gに達するので反収一二〇〇kg（二〇俵）。

このへんが日本での小麦収量の限界点とみられる。

ま、こんな話は机上計算の夢であり、実現の可能性はうすいが、挑戦するおもしろさは残されている。移植栽培は大規模経営では実用困難であっても、これに近いことは直まきでも可能である。反当五kg内外の種子量で条まき、生えそろい時で五～六cmに一本（坪一〇〇〇株）、二〇本分けつで坪二〇〇〇〇本とされる。こんな疎植が巨大な穂をつける超多収への道であり、移植麦の経験がこれを教えてくれる。

一九八五年四月号　チャレンジ小麦六石どり

移植麦のよさとは

「木田式麦」の木田好次さんに聞く

麦の多収穫の世界記録

昭和二十年代に、福島県いわき市の木田好次さんは、一〇a当たり大麦で三二俵、小麦で二〇俵以上という、麦の多収穫の世界記録を達成した。大麦畑は一面に穂で覆われ、ソフトボールを穂の上に乗せても落ちなかったという。

その木田さんをたずね、三〇～四〇年前の木田式麦づくりの麦と、いまの一般的な麦づくりの麦とをくらべ、何を感じておられるかをうかがった。

その答えが、「麦一本一本の背丈のばらつき」ということ。つまり、図のように同じうねを立てて麦を作る場合をくらべても、木田式の麦は両端の背がやや高くなっている程度で、全体としてはヨウカン型にそろっていたのに対し、いまの麦は中央部の背が高く、両端が低いカマボコ型。うね立てしないばらまきの場合も同じことで、場所により背丈が不ぞろいであることが木田式の麦といまの麦との大きな違い、と木田さんはいいます。

木田さんが、麦の背丈はそろっていたほうがよいと考える第一の理由は、もちろん倒伏防止ということ。カマボコ型では、まずヒョロヒョロに伸びた中央部の麦から倒れ始め、両わきの麦を押し倒してしまう。背丈がそろった麦は、互いが支え合うようになって倒れにくい。

倒伏防止のために、背丈がそろった麦を作るということの重要性は木田さんの時代もいまも変わらない。

いかにコンバインロスを防ぐか

さらに、木田さんは、「いまの時代には倒伏防止にくわえて、もうひとつ背丈のそろった麦を作る重要性が増しているはず」といわれる。それは、「いかにコンバインロスを防ぐか」ということ。

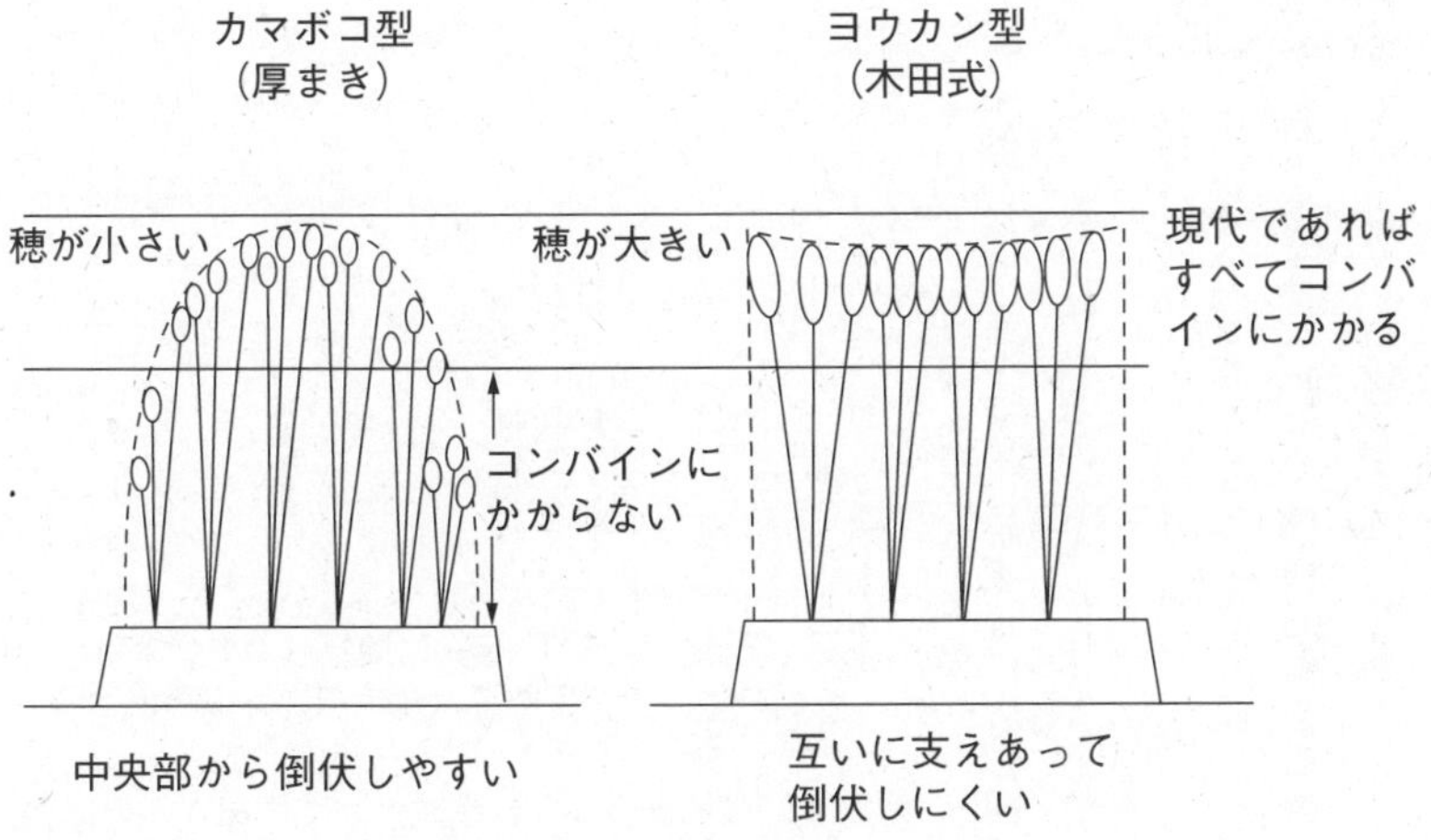

木田式麦つくりの特徴

一般に、麦栽培では一㎡当たりの穂数七〇〇本で、反収一〇〇〇kgまでであるとされている。木田式は穂数より穂を大きくし粒重を重くする技術で、収穫期の穂の大きさは慣行の倍近くあった。大まかなポイントは以下のとおり。

①選粒した種もみを慣行より七～一〇日早くまき、年内の生育をよくする。超薄まきで、一〇a当たり一・五～二kg。

②施肥量は慣行の五割増か倍量。特に、石灰や有機質肥料を多く施す。

③広幅四条まきとし、一株に二～三粒まく。

④年内に麦踏み、中耕、土入れして初期生育をよくし、太い分けつを確保する。さらに春までに三～四回行なう。最後の土入れは無効分けつの抑制と倒伏防止のため、多く土を入れる。

⑤病害の防除と倒伏防止のために、石灰硫黄合剤を二～三回散布する。

（『農家が教える家庭菜園秋冬編』五六頁参照）

コンバインロスを防ぐためにはもちろん麦を倒伏させないことが大事だが、もし倒伏しなかったとしても、茎の背丈がちがえば穂の高さもちがい、下の穂はコンバインにかからない。

このコンバインロスによる減収度は、意外なほど大きい。実際に麦刈り前に、坪刈りをしてみれば、収穫量との差によってコンバインロスの大きさがよくわかる。

木田さんの指摘のとおりなら、手刈りからバインダー刈りへと進み、コンバイン刈りが一般的となった現在では、ますます「ヨウカン型に背丈がそろった麦づくり」の重要性が高まっているといえるのではないだろうか。

目標は移植栽培の麦づくり

木田さんは、「私の麦づくりを端的にいいあらわすならば、薄まき、早まき、広幅四条点まきで、麦を移植栽培のように作ることだ」という。

「昔、麦はすじまきにしていたんです。それがだんだん改良されて、播種面積を増大して増産しようという考えから、広幅まき（幅広のうねをつくってそこにばらまきにする）に変ってきた」

「ところが広幅まきでは、うねの中央に太陽の光があたらず、さらに風通しが悪いために、麦が軟弱に生育して倒伏しやすいことを、その後の経験から教えられるようになった。そこで、うねの真中をあける方法がとられるようになり、さらに複条まきに変わってきた

成畦と播き方

①ウネ間が整然としているので、カルチによる除草が一反一時間足らずでできた。
②カルチでの除草は断根によって新根の発生をうながす。

移植麦のように整然とした木田さんの広幅四条点まき（昭和26年刊『図解農業』）

んです」

「しかし、この方法でも麦の一本一本の個体の完全な健全化をはかることはできなかった。その後の施行錯誤で、移植栽培にすると倒伏割合が少ないということから、戦時中にひろく普及をみたわけです」

移植栽培がなぜよいのかについて、木田さんは次の三点をあげている。

①直まきよりも早まきができ、積算温度が確保できる。

「（積算）温度を十分にうけたときは収量が上がり、逆のときは落ちることになる。寒中に麦が伸びないのは、肥料が足りないからではなく、温度不足によるもの。私も、播種期が一〇日も遅れたために、この遅れを取り戻すべく、追肥を多量にやって失敗したことがある。ほとんど後期分けつして茎葉が軟弱となり、病気も発生して出穂後間もなく倒伏してしまった」

②一本一本に十分な占有面積を与えることで、茎が太くなる。

「稲だって、苗床のまま育てば、穂は出ないでしょう。一本一本がよく育つための、占有面積が必要なんです。厚まきならば、茎一本一本が光を求めて生存競争となり、ひょろひょろに伸びて倒伏する。従来の広幅まきでも一本一本の占有面積がはっきりしていなかった」

③断根されることによって、新根が発生し根群の形成がよくなる。

移植麦の長所を生かす木田式栽培

このように移植麦のよさは歴然としている。しかし、播種があまりに早いと、萎縮病や二段穂が出たり、熟期が遅れるというような問題もあった。そこで木田さんは、早まきであると同時に図のような広幅四条点まき。一株二〜三粒まきだから反当たりの播種量はせいぜい大麦で一升（一〇a当たり一・八ℓ）、小麦で二升（一〇a当たり三・六ℓ）の超薄まきという方法に行きついた。

この少ない播種量で、一株一株を確実に発芽させねばならない。その対策が種子の厳選、排水対策、輪作と堆肥による土つくりであったようだ。

（編集部）

一九八六年五月号　コンバイン刈りの現代こそ生きる木田式麦作り

ハルユタカ

移植栽培で反収六〇〇kg

高木荒司

春まき小麦の安定生産ができないか

北海道で生産される小麦の大部分は軟質小麦の秋まき栽培である。春まき小麦は、春まきのために生育期間が短く、軟弱な生育となって収量が劣る。昭和五十年、私たちは、あらかじめ苗を育てておいて、雪解けを待ってできるかぎり早く植えて、生育期間を稼ごうという、ペーパーポット苗移植栽培に取り組み始めた。

これまでの春まき栽培の播種期は、雪が解け、土が乾いてきた五月上旬である。この播種時期では、多収をねらうには遅すぎる。播種された種子が発芽するためには、水分の吸収（乾物重の三二〜四五％の吸水）や積算温度などが必要だが、春先の天候に左右されてきわめて不安定にならざるをえない。発芽までに時間がかかるということは、ただでさえ遅れている生育をさらに遅れさせる原因となってしまう。

発芽した小麦は、三葉が伸び始めるころ、分けつを開始する。しかし五月中旬、気温が上昇してくると、節間を伸ばし、幼穂をつくり始め、生殖生長に移る。そのため、分けつの期間は約一〇日前後となり、あまりにも短すぎる。一粒の種子から、せいぜい一本程度の分けつを発生することしかできない。しかも、茎の栄養生長期間は、生殖生長開始の五月中旬まで。したがって、茎は充実せず、徒長傾向で、軟弱で弱々しく、倒伏の最大原因となってしまう。

移植栽培だと茎が太くなる

移植栽培の場合、ペーパーポットへの播種は三月下旬から四月上旬。直播栽培と比べると、生育期間を一か月以上長くすることができることになる。育苗期間は二〇日前後だから、四月末までには定植を完了する。

定植した苗は、五～七日後には分けつを開始する。分けつ期間は五月中旬までだが、育苗期間も含めた期間は圧倒的に長くなり、一粒の種子から四本程度の分けつ本数を確保することができる。これは直播栽培の約四～五倍になる。

さらに重要なことは、一本一本の茎の栄養生長期間が長く、茎の質が充実することである。茎の直径は直播栽培に比べて約一〇～二〇％太くなり、草丈は約一〇％低くなる。対倒伏性はきわめて増大する。

茎の太さは、倒伏に対する強さだけではない。収量にも深い関係がある。というのは、出穂前に一時的に光合成物質が茎の柔組織に貯蔵され、それが出穂開花後に穂へと転入されているからである。

種まきと育苗のやり方

ペーパーポットに育苗用の床土を詰めて行なう。なお、このペーパーポットは、移植後間もまく紙が腐り、小麦の発芽障害もない。

育苗用の床土には、小麦つくりにとくに必要なリン酸強化のため、特別肥料（ビート用育苗肥料二号・一―二四―一）を施す。その他の資材については、右の表をご覧ください。

播種量は一〇a当たり八～一〇kg。これを床土を詰めたペーパーポットにまく。一ポット三～四粒（発芽した粒数で）、深さ三～四mm。上から十分に覆土する。このとき、ペーパーポットより盛り上がらないように注意すること。それを水稲用育苗箱にセットし、あとは稲に準じて管理する。

①育苗箱は、平らにした苗床にピッタリと密着して設置し、並べた育苗箱の外縁には、土を盛る。

②発芽をそろえるため、苗床に設置してから最初に十分かん水しておく。そして発芽するまでは二重被覆にして、温度を高めてやる。

③発芽がそろったら、できるだけ低温管理とし、かん水も控え、健苗育成をはかる。春小麦の最低生育温度は三～四℃。

④第二葉が出てからハウスの外に出して、意識的に低温にあわせる。

定植は第三葉が出る前に、移植機で行なう。移植株数は、一〇a当たり六万株（株間八・三cm×うね間二〇cm）である。

育苗に必要な資材

〈育苗〉	
床土	420kg/10a
ニッテンピート	4kg/10a
肥料（ビート用育苗2号）	16kg/10a
ベンレートT水和剤	種子量の5%
〈種子量〉	8～10kg/10a
〈育苗箱〉	68～75枚/10a
〈ペーパーポット〉	
R-10	68～75柵/10a
〈根がらみ防止紙〉	
紙筒に添付	68～75枚/10a

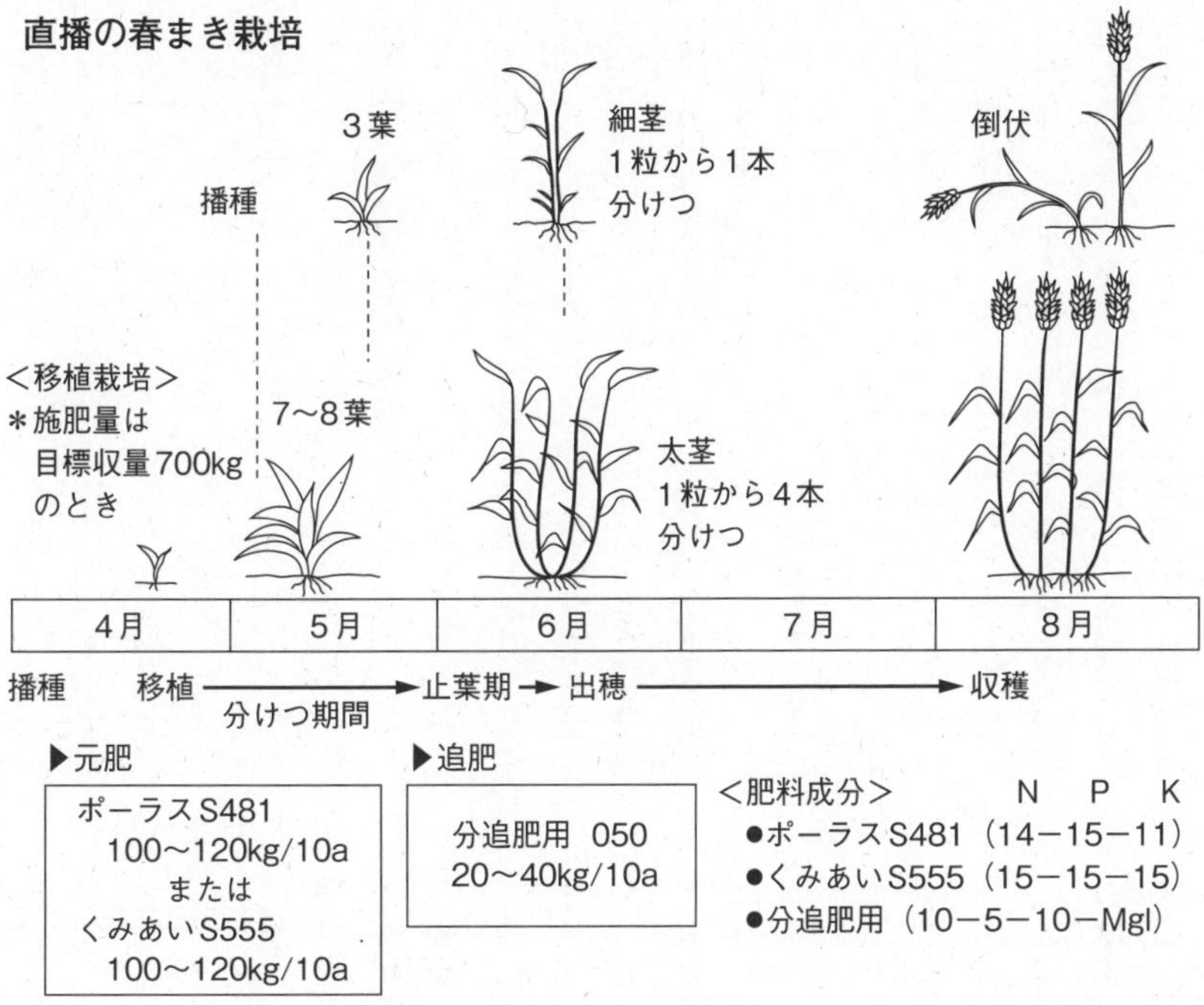

小麦100kg中の養分吸収量（単位kg）

	チッソ	リンサン	カリ	カルシウム
秋小麦	2.65	1.44	2.97	0.52
春小麦	4.02	2.60	4.12	0.80

肥料を多くしても倒伏の心配がない

この栽培の場合、肥料の量と施し方を大きく変えなければならない。

左の図は、これまでの直播栽培の麦の生育と、移植栽培の生育の違いをみたものである。一番下に書いた施肥管理を見ていただきたい。一〇a当たり、元肥窒素が一四～一七kg、リン酸が一八～二二kg、カリ一一～一三kg（いずれも成分で）。これまでの直播栽培の標準施肥量（窒素四kg、リン酸七kg、カリ五kg）と比べると、およそ信じられないほどの量の肥料を施す。

というのは、直播栽培に比べて飛躍的な増収になるため、麦がそれだけ多くの肥料を吸収すること。それに、多量の施肥をしても倒伏の心配がなく、かえって太くて充実した茎つくりに結び付くからである。

これまで施肥量を低く抑えてきたのは、ただただ肥料が多いと草丈を徒長させ、倒伏を助長するのではないかと懸念してきたからである。移植栽培で、茎が太く、短稈に育ってきた小麦には、積極的に肥料を施したい。

図に書いた施肥量は、収量目標七〇〇kgにしたときの例である。地力による要素の供給量を六〇～七〇%、肥料の吸収率などを考えて割り出してある。窒素でみると、直播栽培の四～五倍となるが、このような多肥でも移植栽培の場合は倒伏することはない。

高たんぱく・高アミロの春小麦実現

私たちが取り組んできた春まき小麦の移植栽培に注目してくれたのが、地元の製粉会社「江別製粉」であった。地元の小麦はもっとなんとかならないものか、グルテン含量の高い、春小麦の特色を生かす栽培方法はないものか、と考えておられたようだ。

私たちの移植栽培によるハルユタカが収穫を迎えたとき、江別製粉は早速その小麦の性質を分析してくれた。その結果、予想どおり、いや、予想以上の力を発揮してくれたのである。

それまでの直播栽培に比べて千粒重が大きく、しかもパンづくりには欠かせないたんぱく質含量が高い。つまり、直播栽培されたハルユタカよりも、充実した特色のある小麦ができているわけである。その玄麦を挽いて小麦粉にしたときのたんぱく質含量は、さらに大きな差となって現れた。

本州で移植栽培する方法

本州でハルユタカの移植栽培を取り入れる場合を想定してみた。本州の場合、春まき小麦として利用するより、水稲の収穫跡地に、十一月頃移植するといいと思う。育苗期間は一四日前後、稚苗を使う。

十一月中に定植すれば、分けつ期間は、北海道の春まき栽培とは比べものにならないくらい長くなり、分けつ茎もふえる。したがって定植株数は、北海道での六万株（一〇a当たり）から大幅に減らす。四条植えで、四条と四条の間を四〇cmに広げ、（北海道では二〇cm）、半高うねの並木植えにすれば、春先の湿害対策になり、合理的である。

秋まきで移植栽培

春まき小麦の移植栽培によって、昭和六十三年には、一〇a当り六八四kg、という高収量を達成することができた。しかし一方では、この栽培の弱点も見えてきた。それは、せっかく苗を仕立てて移植しても、年によっては春の雪解け後の乾燥に出会って活着が遅れ、思ったほど生育期間が稼げないことがあるということである。どうしても刈り取りの時期を秋まき小麦なみのお盆前にもってくることが苦しくなる。

私は、その新たな問題に対して、思い切った方法を試してみることにした。それは、春まき用の小麦の品種を、秋にまくという方法だ。もともと小麦は、秋に発芽する植物で、本来秋まきにするところを無理に春にまいているのである。

昨年の十一月二九日、私はペーパーポットにまいた一葉のハルユタカの苗を、庭の小さな畑に移植した。植えた後、活着をよくするために、上からローラーをかけておいた。

この時期は、気温こそ低いが、何よりも土の中の水分が安定している。移植機で苗をぽとぽと落としていき、その上からローラーをかけるという乱暴な植え方でも、小麦は順調に活着した。この方法だと移植能率が格段によい。活着した小麦は、二葉期くらいで越冬態勢に入っていった。

今年の春、雪が解けてからのこの小麦の生長はめざましかった。一般に行なわれている直播の春まき小麦をみると、三粒まいたものでは、茎数約四〜五本。ふつうのペーパーポットを使った移植栽培の小麦は七〜八本であった。それに対して、秋にペーパーポットの一葉苗を植えたものは、五株平均で一七本であった。

六月一日、ふつうの秋まき小麦品種は出穂を始めた。私の春まき用品種のペーパーポット年内移植栽培は、少し遅れて六月五日に出穂した。おそらく、刈取り時期までには秋まき小麦に追いつくのではないだろうか。例年だと八月第二週に入ると、雨が降り始める。うまくいけば、その前には収穫できそうである。これまでのように刈取り時期が遅れて雨の多い時期にぶつかることもない。雨によって穂発芽を起こして泣いたり、刈取り適期をはずしてしまったり、たんぱく質含量が下がって、パン用はおろかうどん用にも使えない中途半端な品質になる心配も少ない。

秋まき移植栽培の方法

栽培試験は自宅の庭で小規模に行なった。収量は規模が小さすぎて参考にはなりそうにない。ただ、わずか一〇株の調査で言えることとは、春まきのペーパーポット移植栽培に比べてもさらに出穂時期、開花開始期が早まり、成熟期は二週間以上早まった、ということだ。今年は七月二八日に成熟期を迎えている。分けつ本数も一株一六本と、移植栽培の一二本を上回った。

播種と育苗　播種したのは十一月二一日、室内で行なった。育苗期間は四～一〇日間。

定植日　発芽直後が十一月二五日。一葉苗は十一月二九日、一・五葉苗は十一月三〇日。この時期に定植することにした。十一月は農閑期であること、普通の圃場の作物はすでに収穫を終えているし、この時期ならまだハウスの設置の必要はない。十一月下旬を播種時期に選んだのは、そういう理由からである。

定植苗の葉齢　何葉期に植えるかは、考え所だと思った。小麦は三葉までは胚乳で生育するが、四葉以上になると冠根を発生させて、自分で養分を吸収して自力で生育するようになる。春小麦は気温三～四℃でも生育していくので、もし積雪中に四葉以上に生育した場合は、根から養分を吸収しなければならなくなってしまう。しかし、実際には積雪中には養分の吸収ができないので、枯死してしまう。

私が十一月下旬に、稚苗（一葉期の苗）を植えることにしたのは、そういう理由からでもある。

定植の方法　春に移植する普通のやり方と、単に地表にペーパーポット苗を置いていき、それを鎮圧し、上から薄く覆土する簡単なやり方とを比較した。

十二月二〇日に積雪。それまでの生育は、低温のために三葉以上に育ったものはなかった。移植した十一月下旬は、春と違って土が湿潤で活着もよく、簡単な定植のやり方でも順調に活着し、根も多少生育していた。

三月三一日、融雪。雪がとけて一～二日は葉色が黄色であったが、欠株もなく、それから数日たつと、葉色もよくなってきた。生育はきわめて順調だと言っていい。

秋まきの場合、冬期間に土が凍るため三葉程度の小さな苗では、生き残るのは無理なのではないかと心配するむきもあったが、ペーパーポット移植栽培の場合は、もし凍み上がりしてもポット全体なので、小麦は小さな苗でも枯死しないことが確認できた。

融雪水により土壌水分も十分で、小麦の生育はきわめて順調であった。しかし、定植苗の大きさによって多少は生育に差があり、一番よかったのは一・五葉期の苗であった。また、定植の方法でみると、地表に置いて軽く鎮圧覆土しただけのものは、普通に移植したものに比べて生育が三日ほど遅れていた。しかし、ひどい欠株になることはなかった。

施肥　融雪後、ただちに肥料（成分で、窒素一四％、リン酸一八％、カリ一一％）を一〇a当たり一八〇kg施した。これをやるかやらないかでそれ以後の小麦の生育に大きな差がつく。試しに三株だけ肥料を施さないでおいたが、生育が劣り、とくに分けつの出方が少なくなった。融雪後の施肥の重要性を認識してもらいたいと思う。

初期生育の開始は春まきペーパーポット栽培の麦よりさらに二〇日間以上も早く、分けつの本数も多かった。春まきのペーパーポット移植栽培の場合、移植後の乾燥による枯死の心配が残っていたが、秋まきにした場合、その心配もなくなった。収穫時期も春に移植する栽培よりさらに早めることができて、収穫時の降雨による品質劣化の恐れもなかった。従来の秋まき小麦と比べても、収穫時期はほんの五日しか違わなかった。

これらの結果から、秋にまいた小麦は積雪中に生殖生長に移行することがないので、移植時期を多少早めて、活力のある若苗を疎植するのがいいと思われる。

一九九〇年四月～一九九一年一月号　春まき小麦　反収二〇〇kgから六〇〇kgへ

本書は『別冊 現代農業』2007年10月号を一部書名を変えて単行本化したものです。
編集協力　本田進一郎

著者所属は、原則として執筆いただいた当時のままといたしました。

農家が教える
自由自在のパンづくり
つくり方・酵母・製粉・石窯から麦作りまで

2010年10月25日　第1刷発行

農文協　編

発行所　社団法人　農山漁村文化協会
郵便番号 107-8668 東京都港区赤坂7丁目6-1
電 話 03(3585)1141(営業)　03(3585)1147(編集)
FAX 03(3585)3668　　振替 00120-3-144478
URL http://www.ruralnet.or.jp/

ISBN978-4-540-10268-4　　DTP製作／ニシ工芸㈱
〈検印廃止〉　　印刷・製本／凸版印刷㈱

Printed in Japan　　定価はカバーに表示